安庆市金融发展
和防范金融风险的实践

安庆市金融学会 编

中国金融出版社

责任编辑：任　娟
责任校对：张志文
责任印制：陈晓川

图书在版编目（CIP）数据

安庆市金融发展和防范金融风险的实践／安庆市金融学会编 .—北京：中国金融出版社，2020.8
ISBN 978-7-5220-0759-5

Ⅰ.①安… Ⅱ.①安… Ⅲ.①地方金融事业—经济发展—调查报告—安庆②地方金融事业—金融风险防范—调查报告—安庆　Ⅳ.①F832.754.3

中国版本图书馆 CIP 数据核字（2020）第157223号

安庆市金融发展和防范金融风险的实践
ANQING SHI JINRONG FAZHAN HE FANGFAN JINRONG FENGXIAN DE SHIJIAN

出版
发行　中国金融出版社

社址　北京市丰台区益泽路2号
市场开发部　（010）66024766，63805472，63439533（传真）
网上书店　http：//www.chinafph.com
　　　　　（010）66024766，63372837（传真）
读者服务部　（010）66070833，62568380
邮编　100071
经销　新华书店
印刷　北京市松源印刷有限公司
尺寸　169毫米×239毫米
印张　19
字数　280千
版次　2020年8月第1版
印次　2020年8月第1次印刷
定价　60.00元
ISBN 978-7-5220-0759-5
如出现印装错误本社负责调换　联系电话（010）63263947

前　言

　　习近平总书记强调，紧紧围绕服务实体经济、防控金融风险、深化金融改革三项任务，促进经济和金融良性循环、健康发展；防止发生系统性金融风险是金融工作的根本性任务，也是金融工作的永恒主题。近年来，安庆市金融学会（以下简称学会）在安徽省金融学会的正确指导、中国人民银行安庆市中心支行的坚强领导和各会员单位的倾力支持与配合下，聚焦三大攻坚战，开展大学习、大调研和大推进行动，深入学习贯彻习近平总书记关于金融工作的重要性、金融的本质、金融工作的主题和金融改革与开放发展、金融精准扶贫等一系列创新理论，将防范化解金融风险和金融改革创新结合起来，不断创新金融产品，持续延伸金融触角，突出精准发力，深度服务辖区实体经济，促进辖区城乡融合发展。广大会员立足于金融改革发展和防范金融风险的实践，深入思考，不断总结经验，形成了一大批优秀的成果。本书共收录了32篇优秀调研报告，其作者来自辖内国有商业银行、股份制银行、农村商业银行等金融机构，涵盖了学会会员一段时期内的研究成果。论文数量虽然不多，论文观点也可能不够成熟，但都能充分地反映学会会员求新求实、孜孜不倦、不断进取的学术研究精神。在编撰过程中，我们欣喜地发现，广大会员对金融改革发展与风险防范等问题具有扎实的研究基础、宽广的研究视角和敏锐的洞察力。从金融结构与货币政策的关系研究到商业银行信贷行为实证分析，从县域金融生态环境建设思考到农村普惠金融发展探索，从土地财政运行机制研究到省联社改革模式研判，本书深入探讨了众多热点、焦点和难点问题，有效促进了业务发展和学术研究的"双提升"。

　　本书由安庆市金融学会组织编撰，编撰组长为管玉贵，安庆市金融学会秘书处进行统稿。本书各篇论文是广大基层金融工作者的实践探索和经验总结，以及对策思考。由于时间、精力和理论水平有限，部分文章的研究方法和研究工具还略显粗浅，难免有不足之处，欢迎各位读者朋友批评指正。

安庆市金融学会

2020 年 7 月 24 日

目　　录

人民银行安庆市中心支行调研督导式窗口指导的实践分析
　　……………………　中国人民银行安庆市中心支行　管玉贵（1）
金融结构、货币政策与实体经济发展
　　……………………　中国人民银行安庆市中心支行　管玉贵（7）
安徽省金融发展与产业结构升级的耦合协调关系实证分析
　　……………………　中国人民银行安庆市中心支行　杨东晓（18）
经济新常态下安庆市商业银行信贷行为实证分析
　　……………………　中国人民银行安庆市中心支行　吴敏书（29）
传统商业银行应对互联网金融的策略探析
　　………………………　中国农业银行安庆市分行　苏小龙　潘　堃（44）
金融消费者权益保护与银行社会形象提升分析
　　………………………　中国工商银行安庆分行　余化美　饶儒平（54）
银行应对商事制度改革、提高金融服务效率的思考
　　………………………………　中国工商银行安庆分行　饶儒平（66）
安庆市工业供给侧结构性改革及商业银行的应对之策
　　……………………………………　中国银行安庆分行　钱经纬（73）
新常态下商业银行转型模式研究与展望
　　………………………………………　交通银行安庆分行　胡　洵（78）
绿色金融服务绿色秸秆产业机制初探
　　………………　中国人民银行安庆市中心支行　杨东晓　操基平（87）
社会转型时期乡村信贷服务的机制分析
　　……………………　中国人民银行安庆市中心支行　操基平（103）

利率市场化背景下桐城农商银行转型发展思考
……………… 安徽省桐城农商银行　胡祖越　孙　亮（112）

新常态下县域商业银行零售业务转型探析
——基于安徽省桐城市支行的调研分析
………………………… 中国农业银行安庆分行　夏　辉（116）

金融支持桐城市塑料包装产业转型升级的实践与思考
………………… 中国人民银行桐城市支行课题组（128）

"劝耕贷"的望江实践与优化路径
……… 中国人民银行安庆市中心支行　祝群芳　储润六（135）

PPP视角下的安庆市轨道交通建设融资模式探析
………………………… 招商银行安庆分行课题组（141）

安庆市光彩大市场商圈内小微企业客户融资浅析
………………… 中信银行安庆迎宾路支行　韩　超（157）

内部审计在中央银行基层行风险管理中的作用浅析
…… 中国人民银行安庆市中心支行　黎志耕　王　曒　尹祥凤（163）

安庆市商业银行信贷风险的调查分析
………………………… 交通银行安庆市分行　张　波（171）

新常态下县域金融生态环境建设难点与对策的思考
——以怀宁县为例
……… 中国人民银行怀宁县支行　王成礼　汪　深（183）

"小企业旅游贷"风险管理问题研究
………………… 中国工商银行安庆潜山支行　王业钊（193）

我国中小企业融资方式及风险防范研究
………………………… 徽商银行安庆分行　冯　艳（201）

互联网金融初创产品存在的法律风险及防范对策
——以微信黄金红包为例
……………… 中国人民银行安庆市中心支行　陈光宇（210）

老逻辑与新矛盾：三四线城市棚改效应分析
……… 中国人民银行安庆市中心支行　施　进　高　乐（217）

目 录

供应管理、需求释放与三四线城市房地产去库存
　　——基于安庆市房地产去库存的实证分析
　　………… 中国人民银行望江县支行　徐祝平　程亚菲（225）
基于多方合作模式的宿松县金融风险处置分析
　　…… 中国人民银行宿松县支行　黎晓阳　许　健　余柳凤（233）
地方政府土地财政运行机制及向银行业风险传导流程分析
　　——以安庆市为例
　　………………… 中国人民银行安庆市中心支行　许正山（242）
防风险攻坚战背景下地方融资平台转型浅析
　　…………… 中国人民银行安庆市中心支行　高　乐　黄　盼（250）
省联社改革模式调查与思考
　　…………… 中国人民银行安庆市中心支行　操基平　高　乐（265）
金融科技发展及其风险和监管研究
　　……………………………… 招商银行安庆分行　李思贤（276）
潜山农商银行支农金融服务的探索与实践
　　………………… 潜山农商银行　唐国珍　吴　敏　程　凯（281）
打赢安庆金融风险防控攻坚战的对策思考
　　………………… 中国人民银行安庆市中心支行　管玉贵（288）

人民银行安庆市中心支行调研督导式窗口指导的实践分析

中国人民银行安庆市中心支行　管玉贵

随着供给侧结构性改革和"三大攻坚战"的深入推进，为了平衡稳增长、促改革、调结构、惠民生、防风险各项工作，人民银行总行在实行稳健货币政策的同时，持续出台了支持重点领域和薄弱环节的结构性政策，在辖区传导、执行好总量稳健和结构积极的货币政策组合成为人民银行基层行亟待解决的重要任务。2017年以来，人民银行安庆市中心支行就此进行了积极探索，通过邀请金融机构和地方政府经济主管部门深入辖内工商企业、田间地头，围绕金融精准扶贫、金融支持乡村振兴、小微企业融资等重点领域和薄弱环节开展了十多次专题调研督导，现场进行货币信贷政策指导，直接应对微观主体金融服务需求，现场扫除政策障碍，极大地提高了货币政策的传导效率，有力地推动了区域经济结构调整和经济金融的协调发展。

一、安庆市调研督导式窗口指导的主要内容

安庆市调研督导式窗口指导是指联合有关金融机构和政府主管部门开展专题调查学习，现场进行政策指导，直接应对金融服务需求，现场扫除政策障碍，将货币政策带进工商企业和田间地头。

（一）安庆调研督导式窗口指导的基本做法

首先是充分做好事前准备。人民银行安庆市中心支行利用金融统计积累的丰富数据和工业景气调查、银行家问卷调查等制度性调查的信息优势，持续开展监测分析，前瞻性地判断出区域经济金融运行中存在的问题，准确把握辖区经济金融运行的态势，及时评估金融精准扶贫、金融支持乡村振兴、小微企业融资等结构性货币政策的区域适应性，为调研督导式窗口指导拟定主题明确、重点突出、内容具体的预案。

其次是组织联合实地调研。在前期调查摸底的基础上，联合相关金融机构和政府部门，深入相关企业车间、田间地头，现场了解金融服务需求。然后，召开现场座谈会，全面了解辖区金融政策法规执行情况、存在的困难和问题，现场听取金融服务供求主体的对话，及时宣讲政策内容、条件，分析现实问题。通过现场调查和面对面的交流、沟通，金融机构、政府主管部门和工商企业对结构性货币政策有了明确的了解，对各自的责任和义务也有了清晰的认识。

最后是开展现场政策指导。在现场调研会商基础上，人民银行结合当前宏观背景以及安庆市经济发展实际，要求金融机构在继续贯彻落实好稳健货币政策基础上，加快金融产品和服务方式创新，重点保障在建续建工程、重大建设项目、支柱产业以及县域经济、"三农"、小微企业等薄弱环节的资金需求。同时，持续要求各行和地方政府经济部门注重市场风险防范，关注政府融资平台、房地产市场等领域的风险变化，确保辖区金融安全、稳健运行。在政策相关方面相互交流的基础上，金融机构一般会积极地与企业、政府对接，解决现实问题。

（二）安庆调研督导式窗口指导的主要特点

安庆市中心支行调研督导式窗口指导使需要传导的货币政策直接与执行对象、受益对象和地方政府"见面"，能够及时将货币政策的方向和目标传达到金融机构、地方政府以及工商企业，对传统窗口指导实现了诸多突破。指导的地点由办公室位移到实体经济的现场，指导的对象由金融机构变成金融机构、工商企业和农户等政策相关方,指导方式由文件变成联合的现场调研学习,指导要求由被动执行变成银政企主动多方合作。

二、安庆调研督导式窗口指导的实践成效

2017年以来,人民银行安庆市中心支行先后邀请金融机构和地方政府经济主管部门深入辖内太湖、潜山、桐城、岳西、怀宁、宿松等地的工商企业、田间地头,就金融精准扶贫、绿色金融、金融支持乡村振兴、小微企业融资等重点领域和薄弱环节开展了十多次专题督导式调研,将政策执行中的障碍直接摆在地方政府面前,明确了各方职责,提高了政策的透明度,取得了良好成效。

一是信贷总量稳步增长,信贷资源配置效率稳步提升。2018年6月末,安庆市各项贷款余额为1870.8亿元,同比增长17%,比全省平均增速高3.8个百分点;各项贷款余额、增量和增速分别居安徽省第5位、第8位和第7位,比上年分别前移1位、2位和2位;全市存贷比为58.7%,较上年同期上升3.6个百分点。

二是信贷结构趋于优化,普惠金融程度不断提升。一方面,区域信贷增长较多,信贷资源加速流向贫困地区。2018年7月末,安庆市区、县域新增贷款比例为4∶6,较2017年同期的1∶5大为优化;其中,5个国家级贫困县贷款新增15.5亿元,占县域新增贷款的80.4%。另一方面,普惠金融发展程度不断提升,信贷资源向经济社会发展的重点领域和薄弱环节集中,6月末全市小额扶贫贷款余额为32亿元,同比增长23.6%,惠及建档立卡贫困户8.2万户;小微企业贷款余额为839亿元,同比增长23.6%;全市保障性住房开发贷款余额为181.3亿元,新增84.5亿元。

三是融资成本有所降低。2018年上半年,全市企业贷款加权利率为5.7%,同比下降0.01个百分点;全市人民币贷款加权利率为6.13%,同比上升0.09个百分点。为落实房地产调控政策,2017年初以来全市个人住房贷款利率连续上行,6月个人住房贷款加权利率为5.58%,较历史最低水平(2017年3月)上升22.1%。相应地,个人住房贷款增速有所放

缓，6月末，全市个人住房贷款同比增长26.6%，增速同比降低5.2个百分点。

四是形成了一些值得借鉴的区域政策。《关于金融支持安庆市乡村振兴战略的意见》《2018年安庆市金融支持现代农业示范区建设工作方案》《关于全面做好2018年度安庆市金融支持产业扶贫示范项目申报实施工作的通知》《安庆市金融扶贫领域作风问题专项治理工作方案》等形成了对金融机构更加综合、系统的指导，将政策完全传导到位，充分发挥了政策功能。

三、调研督导式窗口指导取得效果的成因

安庆市中心支行调研督导式窗口指导消除了中间环节，明确了各方职责，提高了政策的透明度，从而大大缩短了政策工具执行的时滞，提高了组合货币政策的传导效果和辖区农村金融组织体系的效率。

一是有利于畅通信息沟通，更加直接地传导政策意图。面对面的调研交流，使对经济金融形势的分析说明更加生动具体，对货币政策组合意向的传导更加直接有效，对金融机构的指导要求更加系统全面；可以引导金融机构自觉按照既定信贷规划，合理控制信贷总量和投放节奏，将信贷管理的重点放在调整优化信贷期限结构、行业结构、区域结构上；可以限制商业银行对高耗能、高排放企业和产能过剩行业的信贷投入；可以督促商业银行加大对农村经济、服务业、中小企业、自主创新、节能环保等薄弱环节的信贷支持力度。

二是高度契合了新时代金融机构的政策需求。在供给侧结构性改革和"三大攻坚战"深入推进的背景下，在稳增长、促改革、调结构、惠民生、防风险的繁重任务面前，商业银行越来越深切地感受到仅仅了解单个企业、单个项目的情况是远远不够的，必须关注区域经济问题，了解和把握相关行业、相关产业的整体发展信息；仅仅关注和防范单个企业、单个项目的风险也是远远不够的，必须高度关注和防范集团企业的风险，防范系统性的金融风险，因此亟须人民银行提供针对性、前瞻性和可操作性窗

口指导意见,这也对中央银行的窗口指导作用提出了更高的要求。

三是较好地凝聚共识,提高了执行政策的合力。调研督导式窗口指导使社会各界充分了解实施总量稳健、结构积极的混合货币政策的必要性、重要性和紧迫性,增强了各方的理解和支持,提高了全社会对所实施货币政策的认知度,能够引导企业与公众的心理预期,消除不必要的误解和误判,从而可以减少许多的不确定性,使货币政策组合在中观、微观经济层面执行起来更加畅通有效,减少了阻力和摩擦,降低了政策的直接成本,有利于更好地实现货币政策的目的。

四是有利于优化政策,提高政策的科学性。调研督导式窗口指导有助于了解金融机构管理层对各项调控政策的反应与感受以及发展过程中的利益诉求和问题困难,为有效部署全市金融工作、贯彻落实各项调控政策收集大量的措施建议,需加大对各项政策和管理规定的宣传解释力度、进一步细化相关指导意见、引导银行信贷资金投向特色产业、协调有关部门完善金融支持实体经济发展的配套政策等。人民银行安庆市中心支行在现场调研后,及时进行总结,并作出有针对性的改善,使调研督导式窗口指导始终保持动态优化状态。

四、安庆市调研督导式窗口指导的政策意义

安庆市中心支行运用联合调查的方式,对传统窗口指导实现了诸多突破,具有积极的意义。

一是极大地拓宽了新时代中央银行基层行的履职方式。目前,国家实施三大攻坚战,在严监管的同时,要求执行"区别对待、有保有压"的货币政策,不搞"一刀切",尤其是国家鼓励支持的一些行业和国家一直关注的民生问题,窗口指导货币政策可以大有作为。将总行制定的有关政策及时通过多种形式向基层金融机构和社会各界宣传,让金融机构和社会公众及时了解政策出台的背景、重要意义,正确领会人民银行宏观调控政策意图,为各项金融政策的贯彻执行营造良好的外部环境。通过这种方式加大对辖内经济金融运行热点、难点问题的研究,重点加大对辖内经济与

金融增长协同性、产业转型升级等中长期和基础性问题的研究力度，加强对房地产市场及房地产金融运行情况、地方政府融资平台以及产能过剩行业的监测分析，并提出政策建议，为地方党政提供参考。强化货币政策宣传和预期引导，疏通宏观政策传导环境。

二是有利于提高金融素养和中央银行基层行的软实力。安庆市中心支行督导式调研既实现了窗口指导和工作部署的目的，又具有增进交流互动的作用。人民银行可以更好地了解金融机构的新业务和新知识，增加金融知识储备，形成更有助于提高管理水平与服务质量的工作思路；金融机构的管理人员可以更好地了解新形势下中央银行的要求，增强对货币信贷政策内涵的把握，提高政策水平，拓宽视野；地方政府主管部门可以及时把握货币政策及其在传导中存在的问题，采取有针对性的政策措施，引导更多的金融活水流向区域实体经济。

三是有效地改进了基层金融机构的工作作风。督导式调研既是调研学习交流，也是工作指导部署，既实践了人民银行窗口指导前移的工作理念，又体现了人民银行领导干部深入实际的务实作风。进行窗口指导与工作部署有助于人民银行了解各行业务部门以及基层一线的工作实际，为履行职责收集了大量的第一手材料，为决策提供了更为翔实的资源。走访银行基层网点和企业客户，充分体现了人民银行深入基层、深入一线的务实作风，为全行大兴深入基层调研之风发挥了很好的导向作用。

金融结构、货币政策与实体经济发展

中国人民银行安庆市中心支行　管玉贵

一、引言

实体经济作为社会物质财富的基础和国民经济稳定发展的根基，既是金融服务的逻辑起点，也是落脚点。就目前来看，随着我国金融发展水平不断提高，金融在支持经济发展方面所发挥的作用与日俱增，实体经济融资规模正在逐步扩大，其融资结构也在逐渐改善，但存在着过度强调金融功能、产业资本渗透金融业、投机炒作等深层次的问题和矛盾。第五次全国金融工作会议指出，金融是实体经济的血脉，为实体经济服务是金融的天职，是金融的宗旨。引导金融支持实体经济发展已经成为进一步深化金融改革、完善金融市场体系的重要举措，也是当前我国经济发展中的重大课题。

货币政策是我国调控国民经济的重要手段，疏通货币政策向实体经济传导的渠道，有效地将资金引导到制造业等实体经济部门，避免虚拟经济与实体经济的失衡，既是促进我国金融支持实体经济发展的必要之举，也是维护国家金融稳定的必由之路。根据西方货币金融学说的研究成果，货币政策的传导主要是通过银行信贷渠道、利率渠道、资产价格渠道和汇率渠道来实现的，而货币政策传导的不同渠道是以不同的金融结构为基础的，金融结构不同，各种渠道的作用效果就存在差异。Goldsmith（1965）指出金融结构是金融系统的全面组织，是特定地点和特定时间下金融市场、金融机构或金融中介以及各种金融工具之间相互依赖的领域。从直接融资和间接融资的角度考量,"两分法"金融结构理论将金融体系分为银行主导型与金融市场主导型两种模式。此外,抛开金融机构对货币政策向实体经济传导的影响,金融结构本身与实体经济的协调互动,是实现整个国民经济健康发展的基石。金融结构与实体经济相适应,金融资源配置效率才能得以优化,实体经济才会迸发活力。

本文将以货币金融学理论为基础,通过实证分析的方式判断我国的金融机构以及当前货币政策影响实体经济的传导途径,借鉴现有研究成果,从金融结构与实体经济适应性的角度,研究我国当前金融结构对实体经济发展的影响。此外,本文并未讨论如何运用货币政策促进实体经济发展的问题,而是着重于金融结构方面的研究,并且没有进一步分析对银行业本身集中度的影响。

二、文献综述

从 Gurley 和 Shaw 于 1960 年出版《金融理论中的货币》,对金融结构中的金融工具、金融机构、融资方式和金融政策等问题进行初步探讨,到 1969 年 Goldsmith 出版《金融结构与金融发展》,明确提出金融结构的概念,金融结构逐步成为学者们追逐的研究领域。20 世纪 90 年代,"两分法"金融结构理论将金融体系分为银行主导型与金融市场主导型两种模式,比较了其对金融发展及经济增长的作用,成为 Goldsmith 之后最具影响力的金融结构理论。

Webber(2001)认为,金融发展与实体经济密切相连,当金融发展与实体经济严重不匹配时易诱发金融危机,最终对实体经济造成影响。Sachs(2004)则认为,在宏观经济体系中,实体经济比金融更重要,金融市场与实体经济两者的发展是逐渐背离的。Jacobson 等(2005)的实证研究表明,金融市场与实体经济间具有联动效应,宏观经济政策变化会导致金融市场的波动,不同时期的金融市场深化发展对实体经济具有不同的冲击效应。谢平(1996)从经济制度变迁的角度,研究了经济转轨对居民储蓄行为的影响,是国内较早研究金融与经济关系的文献。林毅夫

（2003；2010）认为只有金融结构和制造业的规模结构相匹配，才能有效地满足企业的融资需求，促进制造业增长，进而提出"经济发展中的最优金融结构理论"，各个经济发展阶段的最优金融结构需要与实体经济对金融服务的需求相适应，以有效地实现金融体系的基本功能，促进实体经济的发展。孙伍琴（2004）考察金融结构与实体经济的适应效率后，发现我国金融资源的配置结构与实体经济的产出结构不匹配，不具有实现资源配置的帕累托效率（将金融资源配置到边际效率最高的企业或部门）的机制。

国外对金融结构与货币政策传导机制的研究较早，Rosa（1951）认为传统的货币传导机制隐含地假设银行只是被动地调整存贷款利率以适应货币政策的变化，但调查数据证明信贷可得性也是影响货币传导机制的一种因素。John G（1955）、Edward S（1960）进一步将货币扩展到多样化负债和金融资产，强调了银行等金融中介在信贷创造而非仅仅在货币创造中发挥作用。Tobin 和 Dolde（1963）强调了资本市场的不完善性，提出了生命周期理论。在中国，金融结构及其对货币传导机制的影响问题，是在中国扩大内需实践中货币政策有效性研究中凸显出来的。许多学者注意到中国货币政策效应的流动性陷阱等问题，如刘国光和刘树成（1998）、谢平和胡鞍钢（1999）等，并在探究货币传导受阻的表现、成因与对策时，意识到了 M_2 与 GDP 比率畸高的现象、用国债规模相对于 GDP 的比率衡量债务可持续性的局限性等所隐含的中国金融结构的特色及问题，以及这种金融结构对货币传导机制的含义问题，如易纲（1996）、余永定（1996）。

三、金融结构、货币政策与实体经济关系的理论分析

货币政策是一个国家的中央银行为了一定的经济目标，使用各种政策工具（包括公开市场业务、存款准备金、基准利率、再贴现率、中央银行再贷款等）来调节和控制货币数量和货币价格，进而影响社会总需求，最终调控宏观实体经济运行的各种方针和措施的总和。按照凯恩斯经济理论，货币政策一般分为扩张性货币政策和紧缩性货币政策，在经济萧条时

多采用扩张性货币政策以刺激经济增长,在经济过热时通过紧缩性货币政策降低总需求水平。货币政策传导至实体经济可以有多种机制或渠道,这是由一定的金融结构所决定的。在金融工具多样化、金融机构多元化和金融市场功能显著的复杂金融结构下,文献中识别的货币政策传导机制包括凯恩斯货币理论的利率直接渠道、与信贷机制相关的信贷渠道、与证券机制相关的资产价格渠道(基于托宾Q值和财富效应)及开放经济条件下的汇率渠道等。货币政策传导的不同渠道隐含地以不同的金融结构为基础;反之,不同的金融结构又意味着货币政策传导的主要渠道不同。比如,利率渠道、汇率渠道和资产价格渠道发挥作用就是以完善的金融市场作为前提条件,而在金融市场尚不完善的条件下,货币政策发挥效应更多地依靠信贷渠道。"两分法"金融结构理论依据金融中介(主要指银行)和金融市场(主要指股票市场)在其金融体系中所发挥作用的大小分为银行主导型金融结构和市场主导型金融结构(见图1)。本文以上述两种金融结构为基础,总结货币政策在金融机构约束下的传导路径。

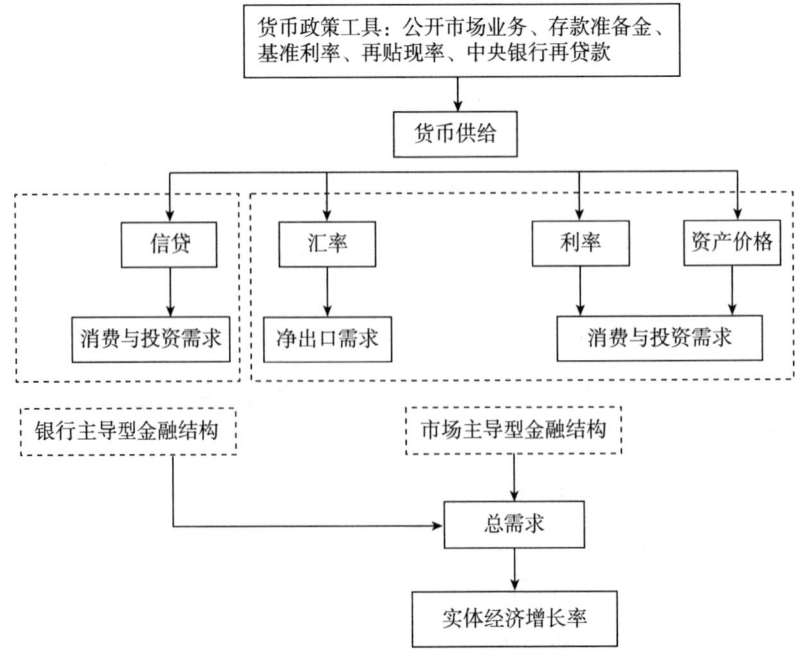

图1 金融结构、货币政策与实体经济的关系

最优金融结构理论指出，金融结构不以人们的意志为转移，能够促进经济发展的金融结构一定要与产业发展阶段、成熟度相适应，任何人为的推动不仅不会促进经济发展，反而可能阻碍经济发展，甚至导致金融体系的不稳定。林毅夫等（2003）通过对全球制造业年度数据的经验分析证明，只有金融结构与产业结构相匹配，金融才能够支撑制造业的发展。在逻辑上，经济发展初期的金融结构应以为中小企业融资为主，从而形成主要以满足中小企业融资需求为特征的金融结构，即银行比股票市场更重要。随着经济的发展，大企业日趋重要，股票市场在金融体系中的地位也日趋增强。此外，金融结构与实体经济适应效率的相关研究表明，不同金融结构在提供各种金融服务时的差异是客观存在的，且这种差异正好体现了不同金融结构的本质特征，但差异的存在还不足以作为金融结构优劣判断的依据或一种结构取代另一种结构的理由，只是说明不同的金融结构在发挥金融功能、促进经济增长方面各具优势和劣势。金融结构与实体经济的适应效率主要体现在一国金融结构与经济发展阶段相适应。一般地，在经济发展的早期阶段，以银行中介为主的金融结构发挥重要的作用。当经济较为发达时，随着法制的完善和市场成熟程度的提高，与实体经济相适应的金融结构就出现由银行主导型向市场主导型的转化，见图2。

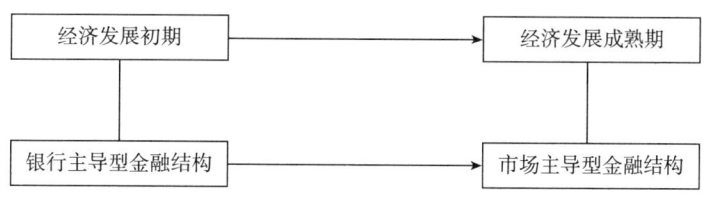

图2　金融结构与经济发展阶段

四、金融结构、货币政策与实体经济发展的实证分析

（一）我国金融结构判定及货币政策传导至实体经济的途径

由表1可知，在现阶段我国金融体系中，银行依然占据主要位置，但

伴随着近几年中国经济市场化的加速推进，中国金融结构由以银行为基础向以市场为导向转变的趋势加快，金融资产中银行的比重相对下降，金融市场相关机构的比重相对上升，特别是2013年之后，变化更为明显。

表1 中国金融资产规模及构成

年份	资产规模（亿元）			构成比重（%）		
	银行	证券	保险	银行	证券	保险
2006	398640.8	89403.89	19704.19	78.51	17.61	3.88
2007	478369.7	327141	28912.78	57.33	39.21	3.47
2008	641501.7	121366.4	33418.83	80.56	15.24	4.20
2009	809818	243939.1	40634.75	74.00	22.29	3.71
2010	961608.6	265422.6	50481.61	75.27	20.78	3.95
2011	1137867	214758.1	59828.94	80.56	15.20	4.24
2012	1336863	230357.6	73545.73	81.48	14.04	4.48
2013	1524752	239077.2	82886.95	82.57	12.95	4.49
2014	1722030	372547	101591.5	78.41	16.96	4.63
2015	1991556	531463	123597.8	75.25	20.08	4.67

金融结构与货币政策理论分析部分提到，货币政策的传导是以金融结构为基础的，一般而言，在银行占主导的经济中，信贷渠道为主要传导方式，市场化的金融结构以利率为代表。本文将依据此理论，分别以信贷和利率为主要变量实证检验我国金融结构及货币政策传导至实体经济的途径。

1. 信贷渠道检验

国外通过银行资产构成或企业外部融资结构是否对政策变量变化作出系统性反应的方式来验证信贷渠道的有效性。鉴于中国直接融资市场不发达，间接金融占据绝对主导地位，本文对中国货币政策传导渠道的检验也就局限于检验银行信贷规模是否对政策变量的变化产生系统性反应。

本文构建含有 M_2、CPI、工业增加值、贷款等变量的 VAR 模型，分别检验货币政策对贷款及工业增加值的影响。为避免价格指数的误差对检验结果的影响，分别用实际变量和名义变量建模检验。

（1）用实际变量建模。用工业增加值（LIVA）、CPI、贷款（LLOANS）、货币供应量 M_2 等指标构建 VAR 模型，其中工业增加值是经企业商品价格指数折实后的实际值。为避免共线性的影响，用格兰杰因果检验法来考察变量间的关系，结果如表2所示。

表2 格兰杰因果检验结果

原假设	1阶	2阶	3阶	4阶	5阶
LM_2 不能格兰杰引起 LIVA	0.0006	0.0082	0.0242	0.0291	0.0149
LIVA 不能格兰杰引起 LM_2	0.0206	0.6183	0.4936	0.2078	0.0369
LLONAS 不能格兰杰引起 LIVA	0.0087	0.1738	0.2014	0.0512	0.0589
LIVA 不能格兰杰引起 LLONAS	0.6132	0.3206	0.3978	0.7163	0.5863
LM_2 不能格兰杰引起 LCPI	0.0291	0.0312	0.0197	0.0101	0.0087
LCPI 不能格兰杰引起 LM_2	0.4516	0.1823	0.5236	0.4826	0.3927
LLONAS 不能格兰杰引起 LCP	0.0188	0.0029	0.0019	0.0034	0.0048
LCPI 不能格兰杰引起 LLONAS	0.8295	0.0067	0.0001	0.0009	0.0032
LLONAS 不能格兰杰引起 LM_2	0.2156	0.0659	0.2013	0.1952	0.1928
LM_2 不能格兰杰引起 LLONAS	0.3927	0.0412	0.0397	0.0763	0.0958

（2）用名义变量建模。为避免价格指标对检验结果可能造成的影响，本文用名义工业增加值（LOVA－N）、贷款、货币供应量等名义变量构建VAR模型，检验结果如表3所示。

表3 格兰杰因果检验结果

原假设	1阶	2阶	3阶	4阶	5阶
LM_2 不能格兰杰引起 LIVA—N	0.0038	0.0076	0.0065	0.0097	0.0068
LIVA－N 不能格兰杰引起 LM_2	0.8365	0.9023	0.6902	0.4171	0.004
LLONAS 不能格兰杰引起 LIVA－N	0.0215	0.0294	0.0195	0.0182	0.0428
LIVA－N 不能格兰杰引起 LLONAS	0.7281	0.3182	0.4648	0.5349	0.7162
LLONAS 不能格兰杰引起 LM_2	0.2156	0.0659	0.2013	0.1952	0.1928
LM_2 不能格兰杰引起 LLONAS	0.3927	0.0412	0.0397	0.0763	0.0958

对上述两个模型进行的协整检验表明，协整关系存在，即各变量间存在长期稳定的关系。由表2、表3可以看出，首先，货币供应量 M_2 是贷款的格兰杰成因；其次，货币供应量 M_2 和贷款都是名义和实际的工业增加值的格兰杰成因，名义变量模型比实际变量模型更有解释能力，表明货币政策的效应有一部分转化为价格的变化，这与理论和经验都是相符的；最后，货币供应量 M_2 和贷款都是 CPI 和工业品价格指数的格兰杰成因。

2. 利率渠道检验

按照传统的货币政策传导机制观点,无论是以货币供应量还是以利率为货币政策的中介目标,对实际经济产生影响都要通过利率这一中介,可以说,利率是货币政策发挥作用的中枢。本文分别用两变量的 VAR 模型来研究货币供应量对同业拆借利率和国债回购利率的影响,结果如表 4 所示。

表 4 格兰杰因果检验结果

原假设	滞后阶数	F 统计量	概率 P
d (lm$_2$) 不能格兰杰引起 chibor – 7d	1	13.3671	0.0001
chibor – 7d 不能格兰杰引起 d (lm$_2$)		1.0473	0.2042
d (lm$_2$) 不能格兰杰引起 br – 7d	3	1.1759	0.0417
br – 7d 不能格兰杰引起 d (lm$_2$)		2.3613	0.1958

从表 4 的结果来看,同业拆借利率(chibor – 7d)和国债回购利率(br – 7d)都受 M_2 变化的影响,但同业拆借利率受 M_2 的影响更加明显。这是由于:(1)同业拆借所形成的资产或负债是银行边际资产或边际负债,对货币政策的反应最敏感;(2)银行买卖国债主要作为盈利手段而不是调控其流动性。尽管同业拆借利率和国债回购利率受货币政策中介目标的影响较大,但这两种利率对实体经济基本没有传导功能。中国各种市场利率的形成表现为除了存贷款利率,同一层次的利率是由市场竞争形成的,而不同层次的利率(如存款利率和贷款利率)之间由于利率管制而不能根据成本和风险由市场竞争形成。因此,同层次的利率之间不能形成市场化的传导链条,货币政策也就难以通过利率渠道来传导。

(二)我国当前金融结构与实体经济发展的关系

我国当前的金融结构仍是以银行为主导的,而这样的金融结构是否与现今的实体经济相适应、能否促进实体经济的发展,是尚需检验的问题。本文借鉴相关研究成果,以制造业代表实体经济,构建下面的模型,研究我国金融结构与实体经济发展的关系。

$$Growth_t = c + \beta_1 Finstr_t + \beta_2 Strls_t + \beta_3 Sei_t + \beta_4 Inf_t + \beta_5 Pgdp_t$$

其中，$Growth$ 为制造业增加值增长率；$Finstr$ 为金融结构指标，即股市交易总量与银行部门贷款额的比例；$Strls$ 为反映融资结构的指标（$Finstr$）与制造业企业平均规模（L_s）的交叉乘积项，其中，L_s 用制造业企业平均雇佣人数反映；Inf 为通货膨胀率；Sei 为进出口总额占 GDP 的比重；$Pgdp$ 为人均 GDP。

对模型估计的基本结果见表 5。回归结果（1）中列出了仅对基本解释变量进行估计的结果。$Finstr$ 的估计系数为正且显著，但数值较小，说明我国资本市场的发展能促进实体经济的增长，但目前促进效应不明显，从另一方面来看，说明银行占主导的金融结构已不适应我国实体经济的发展。同时，$Strls$ 在 10% 的统计水平上显著为正，说明制造业行业规模与金融结构相适应才能起到促增长的作用。

表 5 实证回归结果

变量	回归结果（1）	回归结果（2）
$Finstr$	0.007312 (0.000925)	0.003576 (0.005194)
$Strls$	0.019358 (0.002023)	0.007134 (0.000312)
Inf	***	-0.021308 (0.005061)
Sei	***	-0.019205 (0.041563)
$Pgdp$	***	0.000821 (0.001063)
F 值	41.38	35.04

回归结果（2）控制住了反映宏观经济环境的变量。在控制住这些变量之后，$Finstr$ 仍然为正，$Strls$ 在 10% 的统计水平上显著为正。上面的结论得到了进一步的验证。另外，通货膨胀率（Inf）在回归中显著为负，说明较高的通货膨胀率对制造业的增长有明显负面的影响。

五、结论

本文从理论上梳理了金融结构、货币政策与实体经济三者的关系并通过实证的方式判定我国当前的金融结构仍是银行主导,信贷渠道是货币政策传导至实体经济的主要方式。进一步地,本文通过构建模型检验我国金融结构是否适应实体经济发展的命题,结果表明资本市场的相对扩大有利于实体经济的增长,以银行为主导的金融结构不适应现在的发展。无论是从货币政策传导还是与实体经济协调发展的角度来看,金融结构都是三者中的基础环节,也是核心环节。促进金融支持实体经济发展,应注重金融结构的改进。

参考文献

[1] 戈德史密斯. 金融结构与金融发展(中译本)[M]. 上海:三联书店,1990.

[2] 李扬. 金融发展和金融创新必须服务于实体经济[J]. 当代财经,2009(1).

[3] 陈菲. 中国金融结构与经济增长的实证研究[J]. 生产力研究,2009(5).

[4] 林毅夫,章奇,刘明兴. 金融结构与经济增长:以制造业为例[J]. 世界经济,2003(1).

[5] 刘小玄,周晓艳. 金融资源与实体经济之间配置关系的检验——兼论经济结构失衡的原因[J]. 金融研究,2011.

[6] 谢平,罗雄. 泰勒规则及其在中国货币政策中的检验[J]. 经济研究,2002(3).

[7] 余永定. 国民收入分配、金融结构与宏观经济稳定[J]. 经济研究,1996(12).

[8] 易纲. 中国金融资产结构分析及政策含义 [J]. 经济研究, 1996（12）.

[9] 樊明太. 金融结构及其对货币传导机制的影响 [J]. 经济研究, 2004（7）.

[10] 谢平. 中国货币政策分析：1998—2002 [J]. 金融研究, 2004（8）.

[11] 唐雷, 赵卫东. 金融结构决定与货币政策传导机制——国际比较与中国转型时期的理论与实证 [J]. 学术论坛, 2008（10）.

[12] 蔡越州, 郭梅军. 金融结构与货币政策传导机制——我国转型时期的分析与实证检验 [J]. 经济科学, 2004.

[13] 赵振全, 于震, 刘淼. 中国金融结构和经济增长的关联性分析：理论与实证 [J]. 吉林大学社会科学学报, 2006（3）.

[14] 胡振华, 胡绪红. 金融结构差异与货币政策的区域效应 [J]. 财贸研究, 2007（5）.

[15] 孙伍琴. 论金融结构与实体经济的适应效率 [J]. 管理世界, 2004（5）.

安徽省金融发展与产业结构升级的耦合协调关系实证分析

中国人民银行安庆市中心支行 杨东晓

一、引言

近年来,安徽省金融业发展规模不断扩大,在促进区域经济增长方面发挥了重要的作用。与此同时,现阶段安徽省的金融供给体系仍是以间接融资为主导,金融市场发展尚不成熟,金融资源配置效率和金融资源促进区域产业结构升级的效用仍有待提高。研究表明,金融发展与产业结构转型升级的融资需求是否匹配,较大程度地影响着金融支持产业结构转型升级的效果。为此,测度金融发展与产业结构升级之间的协调发展程度,探索提升金融资源配置效率的路径,研究如何实现金融发展与产业结构升级相互促进、协调发展,就具有了现实意义。

关于金融发展与产业结构升级的关系,主要有两种观点,一种观点认为金融发展对产业结构升级具有促进作用。Rajan 和 Zingales(1998)研究发现,在金融体系发达的条件下,金融依赖程度与行业发展呈正相关。Fisman 和 Love(2002)研究表明,在金融中介欠发达的国家,依靠商业信用进行融资的行业发展更快,但不利于初创企业的发展。叶耀明和纪翠玲(2004)研究发现,长三角地区金融的发展促进了区域内产业结构的升级。曾国平和王燕飞(2007)从金融发展与产业结构变迁的角度,通过实证分析发现中国金融体制改革对产业结构升级具有明显的促进作用。

Buera等（2011）研究指出，金融发展对经济各部门间的产出水平和生产效率具有显著的促进作用。王春丽和宋连方（2011）研究发现，金融发展规模对产业结构优化具有显著的促进作用。邓向荣和刘文强（2013）研究表明，中国东部、中部、西部三个地区的金融发展对产业结构升级都有显著的促进作用，但差异较大。苏建军和徐璋勇（2014）研究发现，金融发展与产业结构升级是相互促进的作用。

另一种观点认为，金融发展对产业结构升级的作用具有不确定性，甚至在某些条件下有抑制作用。Fisman和Love（2004）研究发现，在金融市场发达的国家，短期内金融资源会配置到具有高增长潜力的行业以获得高额回报，长期内金融资源更多地流向依靠外部融资的行业。王勋和Johansson（2013）基于两部门非平衡增长模型，探讨了政府抑制性金融政策对产业结构的影响，认为在政府干预较多和经济发展依赖工业部门的国家，金融政策阻碍了生产要素的自由流动，抑制了生产资源向服务业的流动。王定祥等（2013）从金融资本的视角，探讨了金融发展与产业结构的关系，发现中国金融发展对产业结构的促进作用具有长期性和滞后性，且两者的良性互动发展机制尚未形成。龚强等（2014）从金融结构的角度分析认为，发展中国家以银行为主导的金融体系更偏向于技术较成熟、风险较低和资金回报较稳健的产业，使银行贷款更多地流向劳动密集型等成熟产业，从而阻碍了产业结构升级。赵婉妤和王立国（2016）通过国内外比较发现，实体经济融资存在结构性缺陷，表现为产能过剩行业甚至"僵尸企业"对信贷资源的挤占，不能满足产业结构升级的融资需求。

上述相关文献表明，金融体系与产业结构存在紧密的相互影响。金融体系对产业结构的影响不仅来自金融规模扩张，也来自金融结构变化，还来自金融资源配置效率的提升；同样，金融体系对产业结构的影响不仅作用于加速产业资本积累和产业扩张，也作用于新兴产业的出现和产业的多元化，还作用于提升产业的产出水平。反过来，产业结构作为金融体系进一步发展演化的基础，也影响着金融体系的各个方面，如此交互影响、协同演进。目前我国金融体系与产业结构也存在这样一个相互影响、协同演进的过程，这个过程到底是怎样的机制？效果如何？下文将以安徽省作为样本，展开区域性研究。

二、研究框架

耦合（Coupling）是物理学中的概念，是指两个或两个以上的系统之间通过各种相互作用而彼此影响并联合的现象，是在各子系统之间的良性互动下形成的一种相互依赖、相互协调、相互促进的动态关联关系。金融体系与产业体系都是由相互依赖的若干部分构成的，具有多个方面的特征，可以视为两个子系统，金融子系统与产业子系统的关联互动过程可以称为"金融—产业"耦合过程。对"金融—产业"耦合协调度的定量测度，可以刻画出该系统的互动关系和动态变化情况，为评判系统交互耦合演变的趋势提供依据。

（一）金融体系与产业结构的耦合度模型

金融体系与产业体系之间的耦合度衡量的是二者在某一时点相互依赖、协调与促进关系的强弱。一定的产业构成会有相应的资金需求，高新技术类产业具有高收益、高风险和强正外部性等特征，需要能够承担高风险和期限较长的资本作为支持；反之，成熟技术类产业并不需要承担较高风险，稳健的融资更为合适。金融体系的特征也反过来作用于产业的发展，更高效的资金融通有利于降低企业的融资成本，多层次的金融市场有利于产业创新与风险管理。当金融体系与产业体系所具有的特征相互反馈、相互调节，呈现协调有序发展时，二者的耦合度较高，反之则较低。

耦合度模型的建立首先要确立功效函数。设 X_{ij}（$i=1,2;j=1,2,\cdots,n$）是第 i 个子系统的第 j 个指标即序参量，$i=1$ 表示金融子系统，$i=2$ 表示产业机构子系统。α_{ij}、β_{ij} 分别是系统稳定临界点序参量的上限值、下限值，已有研究普遍分别将序参量的最大值、最小值作为上下限值。标准化的功效系数 x_{ij} 为变量 X_{ij} 对系统的功效贡献值，反映指标达到目标的满意程度，且 $x_{ij} \in [0,1]$，0 为最不满意，1 为最满意。功效系数 x_{ij} 的计算公式为

$$x_{ij} = \begin{cases} (X_{ij} - \beta_{ij}) / (\alpha_{ij} - \beta_{ij}), & x_{ij}\text{具有正向功效} \\ (\alpha_{ij} - X_{ij}) / (\alpha_{ij} - \beta_{ij}), & x_{ij}\text{具有逆向功效} \end{cases} \quad (1)$$

金融子系统内各个序参量对"金融—产业"系统的"总贡献"即综合序参量，可以通过集成方法实现，且一般采用几何平均和线性加权法（曾珍香，2001）。依据物理学中的容量耦合（Capacitive Coupling）概念及容量耦合系数模型，系统耦合度值记为 C，且 $C \in [0, 1]$。设 U_1、U_2 分别代表金融体系和产业结构的综合序参量，x_{ij} 为序参量 j 对子系统 i 的功效，λ_{ij} 为序参量对应的权重，综合序参量可以通过式（2）的线性加权求和法得到。参照廖重斌（1999）的做法，综合序参量 U_1、U_2 与系统耦合度 C 的函数表达式可以设定为式（3）。

$$U_i = \sum_{j=1}^{n} \lambda_{ij} x_{ij} \sum_{j=1}^{n} \lambda_{ij} \quad j=1, i=1,2 \quad (2)$$

$$C = 2\sqrt{U_1 \cdot U_2} / (U_1 + U_2) \quad (3)$$

参照已有研究的做法，本文将"金融—产业"系统耦合的演变按照耦合度数值的高低划分为四个阶段，如表1所示。

表1 耦合阶段与判别标准

耦合阶段	低水平耦合阶段	颉颃阶段	磨合阶段	高水平耦合阶段
耦合度值	$0 < C \leq 0.3$	$0.3 < C \leq 0.5$	$0.5 < C \leq 0.8$	$0.8 < C \leq 1$

本文采用熵值赋权法确定各个序参量的权重 λ_{ij}，一定程度上避免了主观层面的影响。

(二) 金融体系与产业结构的协调度模型

金融体系和产业结构不可能完全一致，但是二者的耦合度却可能相同，这表明金融体系与产业结构在不同的水平下都可以达到较好的耦合度，不同的产业结构都有与之耦合最好的金融体系。然而，由于金融体系与产业体系具有交错动态和不平衡的特性，仅仅依据耦合度还难以全面反映两者之间的整体功效与协调效应。我们在探讨金融体系与产业结构耦合的过程中，不仅要考虑二者发展趋势的协同交错影响的大小，更应该考虑在不同金融发展水平和产业等级情况下的耦合差异,这样将更加有助于比较不同时期、不同对象的耦合效果差异,也能够解释在相同耦合度下不同经济效果的缘由。协调度是耦合度与发展水平的综合,既能反映金融体系与产业体系的耦合关系,又能体现二者的发展水平。比较协调度与耦合度,有助于识别金融体系与产业体系之间存在发展不足的问题还是耦合较差的问题,为推动二者高效发展带来帮助。因此,为进一步评判金融体系与产业体系在不同水平下交错耦合的协调程度,本文构建"金融—产业"系统的协调度模型:

$$\begin{cases} D = \sqrt{C \cdot T} \\ T = aU_1 + bU_2 \end{cases} \quad (4)$$

其中,D 表示协调度;C 表示耦合度;T 代表金融发展与产业结构协调效应的综合指数;a 和 b 是待定系数,分别表示两者在整个系统运行中的重要程度。本文把金融体系和产业结构两个子系统视为同等重要,取 $a = b = 0.5$。协调度可以划分为五种类型,如表2所示。

表2 协调类型与判别标准

协调类型	失调	濒临失调	勉强协调	中度协调	高度协调
协调度值	$0 < D \leq 0.2$	$0.2 < D \leq 0.4$	$0.4 < D \leq 0.6$	$0.6 < D \leq 0.8$	$0.8 < D < 1$

(三) 构建"金融—产业"系统评价指标体系

本文根据金融体系与产业结构的内涵与特征,按照科学性、整体性、层次性和操作性等原则,参照已有的相关文献,建立金融体系与产业结构子系统综合测度指标体系,见表3。

表3 "金融—产业"系统评价指标体系

子系统	一级指标	二级指标	计算方式	属性
金融体系 (U_1)	规模	金融资产规模 (X_{11})	(各项贷款+股票筹资额)/GDP	正向
		金融行业产值 (X_{12})	金融业增加值/GDP	正向
		金融业就业人口数量 (X_{13})	金融就业人口/城镇就业人口总数	正向
	结构	银行与金融市场比 (X_{14})	各项贷款/股票筹资额	逆向

续表

子系统	一级指标	二级指标	计算方式	属性
金融体系 (U_1)	结构	国有商业银行占比（X_{15}）	国有商业银行贷款/贷款总额	逆向
	效率	存贷比（X_{16}）	贷款总额/存款总额	正向
		金融业投入产出比（X_{17}）	金融业增加值/金融业固定资产投资完成额	正向
		金融业人均产值（X_{18}）	金融业增加值/金融业就业人口	正向
产业结构 (U_2)	高度化	高新产业比重（X_{21}）	高新产业增加值/GDP	正向
		R&D 经费（X_{22}）	R&D 经费/GDP	正向
		高新产业就业人口数（X_{23}）	高新产业就业人口数/城镇就业人口总数	正向
	合理化	第二、第三产业占比（X_{24}）	第二、第三产业增加值/GDP	正向
		国有企业占比（X_{25}）	规模以上国有工业企业增加值/规模以上工业企业增加值	逆向
	高效化	第二产业投入产出比（X_{26}）	第二产业增加值/第二产业固定资产投资完成额	正向
		第三产业投入产出比（X_{27}）	第三产业增加值/第三产业固定资产投资完成额	正向
		第二产业人均产值（X_{28}）	第二产业增加值/第二产业就业人口	正向
		第三产业人均产值（X_{29}）	第三产业增加值/第三产业就业人口	正向

对于金融子系统，主要从规模、结构和效率三个方面来选取明细的指标，金融体系的规模是从量的角度来反映金融体系的特征，主要用金融资产规模、金融行业产值和金融业就业人口数量来衡量；而金融结构与金融效率则是从质的角度来反映金融体系的特征，相对比重和投入产出比是较合适的指标。其中，已有研究表明，随着经济的发展，金融体系中直接融资的比重应该更高；国有商业银行的比重降低也有助于金融体系结构的优化；存贷比反映了资金的利用效率，一般而言，存贷比越高，资金利用效率越高。

对于产业结构，本文从产业的高度化、合理化和高效化角度来选取具体的分指标。高度化即技术含量高的产业的比重、对高新技术的投入比重以及高新产业就业人口比重；合理化指三大产业的构成情况以及国有企业占比情况，人们普遍认为国有企业比重太大是相对不合理的，因此设定其为逆向指标；高效化主要反映的是投入产出的情况，而资本和人力是生产投入的两个要素，所以单位投入资本的增加值和人均增加值是较合适反映投入产出情况的指标。

（四）数据来源与说明

基于研究的目的和已构建的指标体系，考虑到数据的可得性，本文选取了安徽省2001—2015年的时间序列数据来实证研究金融体系与产业结构的耦合协调关系。相关数据来源于历年《安徽省统计年鉴》、安徽省统计局网站以及人民银行统计数据等。由于债券市场相对规模较小，保险机构的资金运用大都通过贷款、股票和债券等形式来实现，因此本文在选取金融体系指标时没有考虑债券市场和保险市场的相关指标。

三、实证分析

（一）指标权重的确定

考虑到各指标的属性与量纲上的差异，我们首先按式（1）对初始指标值进行标准化处理，再依据熵值赋权法计算得到各指标的权重，如表4所示。

表4 "金融—产业"系统评价指标权重

子系统	一级指标	指标权重	二级指标	指标权重
金融体系 (U_1)	规模	0.3857	金融资产规模（X_{11}）	0.1327
			金融行业产值（X_{12}）	0.1208
			金融业就业人口数量（X_{13}）	0.1322
	结构	0.2698	银行与金融市场比（X_{14}）	0.1546
			国有商业银行占比（X_{15}）	0.1152
	效率	0.3445	存贷比（X_{16}）	0.1197
			金融业投入产出比（X_{17}）	0.1130
			金融业人均产值（X_{18}）	0.1118

续表

子系统	一级指标	指标权重	二级指标	指标权重
产业结构（U_2）	高度化	0.3325	高新产业比重（X_{21}）	0.1218
			R&D 经费（X_{22}）	0.1067
			高新产业就业人口数（X_{23}）	0.1040
	合理化	0.2427	第二、第三产业占比（X_{24}）	0.1258
			国有企业占比（X_{25}）	0.1169
	高效化	0.4248	第二产业投入产出比（X_{26}）	0.1109
			第三产业投入产出比（X_{27}）	0.1130
			第二产业人均产值（X_{28}）	0.1019
			第三产业人均产值（X_{29}）	0.0990

（二）耦合协调分析

确定各指标权重后，我们利用式（2）计算出金融和产业子系统的综合序参量，再由式（3）、式（4）分别计算得到我国金融产业系统的耦合度和协调度。根据上述判别标准，可以得到 2001—2015 年的耦合阶段和协调类型（见表5）。

表5 2001—2015 年"金融—产业"系统的耦合阶段与协调类型

年份	耦合度（C）	耦合阶段	协调度（D）	协调类型
2001	0.8899	高水平耦合阶段	0.6042	中度协调
2002	0.8906	高水平耦合阶段	0.6588	中度协调
2003	0.8964	高水平耦合阶段	0.6476	中度协调
2004	0.8989	高水平耦合阶段	0.6356	中度协调
2005	0.8967	高水平耦合阶段	0.6281	中度协调
2006	0.8877	高水平耦合阶段	0.6865	中度协调
2007	0.8779	高水平耦合阶段	0.7376	中度协调
2008	0.8997	高水平耦合阶段	0.7028	中度协调
2009	0.8991	高水平耦合阶段	0.7563	中度协调
2010	0.8992	高水平耦合阶段	0.8030	高度协调
2011	0.8994	高水平耦合阶段	0.8258	高度协调

续表

年份	耦合度（C）	耦合阶段	协调度（D）	协调类型
2012	0.8982	高水平耦合阶段	0.7985	中度协调
2013	0.8905	高水平耦合阶段	0.7724	中度协调
2014	0.8849	高水平耦合阶段	0.7638	中度协调
2015	0.8786	高水平耦合阶段	0.7324	中度协调

根据表5中金融体系与产业结构的系统耦合度，总体而言，安徽省金融产业系统的耦合度一直较高，处于（0.8，1）的区间，位于高水平耦合阶段。这说明，2001—2015年安徽省的金融体系与产业结构整体保持了较好的耦合关系，尽管在不同的年份金融发展状况存在差异，不同时间的产业结构也不尽相同，但它们总体表现出较为协调的发展步伐。这也表明安徽省的金融体系和产业结构在样本期间保持了较强的相互影响关系，产业结构的变化信息能够及时传导给金融体系，金融体系也能作出相应的调整，有效配合产业的发展；随着金融改革的推进，金融体系不断发展变化，也为产业的发展带来了不少机遇与条件，实体经济能较为有效地抓住机遇，稳步地推动产业升级和提高投入产出效率。同时，这也表明尽管安徽省金融体系不够发达，但仍在产业升级和经济发展中起到了重要作用，也印证了最优金融结构理论所述及的在不同要素禀赋条件下都有自身的最优金融结构。

从系统协调度来看，安徽省金融产业系统的协调度总体上呈先升后降的趋势，协调类型从长期的中度协调到短暂的高度协调最后回落到中度协调，总体协调水平不是很高，还有很大的提升空间。"金融—产业"系统的协调度是考虑金融体系和产业结构发展水平及其之间的耦合关系的综合指标，其变化表明安徽省金融体系和产业结构水平不断提高，其在更高水平上的耦合协调作用将更大。在样本初期，协调度受发展水平的影响较大，而两个子系统的水平不断提高后，协调度受耦合度的影响变得更大。近几年，安徽省进入转型升级的关键时期，经济结构与金融结构的矛盾更加凸显，金融体系与产业结构的协调度也不可避免地出现了下滑。衡量金融体系发展水平，不能以片面地追求金融发展规模的扩张为标准，更关键的是要与产业结构升级的需求相匹配,提高金融体系的资源配置效率。因此,提升全省金融资源配置效率就成为金融发展促进产业结构升级的题中要义。

四、金融资源配置效率的提升路径探析

(一) 完善宏观调控的同时,发挥金融制度对产业结构调整的导向作用

合理的金融制度能够指导金融机构进行资金配置,提高金融资源配置效率。为了促使产业结构得到更多的信贷支持,国务院发布了《促进产业结构调整暂行规定》,指出产业结构调整中需要解决的问题,并着重于第三产业结构调整。第三产业应从传统型服务业出发,逐步转向多元化服务业、现代型服务业、信息产业,最终发展为知识产业。中央银行及国有商业银行应制定相应的金融政策,优化信贷投向和结构,同时资本市场应合理选择融资对象、完善融资机制,以配合产业结构调整,为第三产业提供优质的金融服务和资金支持,使金融资源配置结构与产业结构相适应,进而促进金融资源配置效率的提升,发挥其在产业结构优化调整中的重要作用。

(二) 强化市场主体财务约束,让资金价格反映资金的使用效率和风险状况

财务软约束的市场主体会占用过多的金融资源,对其他市场主体有挤出效应。当前地方融资平台、大型国有企业比较容易获得资金,而一些中小企业以及创新型企业获得资金的难度比较大,尽管2015年新《预算法》的实施对地方政府融资平台的融资产生了一定的约束,但是政府融资和国有企业融资的容易程度仍远远高于中小企业,还有一些"僵尸企业"该退出市场而没有退出市场,这些都占用了过多的金融资源。或明或暗的刚性兑付抬高了无风险收益率水平,加大了社会融资成本。因此,应分清风险责任、做好社会保障,有序打破刚性兑付是让市场发挥决定性作用、提高市场效率的非常重要的一环。很多金融产品之所以不能够打破刚性兑

付，很重要的原因是没有分清各个产品的法律责任，没有明确其风险和应承担的责任，因而当出现风险时，难以下决心让投资者承担风险。同时，在市场出清的时候，必然会遇到一些劳动力的失业，此时更重要的是做好社会政策的兜底工作。

(三) 改善金融生态外部环境，促进经济金融协调发展

改善金融生态外部环境，从而改善投资环境，可以达到扩大资金净流入、优化金融资源配置的目的。为此，除强化经济基础条件、改善经济结构、转变经济增长方式外，要着力从如下方面下功夫：一是优化法制环境。结合区域实际，规范和促进现代企业制度建设，促进私营经济发展和市场有效竞争，扩大区域对外开放，规范并促进区际协作。要提高金融纠纷的审结和执行率，重点打击逃废债行为，维护金融秩序。二是树立"管理就是服务"的理念，转变政府职能。服从政府调控市场、市场配置资源的机制机理，发挥好各级政府在金融生态建设方面的主导、推动和服务作用。三是不断完善企业的公司治理结构，提升企业的经营管理能力和盈利能力，从根本上降低银行的贷款风险，改善金融主体的生存环境。四是加强社会信用体系和社会信用文化建设。实现工商、税务、司法、银行等部门的跨部门、跨行业信用信息互通共享，发挥会计、审计、法律等金融中介服务在信用体系建设中的作用，加大对破坏信用行为的惩戒力度，切实保护金融机构和债权人的合法权益。

经济新常态下安庆市商业银行信贷行为实证分析

中国人民银行安庆市中心支行　吴敏书

2014年5月,习近平总书记在河南考察时首次提到了"新常态"的概念。自此,"新常态"一词开始进入中国百姓的视野。金融作为我国经济的重要组成部分,也开始呈现出一些新的特点。本文在此背景下,以安庆市商业银行为例,详细分析了经济新常态下商业银行信贷行为的四种特征,并以经济新常态下商业银行信贷行为理性表征为标杆,就如何纠正行为偏差、引导其主动适应经济新常态进行了有益探索。

一、经济新常态下商业银行信贷行为的理性表征

商业银行信贷行为与其所处的经济环境密不可分,经济新常态是商业银行所处的新的经济环境。为适应经济新常态,商业银行的信贷行为也将随之改变。

(一) 经济新常态的主要特点

经济新常态是相对于经济旧常态而言且相对稳定的经济状态,它是对经济旧常态的承继和扬弃,两者之间存在着不可割裂的关系。中国经济新常态主要表现出三个显著特点:一是经济从高速增长转向中高速增长,即从改革开放后32年平均10%的高速度下降至7%~8%的中高速度。二是经济结构不断优化升级。第三产业逐渐成为主体产业,消费需求逐渐成为

主体需求,城乡差距逐渐缩小,居民收入占比逐渐上升。三是发展动力逐渐从要素驱动和投资驱动转向创新驱动。

(二) 商业银行信贷行为的理性表征

经济新常态将深刻影响商业银行的信贷行为。在经济新常态下,商业银行信贷行为的理性表征主要表现在以下四个方面。

1. 信贷增速适时理性回归。经济是金融发展的基础,经济增速是决定信贷增速的最为重要的因素之一[①]。在经济新常态下,随着经济增速换到中高档,商业银行信贷增速也将由过去15%左右的高速度向11%左右的中高速度转变[②],信贷投放的顺周期性弱化。

2. 信贷结构持续优化升级。信贷资金成为新常态下经济结构调整和产业转型升级的重要推动力,且主要流向新型工业化、信息化、农业现代化和新型城镇化等实体领域。信贷投放的区域结构、行业结构、期限结构等将随着经济结构调整和产业转型升级而持续优化,信贷集中度明显改善。

3. 信贷产品不断推陈出新。信贷产品创新力度显著加大,创新周期明显缩短。以资金需求为导向的信贷产品创新模式成为市场主流,信贷产品多元化程度大幅提升。涉及产品风险、期限和收益方面的实质性创新不断增多,且逐步取代信贷产品形式上的创新,经营多元化程度加大。

4. 风险管理更加精细审慎。在经济新常态下,商业银行风险意识大幅提高,风险管理更加精细和审慎,特别是在存款保险条例实施和利率、汇率市场化改革持续深化阶段,商业银行更加注重对信用风险、流动性风险、声誉风险及市场风险的管控,风险管理投入增多。

---

① 费雪方程式($MV=PY$)表明,在通货膨胀水平和货币流通速度稳定的前提下,经济增速决定了货币增速。但实际上,受国家宏观调控的影响,这种决定关系并非是简单直接的,但其影响力仍然存在。

② 15%的增速是基于全国贷款增速2001—2014年平均估算所得的,11%的速度是按照7.5%的GDP增速加上2%的CPI之后再加1.5个百分点估算所得的。实际上,经济进入新常态后,经济增速有可能低于7.5%,直接融资比例会进一步提高,因此实际贷款平均增速可能低于11%。

二、经济新常态下商业银行信贷行为的市场表现

虽然经济新常态的概念近几年才为大家所熟知,但是就其内涵而言,我国经济新常态早在2011年就已开始①,或者说已经在向新常态过渡了。下文以安庆地区为例,详细分析经济新常态初期②商业银行所表现出来的顺周期性、政治约束性、担保偏好性和投放集中性四种行为特征。

(一) 信贷行为具有明显的顺周期性

2001年至2015年第一季度,安庆市经济增长基本经历了三个发展阶段(见图1)。

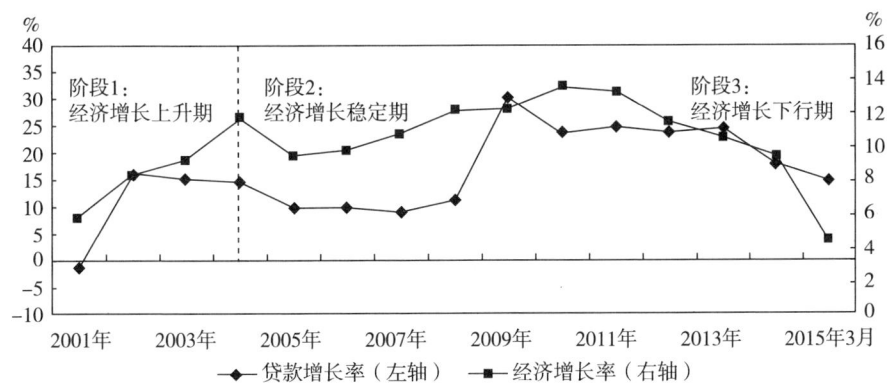

图1　2001年至2015年3月安庆市经济增长与贷款增长走势

(资料来源:安庆市统计年鉴和安庆市统计月报)

2001—2004年为第一阶段,即经济增长上升期。在四年时间里,经济增长率从5.72%上升至11.61%。在此阶段,安庆市信贷投放也呈现出较快增长态势。贷款增长率从2001年的-1.4%跳跃至2002年的15.94%,并在2003年和2004年稳定在中高位水平。2005—2010年为第

---

① 2003—2007年我国经济年均增速为11.6%,2008—2011年经济年均增速为9.6%。
② 经济新常态初期是一个粗略的界定,后续分析既包括旧常态下的状态,也包括新常态初期的状态。

二阶段,即经济增长稳定期。在这一时期,经济增长率从前期高点11.61%下调并平稳增长至2010年13.57%的高点。在此阶段,贷款增长率保持在相对稳定的中速水平,并于2009年达到峰值30.3%[①]。2010年之后进入第三阶段,即经济增长下行期。在这一阶段,经济增长从高速逐渐向中高速水平过渡,增长速度快速下降。此时的贷款增长率在高位盘整后开始显著下降。从2001年至2015年第一季度经济增长和信贷投放增长的趋势可以发现,安庆信贷投放呈现出一定的顺周期性特征。

为进一步探寻安庆市信贷行为的顺周期性特征,本文对贷款增长率和经济增长率两个时间序列进行了Johanson协整检验(见表1)。从表1可以看出,贷款增长率和经济增长率在10%的显著性水平下存在长期稳定的关系,其中一个长期均衡方程式的系数表明二者之间存在正向关系[②]。

表1 贷款增长率与经济增长率Johanson协整检验

协整关系假设	特征值	迹统计量	5%的临界值	p值
没有	0.911867	30.16375	15.49471	0.0002
至多一个	0.268937	3.445817	3.841466	0.0634

更进一步地,本文通过格兰杰因果关系检验发现,贷款增长率与经济增长率之间并不存在格兰杰因果关系。这表明,贷款增长率和经济增长率都具有一定的外生性。这与我国政府宏观调控对经济增长和信贷投放都具有非常大的影响有关。

(二)信贷行为具有一定的政治约束性

我国从计划经济走向市场经济,商业银行特别是大型国有商业银行的信贷行为或多或少地带有政治色彩。商业银行的行为不仅受经济利益的驱使,也受政府干预和中央银行政策的影响。通常,商业银行会根据业务发展计划确定年度信贷投放目标,地方政府会出于刺激经济增长的目的向各

[①] 2009年信贷投放增长率跳跃至新的平台与2008年国际金融危机和我国采取的扩张性政策有关。
[②] 利用安庆市2001年至2015年第一季度的数据,通过误差修正模型所获得的一个长期方程为 $LOANR = 2.8GDPR - 12.98$,其中,$LOANR$ 表示贷款增长率,$GDPR$ 表示经济增长率。

银行机构下达考核目标（甚至更高的奋斗目标），中央银行则会根据经济金融市场运行情况进行窗口指导，且一般具有逆周期性。三方的目标难以一致。常见的情形是地方政府和中央银行的目标一个偏于宽松，一个偏于审慎，而商业银行实际投放基本介于两者之间，最终定位取决于商业银行与地方政府和中央银行之间的博弈结果。

为量化分析政治力量因素对商业银行信贷投放的影响，本文以贷款目标偏离度作为衡量指标。计算公式为"目标偏离度 =（实际贷款投放 - 投放目标）÷投放目标×100%"，偏离度绝对值越大，表明政治约束力越弱，反之则越强。表2给出了2012年至2015年第一季度的计算结果。从计算结果可以发现，中央银行合意贷款目标偏离度绝对值不断减小，表明中央银行合意贷款管理对中小法人银行的信贷投放起到了较大的约束作用。政府目标偏离度绝对值越来越大，表明政府目标定位过高，商业银行难以完成。对比两组偏离度时序数据可以发现，虽然在经济发展的不同阶段，中央银行和地方政府对商业银行信贷投放影响力的强弱会出现变化，但商业银行信贷投放政治约束性是客观存在的。

表2 2012年至2015年第一季度安庆市中小法人银行信贷投放政治约束情况

项目	2012年	2013年	2014年	2015年第一季度
实际贷款投放（亿元）	58.39	63.99	71.06	12.77
中央银行合意贷款目标（亿元）	36.26	46.84	72.26	—
政府投放目标（亿元）	—	71	85.9	21.75
合意目标偏离度（%）	61.03	36.61	-1.66	—
政府目标偏离度（%）	—	-9.87	-17.28	-41.29

资料来源：政府投放目标来源于安庆市政府相关文件，中央银行合意贷款目标来源于人民银行安庆市中心支行。

（三）信贷行为具有较强的担保偏好性

2012—2014年，安庆市商业银行以担保方式发放的贷款占总贷款的比重平均为88.74%，以信用方式发放的贷款占比平均为11.26%，基本表现出较为稳定的"一九"格局（见表3）。

表3 2012—2014年安庆市银行机构贷款担保偏好情况

单位:%

项目	2012年	2013年	2014年
信用贷款金额占比	11.12	11.67	12.01
担保贷款金额占比	88.89	88.33	87.99
其中:抵质押担保占比	61.58	63.98	67.59
保证担保占比	27.31	24.35	20.40

资料来源:《安徽省安庆市金融统计月报》。

2012—2014年的数据表明,安庆市商业银行贷款投放具有较强的担保偏好。在担保贷款中,商业银行更加偏好抵质押担保,且表现出进一步增强的态势。在安庆地区,随着融资性担保公司风险的上升,保证担保贷款有萎缩迹象。这表明银行对客户担保的要求在不断提高,其担保偏好特征在经济新常态下表现得越来越明显。

(四)信贷行为具有较强的投放集中性

1. 信贷投放具有客户集中特征。银行在投放贷款时,较为偏好于规模较大的企业,"贷大、贷集中"现象较为明显。目前,安庆市地方中小法人银行单一客户贷款集中度和分支机构最大十家客户贷款占全部贷款的比重均较高(见图2)。2015年3月末,地方中小法人银行平均单一客户贷款集中度为6.79%,平均最大十家客户贷款集中度为50.8%。银行业分支机构平均最大十家客户贷款占全部贷款的比重为20%。

2. 信贷投放具有行业集中特征。2012—2014年安庆市贷款投放行业分布数据表明,安庆市银行机构信贷投放主要集中在制造业、批发和零售业、房地产业和个人贷款及透支[①]四个领域(见图2)。从2012—2014年新增贷款平均数据来看,制造业占17.23%,批发和零售业占16.74%,房地产业占4.75%,个人贷款及透支占31.3%。另外,随着行业风险的

---

① 个人贷款及透支类主要是个人购房贷款,因此也可归属于房地产相关行业。

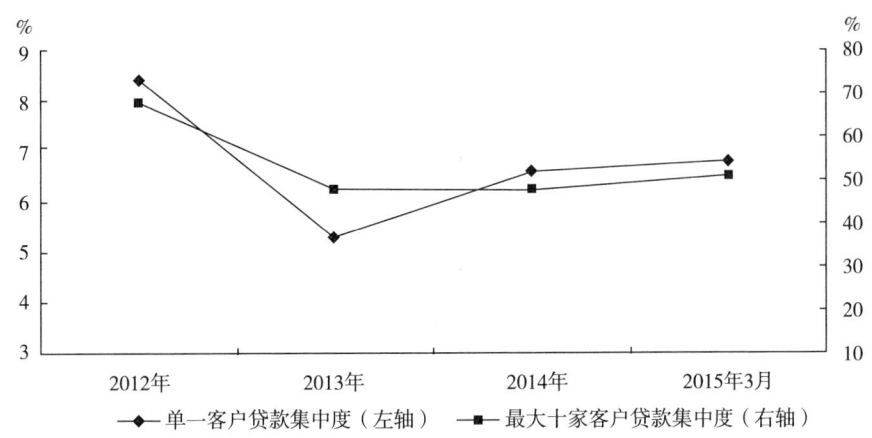

图 2　2012 年至 2015 年 3 月安庆市银行机构客户贷款集中度情况

（资料来源：人民银行安庆市中心支行）

不断加大，特别是批发和零售业问题企业的不断增多，商业银行对批发和零售业的贷款有所限制，致使 2014 年安庆市批发和零售业新增贷款下降较多，交通运输、仓储和邮政业，租赁和商务服务业成为新的集中领域。2014 年，交通运输、仓储和邮政业新增贷款占新增贷款总额的 11.5%，租赁和商务服务业新增贷款占新增贷款总额的 16.74%。

3. 信贷投放具有区域集中特征。安庆市辖八县一市，信贷投放区域分布较为稳定，区域集中特征较为明显（见图 3）。具体地，图 3 中 A 区域的面积越大，表明集中度越高，集中程度可以用一个系数衡量（参照基尼系数设计，用字母 J 表示），其计算公式为 $J = A/(A+B)$，该值越大，集中程度越高。从 2012—2014 年的贷款余额区域分布和 2014 年新增贷款区域分布来看，安庆市贷款投放区域集中较为明显，且集中程度较为稳定，集中度系数 J 值为 0.4~0.5，属于较高水平[①]。2014 年 12 月末，安庆市八县一市贷款余额占比前三位从高到低依次为 45.5%、13.2% 和 9.6%，合计占全市贷款余额的 68.3%。新增贷款占比前三位从高到低依次为 44.1%、14.4% 和 7.9%，合计占 66.4%。两组数据均表明安庆市贷

---

① 基尼系数值低于 0.2，属于收入绝对平均，0.2~0.3 属于收入比较平均，0.3~0.4 属于收入相对合理，0.4~0.5 属于收入差距较大。该评价可作为本文评价贷款区域集中度的参考。

款投放区域集中特征稳定且明显。

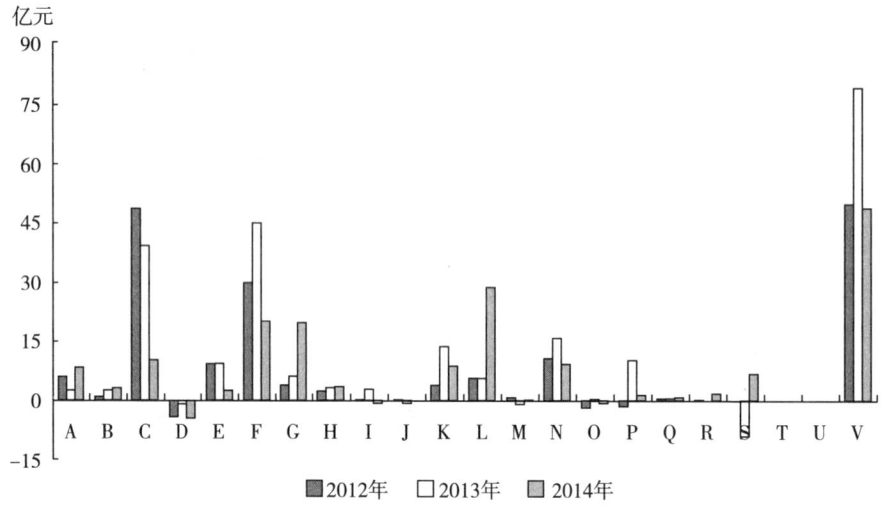

注：A 表示"农、林、牧、渔业"，B 表示"采矿业"，C 表示"制造业"，D 表示"电力、热力、燃气及水生产和供应业"，E 表示"建筑业"，F 表示"批发和零售业"，G 表示"交通运输、仓储和邮政业"，H 表示"住宿和餐饮业"，I 表示"信息传输、软件和信息技术服务业"，J 表示"金融业"，K 表示"房地产业"，L 表示"租赁和商务服务业"，M 表示"科学研究和技术服务业"，N 表示"水利、环境和公共设施管理业"，O 表示"居民服务、修理和其他服务业"，P 表示"教育"，Q 表示"卫生和社会工作"，R 表示"文化、体育和娱乐业"，S 表示"公共管理、社会保障和社会组织"，T 表示"国际组织"，U 表示"对境外贷款"，V 表示"个人贷款及透支"。

图 3　2012—2014 年安庆市新增贷款行业分布情况

（资料来源：《安徽省安庆市金融统计月报》）

4. 信贷投放具有期限集中特征。2012—2014 年，安庆市贷款投放表现出一定的期限集中特征，且相对稳定（见图 4）。其中，单位贷款偏好于短期贷款，个人贷款偏好于中长期贷款。2014 年末，短期单位贷款余额为 501.2 亿元，占全部单位贷款余额的 61%；中长期单位贷款余额为 315.8 亿元，占全部单位贷款余额的 39%。集中性较前两年有所改善。短期个人贷款余额为 182.6 亿元，占全部个人贷款余额的 44%；中长期个人贷款余额为 229.6 亿元，占全部个人贷款余额的 56%。

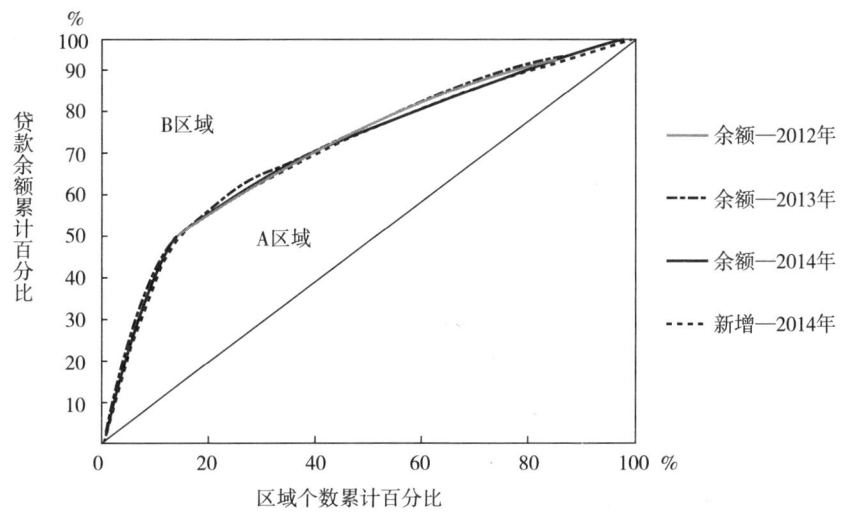

图 4　2012—2014 年贷款区域集中情况

（资料来源：人民银行安庆市中心支行）

三、经济新常态下商业银行信贷行为理论分析

安庆市商业银行上述四种信贷行为是在经济旧常态下逐渐形成的，下文将选择一些较为典型的理论对其进行解释。

（一）顺周期形成原因

通常情况下，信贷投放的顺周期性是指贷款运行与经济运行保持同向，随着经济的繁荣与萧条而做周期性波动。在经济上升期，商业银行对借款人未来发展持乐观看法，贷款投放意愿较强。借款人资产公允价值不断上升，用于抵押的资产价值上升，贷款可获得性提高，反之则相反。在对信贷投放顺周期性形成原因的理论探讨中，目前尚无定论。一个基于行为金融学的解释是，银行家都是有限理性的，在经济波动出现上下拐点时，由于认知的偏差，会分别出现群体性多贷和群体性拒贷两种羊群行为，而这两种行为也会强化经济的波动。2015 年安庆市信贷投放放缓明显①，从银行反馈的信息来看，慎贷、惧贷情绪较浓，这与经济下行期的群体性拒贷行为较为相似。

（二）政治约束形成原因

政治约束是指政治力量对商业银行经营行为产生的影响，可以简单地划分为两类：一类是以地方政府为典型代表的政治力量对商业银行行为的影响，其影响力主要来源于地方政府对商业银行的考核、政府财政性存款分存以及相关税收优惠、奖补政策等，其目的一般是要求商业银行加大对地方的信贷投放，以此促进地方经济发展，对商业银行风险的关注相对较少；另一类是以中央银行为典型代表的政治力量对商业银行行为的影响，其影响力主要来源于中央银行的宏观调控手段，如法定存款准备金工具、差额存款准备金工具、合意贷款管理、支农再贷款、常备借贷便利以及其他市场准入等，其目标是确保货币政策有效传导，通过加强宏观审慎管理来维护金融稳定，对商业银行风险的关注比地方政府多。两种政治力量对商业银行的影响因各自目标的不同而有差异。商业银行通常会根据当时的经济形势，从自身利益出发，在两种力量之间进行权衡。

（三）担保偏好形成原因

担保偏好是指商业银行发放贷款时，偏好发放担保贷款，通常包括抵（质）押担保、保证担保。由于信贷交易存在很高的不确定性，银行为了降低交易的不确定性，除加强客户筛选、监督和审查外，有限理性的商业银行主要依赖担保实现上述目的。商业银行偏好于担保的一个重要原因就是担保机制能够降低交易的成本，而这种成本体现在信贷交易的三个阶段。具体地，一是贷前筛选企业阶段。在该阶段，商业银行需要搜集大量信息，以识别无对应偿还能力的企业，并对准备贷款的企业进行风险评估。二是贷中监督企业阶段。在该阶段，商业银行需要持续地搜集信息，

---

① 2015年4月末，安庆市本外币各项贷款余额为1320亿元，同比增长12.9%，增速较上年同期下降11.5个百分点。1~4月新增贷款60.3亿元，同比少增35.6亿元。

监测企业资金的使用情况，防止企业改变资金用途。三是贷后审查阶段。在该阶段，商业银行要加大对企业的贷后审查力度，防止企业违约或恶意逃废债务。

(四) 贷款集中形成原因

我国商业银行贷款集中问题是普遍存在的，其集中性主要表现为客户集中、行业集中、区域集中和期限集中等。不同时期，不同地区的银行贷款集中性略有差异，下文从五个方面对贷款集中现象给出一定的解释。

1. 信贷配给的结果。该理论认为，在不同利率水平下，只有部分借款人的融资需求能够得到满足，或由于信息不对称，只有信息较为对称的借款人的融资需求能得到满足。因此，利率承受能力较强的行业和信息较为对称的企业容易成为信贷集中的领域。在实践中，信贷配给理论可以对贷款向回报率较高的房地产业、批发和零售业集中的现象作出解释，也可以对经营不规范、信息对称程度较低的中小企业融资难作出解释。

2. 羊群效应的结果。由于信息不对称，商业银行特别是中小法人银行在信贷投放时经常表现出"模仿、跟随、从众、搭便车"等羊群行为，而这种行为的结果就是信贷集中。例如，安庆辖区内就存在几家甚至十几家银行同时对个别大企业、大项目进行大额授信①。

3. 信贷管理体制的结果。目前，商业银行在信贷政策上普遍实行一级法人管理体制，信贷政策、管理体制等均由总行制定。信贷权限的大幅上收，容易导致信贷投放向经济相对发达地区、大企业、大项目倾斜。近年来，受经济下行、市场信用环境恶化的影响，信贷权限上收的现象更加普遍。因此，地市、县级支行信贷投放向少数地区、少数行业和少数企业集中成为必然结果。

4. 行政干预的结果。在地市、县级区域，政府对商业银行尤其是对地方中小法人银行的影响较为明显。地方政府特别是新换届的领导班子出

---

① 例如，安徽望江舒美特公司贷款 6.55 亿元，涉及银行 8 家；安庆市五千年文博园贷款 6.6 亿元，涉及银行 29 家。

于政绩的需要，建设热情普遍高涨。因此，信贷资金不可避免地向地方政府融资平台、工业园区建设、路桥建设以及土地收储等项目集中。

5. 金融生态环境欠佳的结果。良好的金融生态环境是商业银行信贷投放的基础，欠佳甚至较差的金融生态环境将严重影响商业银行开展业务的信心，特别是在社会信用环境较差、恶意逃废金融债务现象比较普遍的时候，商业银行信贷投放更加谨慎，更加偏好于风险较小的少数地区、行业和企业，其贷款也倾向于短期流动资金贷款。

四、经济新常态下商业银行信贷行为的研究结论及思考

在对商业银行行为理性表征和市场表现进行分析的基础上，下文对商业银行的四种信贷行为做简要评价，并在此基础上提出几点思考，以纠正商业银行行为偏差，引导商业银行适应经济新常态。

（一）研究结论

以商业银行行为理性表征为标杆，目前商业银行行为表现与理性表征尚存有较大差距，其负面影响表现在四个方面。

1. 顺周期性容易加大经济周期的波动。在经济上升期，商业银行的顺周期行为会增大金融杠杆，促使资产价格泡沫形成。在经济下行期，顺周期性则容易错杀经营较好的企业，使得下行期持续更长的时间，甚至诱发经济萧条。当前，我国经济面临"三期叠加"的不利影响。因此，信贷投放的顺周期性将增加经济向下调整的幅度和时间，不利于经济平稳发展。

2. 政治约束性不利于资源的优化配置。政治约束性较强，必然削弱市场对商业银行经营行为的调节作用，影响金融资源的配置效率，甚至当地方政府约束力高于中央银行的窗口指导力度时，会影响到国家宏观调控的效果。在经济新旧常态转换阶段，商业银行风险不断暴露，地方政府过度干预既不利于国家宏观调控政策的有效实施，也不利于商业银行进行有效的风险应对。

3. 担保偏好将加剧中小企业融资难问题。中小企业是市场融资的弱势群体。由于财务制度不健全，可担保能力弱，其融资难问题一直难以得到有效缓解。商业银行对担保的强偏好是导致中小企业融资难、融资贵的重要原因。另外，担保偏好的存在缩小了商业银行客户范围，增大了行业竞争，甚至导致信贷集中。因此，过度的担保偏好既难以为新常态下经济结构调整、产业转型升级和市场消费提升提供充足的金融支持，也禁锢了商业银行的思想，不利于其加快信贷产品创新。

4. 不同类型的信贷集中容易产生不同危害。（1）客户集中降低了资金的使用效率。受边际递减规律的影响，资金集中于少数客户会导致资金使用效率的下降。少数企业获得资金过于容易可能导致其放松对资金的管理和成本控制，甚至将过剩的资金投入高风险项目[①]以谋求高收益。（2）区域集中易造成地区经济发展失衡。例如，在安庆地区，信贷资金过多地集中于安庆市区、桐城市、怀宁县等经济发展相对较好的地区，而其他一些地区，除个别县有招商引资的大企业，信贷投放一般较少，县域经济发展不均衡较为明显。（3）行业集中容易造成经济结构失衡。信贷资金过度集中于某个或某几个行业，如房地产行业、批发和零售业，不利于经济结构调整和产业转型升级。（4）期限向短期集中容易导致企业增加融资成本，甚至因"短贷长用"而产生风险。

(二) 几点思考

针对当前商业银行信贷行为市场表现存在的偏差及负面影响，本文提出四点建议。

1. 中央银行要加大逆周期调控力度，引导商业银行降低信贷投放顺周期效应。在经济旧常态向新常态过渡期间，经济不稳定性将增大，而商业银行信贷投放的顺周期性将放大这种不稳定性。因此，在这一特殊时期，为减少经济波动，维护金融稳定，促进经济平稳转态，中央银行需要向市场发出坚定的逆周期调控信号，使市场参与者有一个明确的政策预

---

① 例如，在安庆地区就有许多商贸流通企业参股小额贷款公司。

期。例如,在经济持续下行期,进一步下调市场基准利率,引导资金价格走势,促进固定资产投资增长。根据地区发展水平、行业类型、企业类型实施更加细化的差别准备金政策,引导信贷资金流向。此外,中央银行各级支行要加强对辖区内商业银行的窗口指导,确保货币政策传导顺畅。

2. 地方政府要减少直接干预,让市场发挥决定性作用。地方政府作为一个特殊的市场参与者,要明确自身的市场定位,不应直接对商业银行经营行为进行干预,更不应该对商业银行制定信贷投放目标,并加以考核。相反,地方政府应该多运用市场化的手段来引导商业银行的信贷行为。例如,进一步加大地方金融生态环境建设,严厉打击非法金融活动和恶意逃废金融债务行为,为商业银行的发展提供重要保障。推动中小企业信用担保体系和征信体系建设,建立必要的风险分担机制,减少信息不对称。在引导商业银行信贷行为方面,应以正向激励为主,减少负向约束。例如,对地方经济发展作出突出贡献的商业银行,可给予一定的奖励。

3. 商业银行要转变观念,加快创新,主动适应经济新常态。一是要调整信贷投向。新常态下,商业银行信贷资金要更多地投向经济结构调整和产业转型升级的领域。如以新能源、环保和高端制造业为代表的新型工业化领域,以物联网、家居智能等为代表的信息化领域,以家庭农场、生态农业为代表的农业现代化领域以及以城镇化建设为龙头的基础设施建设领域等。二是要提高市场细分能力,开展精细化信贷业务。在信贷业务方面,既要注重担保贷款的投放,也要适度增加信用贷款投放。特别是对于中小企业和涉农企业,要在市场细分的基础上挖掘潜在优质客户,确保在经济下行期保持合理的贷款投放量。三是要加大金融创新力度,尝试开展多元化经营。通过金融创新,将信贷业务进行有效拓展。如将信贷业务与其他银行业务相结合,或者在政策灰色区域开展跨行业经营。

4. 加大金融行业监管力度,逐步放开混业经营限制。分业经营、分业监管虽然较为简单,但不利于金融机构进行业务创新,也不利于防范系统性、区域性金融风险。因此,加大金融行业监管力度、逐步放开混业经营限制是金融业发展的需要。在监管方面,可以依托《存款保险条例》对商业银行实施更加严格的监管,引导商业银行主动降低顺周期性和信贷集中所带来的风险。在混业经营方面，可以在风险可控的前提下，选择部分金融行业、部分业务领域进行试点，在模式成型后再行放开。

参考文献

［1］张桂霞，陈红艳．商业银行信贷集中问题调查研究［J］．金融纵横，2010（10）．

［2］梁涛，银行信贷过度集中的理论解释及对策分析［J］．南方金融，2009（11）．

［3］巴曙松，刘海博．信贷周期理论研究综述［J］．湖北经济学院学报，2009（3）．

［4］刘秋萍．我国商业银行信贷顺周期性的实证研究［J］．中国城市经济，2011（9）．

［5］殷孟波，贺向明．商业银行贷款担保偏好行为与信贷交易成本［J］．财经科学，2007（12）．

［6］刘志洋．银行信贷顺周期性产生机制及其逆周期调控［J］．现代财经：天津财经大学学报，2013（6）．

［7］赵文杰．我国商业银行信贷行为分析［J］．金融理论与实践，2005（1）．

［8］高铁梅．计量经济分析方法与建模［M］．北京：清华大学出版社，2009：291－295．

传统商业银行应对互联网金融的策略探析

中国农业银行安庆市分行 苏小龙 潘 堃

互联网金融是传统金融行业在互联网技术影响下的新兴领域,其"开放、平等、协作、分享"的精神渗透到传统金融业中,对传统金融模式产生了根本性影响。本文主要论述了互联网金融的内涵、运作模式及对传统银行业的影响,在此基础上对农业银行的发展提出了相关的政策建议。

一、互联网金融的内涵及主要运作模式

互联网金融(ITFIN)是指依托于支付、云计算、社交网络以及搜索引擎等互联网工具,实现资金融通、支付和信息中介服务的一种新兴金融。互联网金融与传统金融的区别不仅在于金融业务所采用的媒介不同,更重要的在于金融参与者深谙互联网"开放、平等、协作、分享"的精髓,通过互联网、移动互联网等工具,使传统金融业务透明度更强、参与度更高、协作性更好、中间成本更低、操作更为便捷。互联网金融的发展经历了网上银行、第三方支付、个人贷款、企业融资等阶段,并且越来越在融通资金、资金供需双方匹配等方面深入传统金融业务的核心。从服务形式上看,互联网金融可以分为传统金融服务的互联网延伸、金融互联网居间服务和互联网金融服务三种模式。通过对互联网创新产品与现象的对比,理论界将新兴互联网模式梳理为六大类(如表1所示)。

表1 互联网金融模式分类解析

金融模式	主要功能	核心逻辑	发展阶段	代表企业
第三方支付平台模式	网络支付中介功能	"金融+信息"	全面综合阶段	支付宝
P2P网络贷款平台模式	平台融资功能	"平台+融资"	模式定型阶段	人人贷
众筹融资模式	公众筹资创意功能	"筹资+创意"	限速缓行阶段	众筹网
大数据金融平台模式	产品线上销售功能	"产品+网络"	快速推进阶段	融360
互联网金融门户模式	垂直搜索比价功能	"搜索+比价"	平稳起步阶段	金融超市
互联网银行模式	在线银行业务功能	"网络+银行"	自建突起阶段	交博汇

1. 第三方支付平台模式。第三方支付狭义上是指具备一定实力和信誉保障的非银行机构，借助通信、计算机和信息安全技术，采用与各大银行签约的方式，在用户与银行支付结算系统间建立连接的电子支付模式。从发展路径与用户积累途径来看，目前市场上第三方支付公司的运营模式可以分为两大类：一类是独立的第三方支付模式，是指第三方支付平台完全独立于电子商务网站，不具有担保功能，仅仅为用户提供支付产品和支付系统解决方案，以快钱、易宝支付、汇付天下、拉卡拉为代表；另一类是以支付宝、财付通为首的依托自有B2B、C2C电子商务网站提供担保功能的第三方支付模式。第三方支付的兴起，不可避免地给银行在结算费率及相应的电子货币/虚拟货币领域带来挑战。

2. P2P网络贷款平台模式。P2P即点对点信贷。P2P网络贷款是指通过第三方互联网平台进行资金借贷双方的匹配，需要借贷的人群可以通过网站平台寻找到有出借能力并且愿意基于一定条件出借的人群，帮助贷款人通过和其他贷款人一起分担一笔贷款额度来分散风险，也帮助借款人在充分比较的信息中选择有吸引力的利率条件。P2P模式在一定程度上降低了市场信息不对称程度，对利率市场化起到了一定的推动作用。由于其参与门槛低、渠道成本低，在一定程度上拓展了社会融资渠道。

3. 众筹融资模式。众筹融资模式即大众筹资或群众筹资。需要资金的个人或团体将项目策划交给众筹平台，经过相关审核后，便可以在平台的网站上发布属于自己的业务，用于向公众介绍项目情况。每个众筹项目都要提前设定筹款目标值及筹款截止日期，喜欢该项目的人可以承诺捐献一定数量的资金,当项目在目标期限内达到了目标金额,项目才算成功,支持者的资金才真正付出,网站会从中抽取一定比例的服务费用,而支持者则会获得发起人非资金类的一定回报。众筹模式在国内由于种种原因目前难以发展壮大,多用于创意类、艺术类项目的小型筹资,难以向一般项目推广。

4. 大数据金融平台模式。大数据是指集合海量非结构化数据,通过对其进行实时分析,为互联网金融机构提供全方位信息,通过分析和挖掘客户的交易和消费信息掌握客户的消费习惯,并准确预测客户行为,使金融机构和金融服务平台在营销和风控方面有的放矢。基于大数据的金融服务主要是指拥有海量数据的电子商务企业开展的金融服务。目前,大数据金融平台的运营模式可以分为以阿里小额信贷为代表的平台模式和以京东、苏宁为代表的供应链金融模式。大数据能够通过海量数据的核查和评估,增加风险的可控性和管理力度,及时发现并解决可能出现的风险点。大数据将推动金融机构创新品牌和服务,做到精细化服务,对客户进行个性定制,利用数据开发新的预测和分析模型,实现对客户消费模式的分析,以提高客户的转化率。

5. 互联网金融门户模式。互联网金融门户是指利用互联网进行金融产品的销售及为金融产品销售提供第三方服务的平台。它的核心是"搜索+比价",采用金融产品垂直比价的方式,将各家金融机构的产品放在平台上,用户通过对比挑选合适的金融产品。这种模式不存在太多的政策风险,因为平台既不负责金融产品的实际销售,也不承担任何不良风险,同时资金也完全不通过中间平台。互联网金融门户最大的价值就在于它的渠道价值,互联网金融门户模式分流了银行业、信托业、保险业的客户,加剧了上述行业的竞争。

6. 互联网银行模式。互联网银行是指通过采用信息技术,对传统运营流程进行改造或重构,实现经营、管理全面电子化的银行、证券和保险等金融机构。从整个行业来看,银行的信息化建设一直处于业内领先水平,不仅具有国际领先的金融信息技术平台,建成了自助银行、电话银行、手机银行和网上银行构成的电子银行立体服务体系,而且以信息化的大手笔——数据集中工程在业内独领风骚。目前，一些银行都在自建电商平台。从银行的角度来说，电商的核心价值在于增加用户黏性，积累真实可信的用户数据，从而依靠自身数据发掘用户需求。建设银行推出"善融商务"、交通银行推出"交博汇"等金融服务平台都是银行信息化的有力体现。从经营模式上来说，传统的银行贷款流程化、固定化，银行从节约成本和风险控制的角度出发，更倾向于针对大型机构进行服务，通过信息技术可以缓解甚至解决信息不对称的问题，为银行和中小企业直接合作搭建平台。

虽然六大类互联网金融模式在主要功能、核心逻辑以及发展阶段等方面各不相同，但都蕴含了金融的核心功能、金融的契约内涵、金融的内外风险等金融基本属性，而且具备互联网的资源开发、成本集约、渠道自主特点，促进了互联网企业之间、金融企业之间、金融企业与互联网企业之间以及线上与线下的竞争与合作，助推跨界融合。

二、互联网金融对传统银行业的影响分析

当前，互联网企业借助自身固有的优势条件，在支付、结算和融资等金融领域广泛迅速布局，以不断加速的步伐改变着以银行为主导的市场资金格局，以不可逆转的侵蚀态势冲击以商业银行为主的传统金融领域，对传统银行的核心业务与盈利能力带来颠覆性、系统性、综合性、持续性的影响。

（一）互联网金融冲击商业银行的支付结算业务

支付结算业务作为传统银行的三大核心业务之一，正遭受互联网金融的全方位挑战。随着互联网第三方支付平台交易的活跃，基于个人通信设备以有线或无线通信技术实现货币价值结算的互联网在线支付规模呈爆炸性增长，互联网支付业务直接侵蚀商业银行支付业务，颠覆了商业银行长期以来的支付中介地位。截至2015年末，全国共有人民币银行结算账户73.70亿户，较上年末增长13.16%，增速放缓2.24个百分点。其中，占

银行结算账户 99.40% 的个人银行结算账户共 73.25 亿户，增速放缓 2.27 个百分点[①]。互联网支付系统特别是移动互联网支付结算系统正快速蚕食传统银行的垄断地位。特别是支付宝公司于 2013 年 6 月推出的"余额宝"业务，在短短一个月内交易额就已突破 200 亿元，彻底颠覆了传统基金代销渠道，并对商业银行活期存款产生了巨大冲击。资料显示，2015 年中国第三方支付市场移动支付交易额规模达 11.8 万亿元，同比增长 46.9%；支付宝、拉卡拉、财付通占据了超过 90% 的市场份额，进一步冲击了商业银行支付业务。[②]

（二）互联网金融冲击商业银行的融资格局

随着利率市场化进程的推进，存贷利差趋于收窄，对于数量众多、管理不规范、信息不透明的小微企业而言，从银行获得信贷资金的难度加大，银行产品和服务的可获得性较低。一方面，网络融资平台以搜索引擎集中客户，削弱了传统银行的客户开发能力。互联网融资平台借助大数据挖掘、分析和运用技术，整合外部资源搭建的电商融资平台、P2P 融资服务平台，准确锁定并细分目标客户群，减少了客户开发成本，冲击了传统银行的零散营销模式。另一方面，网络融资平台以市场价值撮合交易削减了传统银行的资源配置能力。网络融资平台依据客户融资金额、利率与期限，遵循撮合成交的市场机制，以线上或线上、线下相结合的方式，实现批量化与专业化的一对多、多对一等多种金融借贷组合模式，满足小微企业不同成长阶段的生命周期性金融服务需求，提高资金匹配效率，冲击以商业银行为主的传统融资格局。

（三）互联网金融冲击商业银行的分销渠道

运用大数据展开金融产品营销成为互联网金融企业抢占销售市场份额的惯用策略。不同于传统银行的单一销售模式，互联网金融打破物理渠

---

① 资料来源：中国人民银行网站。
② 资料来源：艾瑞咨询。

道,借用平台优势,通过打包销售向处于各个交易环节的客户提供组合型产品,互联网大数据的分销渠道与营销理念冲击商业银行零售营销模式,物理渠道延伸至虚拟渠道。在客户锁定方面,互联网金融企业雄厚的数据积累与系统化处理技术为批量化分销提供了基础。互联网金融企业通过对互联网使用者的访问数据进行客户行为分析、目标客户筛选、数据挖掘等处理,搜索客户金融需求,使目标客户定位更精准、市场管理更精细。在产品营销方面,互联网金融企业通过多样化的金融产品与展示形式,在与金融消费者的互动中创造消费体验价值,以多层分销渠道加快对传统银行物理营销渠道的客户分流。

(四) 互联网金融冲击商业银行的盈利方式

在传统的单一盈利模式下,传统银行的收入结构由核心业务结构决定,收入来源由利差决定;绝大多数依靠大企业、高端客户存贷业务寻求综合收益,盈利能力的提升基本遵循粗放式增长模式,极易受到市场波动与经济浪潮的影响。虽然目前部分银行转向单纯追求低成本、低风险的金融服务,但此类调整对盈利水平与盈利能力的贡献度明显不足。在互联网金融模式下,大数据分析技术可以根据目标客户的消费模式以及消费习惯实现初步甄选,专注于快捷、高效、低成本的通用服务,提高金融需求和服务渠道共性的集中度,在一定程度上改变商业银行传统物理网点的分层服务与盈利模式。受互联网金融挤压,银行业绩增速持续放缓,2011年全行业利润增速为36.34%,2012年为18.9%,2013年为13.83%,增速较2012年下降5.07个百分点。2015年商业银行累计实现净利润15926亿元,同比增长2.43%,但商业银行平均资产利润率仅为1.10%,同比下降0.13个百分点[①]。互联网金融浪潮冲击着商业银行的盈利方式,削弱了商业银行的盈利能力,蚕食了其利润来源。客观上,互联网金融的行业标准和产业格局尚未形成,多形式的互联网金融逐步显示出对传统金融模式的替代效应,其侵蚀态势引发银行业的多米诺骨牌效应。从短期来看,互

---

① 资料来源:原中国银监会网站。

联网金融新势力的变局尚不会颠覆传统银行业。从长远来看，随着移动互联交易规模的日益壮大以及监管的日益严格，互联网金融将逐步完善信用创造和融资服务这两项对银行而言的核心功能，从而对传统银行业产生根本和深刻的影响。

三、传统银行的策略建议

（一）以客户为中心，打造智慧银行

智慧银行是指充分运用先进科技成果和银行经营管理经验，高效配置资源，敏锐洞察、引领客户需求，并作出灵活、快速反应的一种高度智能化的金融商业形态。农业银行可以从以下几个方面打造智慧银行，全面推动各项业务发展。

1. 重新审视电子渠道效能。农业银行要紧跟电子渠道发展的时代潮流，顺应客户行为的变化和习惯，以线下为主逐步过渡到线下与线上并重，细分客户群体，强化差异化服务能力，在为高端客户提供高质量服务的同时，及时运用信息技术，通过网上银行、手机银行、移动支付等新兴电子渠道和服务模式，更加重视客户体验，在深度挖掘业务功能方面下功夫，为低收入个人客户和中小企业提供低成本、高效率的金融服务。

2. 进一步发展网上银行。要善于学习、借鉴国内外同行的成功经验，努力创新和完善产品服务体系，面向对公客户创新推出企业网上银行外汇买卖、黄金定投和理财产品网上银行质押贷款、电子供应链等服务，实现订货、收款、发货、融资、资金、信息、预警等全电子化管理，推出企业养老金、结构性理财、资产托管、企业网上银行跨行资金管理产品、企业网银委托贷款、网上保理等产品和服务；面向个人客户创新推出个人网上银行理财，个人自助银行跨行资金归集，信用卡分期付款，网上银行贵金属、基金、保险、个人贷款、贵宾客户等产品和服务。

3. 提升自助银行服务能力。要不断创新自助设备的品种和服务功能，如创新推出远程虚拟柜员机（VTM），集成高清显示屏、高清摄像头、手

写签名、二代身份证读取、证件扫描等设备模块,通过与客户互动,提供远程借记卡发卡、存取款、个人贷款审核、对公票据受理等模拟柜台视频服务。创新推出远程智能柜员机,通过实时通信技术实现远程客服人员、理财专家与客户之间的互动,提供一般银行服务、专家团队式理财、金融理财规划等多元化视频服务。创新推出圈存机,除进行正常交易转账外,还可在银行卡上记录持卡人信息,确保交易可追溯。创新推出自助设备钞票冠字号记录功能,实现对在自助设备上存取人民币冠字号的记录。创新推出移动POS服务设备"E"动终端,使客户经理走出柜台办理业务;利用自助信用卡智能办卡终端,创新推出自助贵金属售卖机,电子自助飞机票、汽车票服务及医疗预约挂号服务;创新推出跨行代缴水、电、燃气和通信费等。

4. 加快移动金融业务的产品创新。目前,手机银行主要是提供账户查询、转账汇款等基础性金融服务,各商业银行手机银行客户还远未覆盖网上银行客户,以手机钱包为代表的增值与支付服务有待挖掘。因此,农业银行应大力拓展手机银行、短信银行、微信银行等移动银行平台,进一步发展移动金融服务。首先,在持续拓展移动银行客户上下功夫,把网上银行客户平移到移动银行平台。其次,要积极响应快速发展的移动金融服务需求,深度挖掘移动银行的优势,创新更加安全、便捷的产品和服务,包括账户管理、自助转账、信用卡管理、自助缴费、金融行情、理财计算、投资资讯、商旅预订、手机充值、网点排队等增值服务。同时,大力创新推广手机钱包、手机预约取现、短信银行智能应答、手机二维码理财产品销售、收付款等手机近场支付和移动互联网应用产品,为客户提供安全、快捷的移动支付解决方案。

(二)建立电商平台,加快拓展电子商务市场

2013年以来,互联网金融不仅在动摇商业银行客户,更是在抢夺银行的业务,但农业银行本身具有强大的优势:一是拥有雄厚的资金实力。截至2015年末,农业银行总资产规模达17.79亿元,较上年末增长11.4%,以一级资本排名计,在英国《银行家》杂志全球银行1000强排

名中列第6位①。二是拥有覆盖全国的庞大物理网点，其用数十年打造的强大线下渠道，任何互联网企业都不可能在短期内超越。三是拥有数以亿计的真实客户基础，涵盖社会经济的各行各业，稍加整合就是完整的生产供应链和经济生态圈。在方法上，要积极搭建数据平台，通过这个"数据仓库"对大量的数据进行分析处理，有效整合客户各类信息，仔细分析客户银行卡交易信息、存贷款业务办理与理财服务咨询等信息，透过这些资源了解客户的消费方式和投资理念，打造出差异化的个性服务，进而重新定位产品结构、营销模式和信息战略。在渠道上，积极推动银行传统业务与移动网络企业、电商平台、社交网络等的融合，为用户建立一个提供多元化服务的平台。互联网企业由电子商务和第三方支付起家，并由此留存了海量的用户交易信息，而商业银行则通过多年的经营与实体经济的各行业建立了稳定关系，双方可以实现信息共享和交叉销售。

（三）大力发展在线融资服务

网络贷款成为一股新兴的融资力量，农业银行应尽快推出在线融资产品，应对互联网金融对银行间接融资的冲击。一是利用电商平台的资金流、信息流、商流、物流"四流合一"的优势，密切与核心客户的关系，降低中小企业信贷风险，以在线融资业务促进资产业务转型。二是后台信贷管理部门要尽快出台符合电子商务信贷的一系列试行管理办法，突破传统信贷风险控制理念的瓶颈，实现全流程在线申请、受理、审批、放款等操作。三是进一步完善以线上信用评级为基础的风险控制机制。未来信用的评级机制将逐步完善成为电子商务信用和传统信用相互补充、线下和线上评估相互补充的混合模式，对违约信息的披露将完成线上与线下的无缝对接，形成各大电子商务平台的全覆盖，从而实现对违约行为从单纯的经济惩罚向断绝融资渠道的惩罚转变。

（四）重视复合型人才的培养

随着互联网和金融的深度融合，银行和互联网企业的竞争在一定程度

---

① 数据来源于中国农业银行网站。

上表现为人才的竞争,但是从目前商业银行从业人员的知识背景来看,前台业务人员大多是财政金融或经济学专业人才,而后台的技术人员以计算机和信息技术类专业为主,单一知识结构类型的人才无法适应互联网金融发展的新趋势。为此,商业银行应该从两个方面解决这个问题:首先,在招聘时侧重对复合型人才的吸纳;其次,在职工培训方面,加强对金融专业人才的网络技术培训,对科技专业的人才则加强金融知识培训,通过这种方式来培养一批既熟悉金融业务知识,又了解当前网络信息技术前沿发展等的复合型人才,建立一支顺应互联网金融发展趋势的人才队伍。

参考文献

[1] 刘善富. 互联网金融浅析 [J]. 基层建设,2015(23).

[2] 张惠. 互联网金融的侵蚀态势与商业银行应对策略研究 [J]. 南方金融,2014(4).

[3] 刘一辰,张海涛. 现阶段互联网金融发展特征及未来趋势分析 [J]. 中外企业家,2014(3).

[4] 仇万强. 构建未来的智慧银行 创造最佳的客户体验 [J]. 金融理论与实践,2012(11).

金融消费者权益保护与银行社会形象提升分析

中国工商银行安庆分行　余化美　饶儒平

金融消费者权益保护成为商业银行在经营活动中越来越重要的工作，近年来商业银行因为消费者投诉和纠纷遭受的声誉风险不断加大，加上互联网金融给银行业带来的冲击，使商业银行的社会形象面临严峻考验。如何加强金融消费者权益保护，更好地提升商业银行社会形象以促进金融行业的良性健康发展，是摆在我们面前的亟待解决的重要课题。本文以工商银行安庆分行为例，理论联系实际，对金融消费者权益保护与银行社会形象提升进行了初步探索，并提出了对策建议。

一、加强金融消费者权益保护是银行社会形象提升的必然选择

金融消费者权益包括知情权、自主选择权、公平交易权、个人信息安全权（隐私权）。金融消费者权益保护是指银行业通过适当的程序和措施，推动实现银行业消费者在与银行业金融机构发生业务往来的各个阶段始终得到公平、公正和诚信的对待。如果金融消费者权益弱化或得不到保护，金融消费者与银行可能会产生服务投诉纠纷，处理不当甚至会将矛盾激化，银行声誉及社会形象将会受到损害。对银行来说，加强金融消费者权益保护至关重要。

(一) 加强金融消费者权益保护有利于稳定金融秩序

金融秩序应由金融消费者与银行双方来遵从，缺一不可，而且维护金融秩序稳定更是金融消费者和银行双方的责任与义务。金融消费者权益一旦受损，金融消费者将处于弱势，权力制衡的法则适用于人类社会的任意领域。针对处于弱势的金融消费者，维护他们的权益，就是保持金融平衡，建立和谐安全的金融环境。2003年韩国的信用卡危机和2007年爆发的美国次贷危机充分证明过度放纵银行的信用杠杆和利率，不仅让民众受害，最终也会拖垮金融机构。短期来说，消费者权益保护的完善会收窄银行的利润空间，但是却能为银行培育长期稳定的客户来源。甚至可以说，保护金融消费者权益就是保护银行。

(二) 加强金融消费者权益保护有利于巩固银行的社会形象

在不考虑支付能力的前提下，客户更愿意走进一家充分保护自身权益的银行并四处赞美它。如2008年有报道称英国有一家银行ATM出现故障，"取一赠一"，导致200余名客户前去"分羹"，该银行知晓后放弃追责，自己承担损失。此报道一出便在国内掀起了一股追捧热潮，许多国有商业银行员工甚至以跳槽至该行为荣。其实，按有关规定，银行方并不是不能追回损失，而是追回损失所耗费的资金可能更多，还不如索性大方点，赢得正面的社会形象。

(三) 加强金融消费者权益保护能够使银行在激烈的同业竞争中赢得客户

相较于花费大量的市场营销费用去竞争客户，加强金融消费者权益保护更能培养长期稳定的客户群。金融消费者权益保护并不是指银行放弃收费和降低利润，而是尊重客户的知情权、选择权和隐私权，以达到公平交易、明码标价的目的。站在消费者的角度上考虑，客户更注重商品和服务质量而不是价格。如果一家银行能够率先解决消费者权益保护的问题，必然会赢得大众的认可和赞同，这将会产生巨大的广告效应，驱使更多的客户选择该行。

（四）加强金融消费者权益保护有助于银行快速解决金融纠纷，消除不良影响

建立在金融消费者权益保护体系下的监管机制和投诉处理机制能够显性地维护大多数普通客户的利益，而不是专门为某一机构或财团服务（专业投资机构、符合一定财力及专业能力的自然人和法人并不属于概念内的金融消费者权益保护范畴），即便发生恶性服务事件或巨额损失案件，也能因为建立了完善的客户利益保护体系而免受更多的舆论指责。同时，由于遵循保护消费者权益的原则，在处理上述风险事件时更能站在道德高地，有章可循地应对公关危机。正如英国某银行处理 ATM 多吐钞的例子，该银行就是把一件造成损失的内部风险事件，转化成保护客户权益的正面案例。具有完善的金融消费者保护体制的银行，甚至能把每一件消费投诉事件变成树立企业良好形象的广告。

二、金融消费者权益保护与银行社会形象提升现状

以工商银行安庆分行为例，该行多年来高度重视消费者与银行的关系，不断加强金融消费者权益保护工作，社会形象得到显著提升，2015—2017 年连续三年获评"安庆市诚信品牌示范单位"，2016 年获评"安庆市金融消费者咨询投诉处理先进单位"，主要表现如下。

（一）环境建设有所加强

环境建设主要涉及机构、人员、制度、设施四个方面。

机构方面，明确市行办公室是全行消费者权益保护牵头管理部门。同时，各支行分别明确牵头部门，负责本级行消费者权益保护工作。

人员方面，共有消费者权益保护工作人员 44 人。其中，市行本部有 18 人，辖属一级支行有 26 人。成立了消费者权益保护工作委员会，下设消费者权益保护办公室。横向上，市行每个专业部门都有一名消保工作联

系人,与市行办公室组建了横向的消保工作联系人制度;纵向上,建立了市分行—支行—营业网点的纵向联系人制度。另外,在安庆市近圣社区建立了城市社区金融橱窗并公布了工商银行消保联系人,快捷、高效地处理消费者权益保护各项工作。

制度方面,根据《中华人民共和国消费者权益保护法》《银行业消费者权益保护工作指引》等法律法规、监管规定以及总行有关规定,健全消费者权益保护工作机制,制定了《关于成立消费者权益保护工作委员会的通知》《中国工商银行安庆分行消费者权益保护实施细则》《中国工商银行安庆分行消费者权益保护应急处置实施细则》《安庆分行关于进一步改进窗口服务的意见》等,规范各支行、各部门的消费者权益保护工作,推动并实现消费者在与该行发生业务往来的各个阶段始终得到公平、公正和诚信的对待。

设施方面,该行在门户网站和各营业网点醒目位置公示客户投诉指南,告知投诉方式和处理流程,各营业网点在醒目位置公布市行及网点负责人投诉电话;市分行设有投诉举报专线电话并安排专人接听,畅通客户投诉渠道,方便客户表达诉求。客户投诉按规定在该行"客户之声"系统创建工单,详细记录客户及其投诉情况、处理时限等内容,市分行客户投诉管理部门督促相关支行及时处理"客户之声"系统内的超期工单,保证快捷高效处理客户投诉,切实维护消费者合法权益。

(二)义务履行有效落实

一是对文件明确规定的告知说明义务强化落实。从销售金融产品、合同权利义务设置、保护消费者信息安全、明确规范收费、保护特殊消费者合法权益等方面,明确具体的管理要求,逐步在审查流程设置上突出消保岗位人员的作用,切实履行消保审查职责。

二是个人金融信息保护义务严格落实,未发生侵犯消费者信息安全的事件,规范了消费者个人信息收集,只收集与其所办业务相关的必要信息,并且采取必要的措施确保消费者信息存储的安全性,防止信息被违规查阅、复制、篡改或删除;向第三方机构或个人提供消费者的姓名、证件类型及证件号码、电话号码、通信地址及其他敏感信息前,均取得消费者明确授权。

三是公平交易义务切实落实。未发生违背客户意愿搭售产品和服务或附加其他不合理条件、强买强卖、侵害消费者自主选择权的事件。从产品与服务的售前管理、售中管理、自我监督、售后管理等方面,建立产品与服务的全流程管理体制。在产品设计之初,必须融入消费者权益保护理念;在售中管理方面,必须向消费者充分履行告知义务,同时不得进行误导销售、捆绑销售,尽力满足消费者的合理需求;在售后服务方面,通过在网点设置产品与服务意见建议簿、电话回访、网络询问等方式,征询消费者对产品与服务的建议与意见。

四是安全保障义务有效落实。未发生金融机具、互联网平台未及时修理、维护,致使消费者发生财产损失的情况,也未发生因过错导致客户金融资产被冒领,被非法查询、冻结、扣划的情况。强化对金融消费者个人信息安全权、财产安全权和人身安全权的保护,保障金融机具、网络平台等设施的安全运行和使用。对查封客户合法资产的程序、范围进行明确规定,确保客户合法资产不被冒领,不被非法查询、冻结、扣划。

五是其他义务得以落实。尊重消费者的求偿权,在合理期限内赔付消费者损失。能够履行强制缔约义务,无偿提供假币鉴别、残损币兑换、合理人民币券别调换、现金税款缴纳等金融服务,保障金融消费者的其他合法权益。2016年,该行分支机构未发生不执行判决、裁定、行政决定、和解协议的情况,未发生不履行无偿提供假币鉴别、合理人民币券别调换、现金税款缴纳等法定义务的情况。

(三) 服务管理有条不紊

一是建立了客户投诉管理系统("客户之声"系统),积极受理消费者投诉,配备了金融消费者权益保护管理系统专职人员,负责处理消费者投诉和人民银行转办投诉,满足消费者的合法、合理要求。将各服务渠道未能当场答复的投诉、咨询、意见、建议、表扬和其他等客户问题,通过"95588"客服建立工单并通过客服系统自动流转至相应机构进行跟踪处理，保证客户投诉在第一时间得到响应。对逾期没有处理的投诉，通过电子邮件、手机短信通知被投诉部门的负责人和处理人，做到了件件有回音、事事有答复。

二是加强服务监测，提升服务质效。通过加强服务质效指标的监测通报，督促基层支行优化劳动组合、加强柜面业务分流，持续压降超时网点和超时客户数，全辖服务效率和服务体验不断提升。截至2017年6月末，该行客户平均满意度为99.34%，比上季度提升0.02个百分点；客户平均排队等候时间为5.4分钟，比上季度减少1.3分钟；到店等候时间超过30分钟的客户占1.73%，比上季度下降1.06个百分点。

三是不断健全客户投诉管理制度。持续改进工作机制，提高现场解决投诉能力，完善客户投诉跟踪督办制度。特别是借助"1584"政风行风热线及各金融消费者咨询投诉电话平台，认真处理消费者咨询与投诉，有效解决了大量涉及金融消费者切身利益的问题，全面提升了金融消费权益保护工作水平，树立了工商银行良好的社会形象。

(四) 形象活动有声有色

一是持续开展普惠金融宣传活动，不断普及金融知识，提升消费者金融素养。每年开展"3·15金融消费者权益保护日""6·14信用记录关爱日""普及金融知识万里行""金融知识普及月""金融知识进万家""防范打击非法集资宣传教育月""送金融知识进校园、进乡村、进社区"等宣传活动。

二是认真贯彻落实总行、省行客户服务战略部署和"服务面貌专项整治季"活动，多措并举，实现服务面貌迅速改观、客户服务体验明显改善，努力打造服务效率高、体验佳、口碑好的客户满意银行。

三是连续三年参加安庆市1~3届金融微笑天使评选大赛，获得优秀组织奖和多项安庆市金融微笑天使奖，展示了自身的风采和良好形象。组织媒体制作"廉洁文化"视频宣传片和"智慧女神"视频宣传片，参加总行、省行组织的公众评选竞赛；制作"防范电信诈骗"微视频宣传片，积极参加安庆市银行业"3·15金融消费者权益保护日"动漫微电影创作全市展播活动,扩大了影响力。

四是参加中国银行业协会牵头组织的"千佳服务明星网点"评选活动,通过绿色窗口、残疾人通道、便民设施、党员示范岗等措施为社会各阶层客户提供个性化的服务,争创优质服务窗口,塑造良好的员工形象。

三、存在的主要问题

(一)银行服务方面

银行每年在优质服务方面投入大量人力和财力,规范服务行为,提升服务质量,不遗余力地增添服务设施,但仍然不能完全满足不断变化的客户需求,对银行服务不满意的人群占比仍然较高。从表象来看,银行服务不受待见的原因是服务态度和无理诉求出现了矛盾,实质上反映出的是金融纠纷产生时消费者和银行权利与义务的错位。银行服务存在问题不仅是银行单方面的原因,而是与消费者形成矛盾主体的渐进过程,主要表现在以下几点。

一是诚信原则的突破。个别银行经营者为了确保业绩、避免损失,一味强调趋利避害的法则,违背诚信条例。如在代理销售业务中夸大收益、混淆概念,甚至移花接木;在信贷业务中订立"霸王条款";在现金业务中推行"少付款离柜不认,多付款司法追索"规则等。银行业本身是一项高风险产业,在法律法规空隙中将风险转嫁给客户必然带来金融服务过程中的信任危机。反过来,近年来客户因自身过错而找银行索赔的案例逐渐增多,也证明了在金融消费过程中经营者和消费者对诚信原则的突破给银行带来的损失远远超过诚信经营本身所承担的损失。

二是社会责任的缺乏。银行服务态度差、不合理收费、中小企业融资难等被广为吐槽的银行服务实际上都可归纳为缺乏社会责任。

三是服务行规和人员素质的不匹配。在服务过程中,不管是银行工作人员还是客户,均存在较大的文化差异,许多规范性的服务准则在现实运用中不被接受。微笑、普通话、站立、双手递送等服务规范无法与企业文化相融合,仅仅成为规章制度而已。普通消费者一直在责怪银行从业人员拿着高薪但没有提供高水平的服务,银行服务人员却又为了薪水每天忍受着来自内外部的巨大压力。特别是国有商业银行占主导地位的中国银行业,包容着近30年变革差异的员工思想,难以打造完全统一的规范服务环境。

(二) 互联网金融对银行和消费者带来的冲击

互联网金融在中国以短短3年的时间超过了欧美发达国家30年发展的速度,带给银行和消费者巨大的冲击力,由此引发的金融消费者保护问题接踵而来,同时也开辟出一条崭新的路径。

一是信息保密带来严峻的挑战课题。互联网金融相较于传统金融有着无可比拟的优势,但也存在难以克服的缺陷,其中对银行和客户数据保密的问题目前就难以解决。互联网金融提供的免费、快捷、无门槛的服务让上亿客户纷涌而入,一些高科技不法分子便如同鲸吞沙丁鱼一般肆意获取客户信息,最后还让银行来承担泄密的责任和后果。

二是网络诈骗引发的争议亟待解决。互联网引发的恶性经济案件比比皆是。有人估计,中国人被诈骗的金额一年超过百亿元,境内外从事网络诈骗的人员超过10万人。我们在痛骂罪犯、谴责运营商的同时,或许并没有意识到这正是整个互联网金融消费者权益保护体系的缺位。

三是互联网金融消费维权困难。电子商务和网上消费给人们带来了便利,但是由于缺乏专门的法律约束,网络金融纠纷不断。轰动全国的"e租宝"案件不仅带给人们理性理财的教训,更揭示出网络金融蕴藏的巨大危机。

四是网络诈骗所引起的客户损失开始让银行买单。事实上,银行在没有任何强制性保护措施下向第三方支付软件开放了银行卡绑定和支付功能。当客户被网络诈骗后,更多的法院开始判决银行赔付客户遭受木马病毒侵害及克隆卡所发生的资金损失。诉讼中,法院对于缺乏明确法律依据的案件往往参照判例,这种局面的扩大将给银行带来沉重的资金压力,客户的损失最终都让银行买单。

四、新常态下做好金融消费者权益保护、促进银行社会形象提升的对策

针对上述问题,新常态下做好金融消费者权益保护无疑是提升银行社会形象的有力措施,主要对策措施有以下几点。

(一)银行内部分级设立消费者权益保护专门机构

目前,国内所有的银行都把消费者权益保护机构附属于某一内设部室,甚至是两个内设机构,如有的商业银行总行、省行、市行把消费者权益保护职能归于内设法律事务部,有的市分行把消费者权益保护中的客户投诉职能归于个人金融业务部,消费者金融知识宣传职能归于办公室,涉及法律维权的职能又归于法律事务部,且把消费者权益保护工作当作副业,大多是员工兼职。这都不利于消费者权益保护体系的建立,不利于集中精力维护银行和客户双方的利益。应在银行内部分级设立消费者权益保护专门机构,在商业银行总行、省行、市行三级设立普惠金融事业部或消费者权益保护部,专门承担消费者权益保护职能,更好地落实中国银监会印发的《银行业消费者权益保护工作指引》(银监发〔2013〕38号),做好消费者权益保护工作。

(二)建立操作风险损失备用金

风险拨备是银行广为使用的信贷资产损失准备的会计手段,其数额的到位与否是检验一家银行风险承担水平的标准。风险拨备一般一个季度计提一次,直接冲减利润。2012年工商银行推出的《小额补偿管理办法》率先填补了一项空白,把赔偿客户的决策权授予二级经营机构,这在国内金融消费者权益保护的进程中是创新之举。在《小额补偿管理办法》的基础上,本文中的操作风险损失则不能采用拨备的方式,而是在每个会计年度根据法律文书和审批手续直接计入成本,银行在力所能及的范围内建立操作风险准备金,从而快速处理一些可能引发更大损失的金融纠纷,防

范大量的声誉风险，维护客户基本权益，获得更广泛的、更忠诚的客户群。

（三）完善金融消费者权益保险制度

金融消费过程中发生的风险不可能让银行单方面承受，金融消费者权益保护的原则又是倾向于弱势一方，因此金融消费者权益保险业务应运而生。目前为国内大众所熟知的是 2015 年 5 月 1 日实施的《存款保险条例》，这是政策面上的动作。在实际经营活动中，银行还可以通过各类保险手段以较低的成本实现对消费者权益的保护，例如小额支付领域的被诈骗保险、信贷业务中的履约保证保险、结算业务中的系统故障保险、金融纠纷中的赔偿保险等。金融消费者权益保险制度是银行对风险承担的补充和保障，能够起到减轻银行经营压力和风险的作用，也是快捷妥善保护金融消费者权益的一种市场手段，特别是针对那种极可能不会发生损失但又必须马上进行赔付的金融纠纷，引入保险是势在必行的选择。

（四）创新方法降低操作风险和道德风险

操作风险和道德风险是让银行和客户深受其害的常见风险，减少由此引发的资金损失是保护消费者权益最有力的措施。完善公司治理和建立安全的防护系统或许是银行必须履行的职责，但是在经济高速发展的社会，还要采取一系列的专项措施来防漏补缺。例如，针对第三方支付软件捆绑银行卡不输密码的现象，银行方就应立即采取防范措施；面对票据诈骗案高发的态势，不能仅凭加强内部控制的手段，完全可以引入外部监管；前台业务操作方面，引入电子签名、指纹系统、面部识别系统、风险警示系统等高科技手段，也能大量减少风险损失，以达到切实维护银行和客户双方利益的目的。

（五）实行信息披露和数据共享

互联网金融相对于传统金融的"不安全"恰恰是其优点，其中的典型代表就是数据共享和平台开放。银行要实现经营转型，必须要突破数据信息保密的制约,既能促进互联网金融蓬勃发展,又能给客户创造安全快捷的消费市场。信用卡发生欠款才知道被别人盗用,客户不知道自己究竟有多少张银行卡,银行手续费的标准和计算方式总是一团解不开的谜,罚息和滞纳金会导致巨大的债务负担……这些看似明示的信息让许多不知情的客户为自己与银行埋下了金融纠纷的隐患。如何充分满足客户的知情权和保护客户的隐私权成为新的矛盾,商业银行必须化解。人民银行推出的网上查询个人征信和工商银行推出的"融安e信"反诈骗系统向公众开放就是最好的先例,这种改变将被越来越多的银行借鉴,形成强大的信息共享安全防护网。

(六)创新服务模式和流程

没有确切的数据证明一笔银行业务风险的大小与审核环节的多少成反比,服务流程的简化一直是银行研究实施的课题。电子渠道确实分流了大部分业务和风险,但是做得还不够。把业务风险审核从前台转入后台是商业银行缩短服务流程、改善客户体验的共识,不过在很多领域还没有完全实施,需要进一步创新发展。消费者权益保护实践证明,客户对银行的体验感越好,越能够接受由此带来的操作风险,当然这绝不是银行转嫁风险的手段,而是与客户创建和谐金融环境的努力。因此,银行可将现在的窗口式服务模式改变为餐馆点餐式服务模式,即商业银行增加大量智能网点,网点没有窗口,只有智能终端(内含银行所有金融产品),客户来到网点,银行服务人员引导客户到智能终端,指导客户自行完成所需存款、贷款、理财等众多银行产品的业务操作。客户直接与智能终端发生关系,避免了客户直接与银行服务人员发生矛盾,从而直接减少了银行操作风险和声誉风险。

(七)创新争议处理手段

金融投诉处理的案例表明,用固有的条例和方式解决纠纷并不容易让双方满意。所以,争议解决手段必须不断变换。挂账停息、债务豁免等原来个人客户不能享有的权利逐渐被银行运用,甚至有商业银行呼吁推行个人破产保护，这些都是对金融消费者的创新性保护。未来是消费金融的世界，是互联网高速发展的时代，也是传统金融寻求发展的机会，商业银行在新兴互联网金融企业立足未稳的情况下加快金融消费者权益保护的脚步，不断创新令客户满意的争议处理手段，无疑是争得客户、赢得市场的有力工具。

总之，银行发展始终建立在保证客户利益的基础上，银行本身是逐利的企业，但更肩负着稳定经济和社会的责任。紧跟时代、转型创新，正是银行在完善金融消费者权益保护的过程中提升自身社会形象的必然选择。

银行应对商事制度改革、提高金融服务效率的思考

中国工商银行安庆分行 饶儒平

2014年3月,商事制度改革在全国范围内拉开大幕,安庆市积极推行此项改革,在全省地级市率先实现"三证合一",一定程度上激发了市场活力,同时也对商业银行金融服务提出了更高要求。如何提高金融服务效率、应对商事制度改革、积极点燃安庆经济发展新引擎,是商业银行面临的重要课题。本文以工商银行安庆分行为例,调研查找商事制度改革对银行经营产生的影响,并结合实际,提出了对策和建议。

一、辖内商事制度改革的基本情况

商事制度改革成为简政放权、放管结合的"先行官"。2014年3月,商事制度改革在全国范围内拉开大幕,注册资本认缴制、先照后证、年检改年报等一系列降低市场准入门槛的举措极大地激发了社会创业热情。统计显示,2015年第一季度,全国新登记企业84.4万户,比2014年同期增长38.4%;注册资本(金)达4.8万亿元,同比增长90.6%。2015年商事制度改革的"重头戏"则是在年内实现"三证合一""一照一码"。在全省范围内,安庆市也是率先推进商事制度改革落地生根的地级市,真正打通了便民服务"最后一公里"。2014年以来,安庆市在企业登记注册方面,先后推行了注册资本认缴登记、先照后证和"三证合一"等商事登记制度改革,营造出大众创业、万众创新的良好氛围。2015年第一季度,全

市新登记私营企业 1658 户，同比增长 19%；新登记注册资本金 54.62 亿元，同比增长 87.6%。2015 年 4 月 22 日，安庆市首份工商营业执照、组织机构代码证和税务登记证"三证合一"的营业执照在市政务服务中心工商局联办窗口发出，此举标志着安庆市推进商事制度改革又向前迈进了一大步。截至 2015 年 10 月 27 日，全市共发出"三证合一""一照一码"营业执照 1532 份，同比增长 46%，其中新设立企业 776 户，同比增长 51%。

二、商事制度改革对银行经营发展的影响

商事制度改革以来，市场准入门槛降低，登记注册企业特别是私营企业增长较快。工商银行安庆分行积极配合商事制度改革，极大地支持了安庆市实体经济发展。截至 2016 年 4 月，新登记企业在该行开立人民币基本户 1251 户，新增贷款户 10 户，贷款余额为 3.343 亿元。从商事登记制度改革试点情况来看，新制度放宽了商事主体注册登记门槛，进一步降低了创业门槛，有利于发挥民间创业的主动性，形成更好的创业氛围，从而激发经济活力，产生金融需求，将为商业银行经营发展创造更有利的外部环境，赢得新的竞争优势。但同时，由于对客户审查的内容和要求发生了很大变化，对商业银行业务经营将产生一定影响，从工商银行安庆分行调查情况来看，主要表现在以下几个方面。

（一）影响法人客户行业信息采集

营业执照上记载的经营范围信息是该行目前确定法人客户归属行业的重要依据，改革后的新版营业执照不再记载企业的经营范围（改为备案事项），淡化了企业经营的行业边界。商事制度改革对企业经营范围的放权，满足了企业多样化经营的需要，其在章程、协议、申请书中对经营范围的界定会更加灵活和多样化，因而银行对企业客户经营范围的审查将不再依赖营业执照，需要进行动态审查，才能了解到企业的真实经营范围。此项措施将增加该行对法人客户所属行业的判断难度，进而对信贷行业政策的执行产生一定的影响。

（二）取消验资环节对银行法人客户竞争格局和营销工作带来一定的影响，对部分针对验资环节专门开发的产品带来不利影响（如新建客户评级授信时对注册资本及实收资本的评价影响）

此次商事制度改革突破性地将有限责任公司"注册资本实缴制"改革为"注册资本认缴制"，商事登记机关登记其全体股东认缴的注册资本总额，无须登记实收资本，申请人无须提交验资证明文件。银行对企业注册资本的审查只能通过审查其章程，了解其股东对出资额、出资时间、出资方式和非货币出资缴付比例的约定，必要时要求企业提供其实际出资情况，股东对注册资本缴付情况的真实性负责。"注册资本认缴制"的实施一定程度上将导致产生大量的"皮包公司"，而且对"两虚一逃"行为没有处罚规定。例如，有的公司股东约定的出资时间明显超出合理范围，有的公司股东故意延长出资缴纳期限，以逃避相关法律责任。这将改变银行原有的对注册资本信用的依赖，需要根据不同企业的注册资本实际认缴情况审查了解其真实信用状况。

（三）商事制度改革后，企业注册资本在银行的客户信用评价及授信审批中的作用将改变

在实缴登记制下，企业的注册资本是衡量和评价企业经济实力、信用程度的重要标准，也是商业银行开展企业评级授信等相关业务的一项重要指标。在认缴登记制下，注册资本不能完全代表企业的资金实力，新建企业在实际运营过程可能没有充分的营运资金作为保障，其信用评价作用将发生改变。例如，该行2014年版的新建法人客户最高授信额度参考值测算方法中，最高授信额度参考值等于实际到位的实收资本乘以风险调整系数；商事制度改革后，最高授信额度参考值等于客户净资产乘以风险调整系数。

（四）法人客户向银行提供的贷款审批和贷后管理的相关资料有所变化

在实缴登记制下，法人客户需向银行提供会计师事务所出具的正式验

资报告，按年提供经工商部门年检的营业执照年检证明等资料。在认缴登记制下，上述资料均不再提供，年检制度也改为年报制度，这就对企业提出了新的要求，企业的上年度报告通过信用平台在规定的时间内使用规定的格式进行公示，其提供的公示信息替代原有的相关资料。

(五) 增加了银行了解企业真实经营状况和控制信用风险的难度

一是此次改革采取主体资格与经营资格相分离的方式，先有营业执照后审批，企业经营范围和经营场所均需取得许可审批文件方可开展相关经营活动。因此，银行需了解并明确需要许可审批的范围，对需要许可审批的商事主体，不仅要审查其营业执照，还要审查其许可审批文件。二是除名制度主要是改革企业退出机制，过去是逾期年审直接吊销营业执照，现在改为年报逾期后除名。现阶段，我国失信企业不主动破产、不主动清算、不主动注销的现象大量存在，《公司法》对公司不按规定组织清算只有禁止性规定，没有追责性条款。银行需要了解改革后的企业监管制度，改变原来要求企业提供年检证明的做法，通过审计报告、财务报表等其他途径了解企业的真实经营状况，并需要关注企业的除名情况。三是跨部门之间企业信用信息共享机制尚未完全建立。随着《企业信息公示暂行条例》及五部配套规章的出台，全国工商系统及时建立了企业信用信息公示系统，各地工商部门分别建立了子系统，将注册登记、备案、行政处罚、企业经营异常名录、违法企业黑名单等信息向社会公示。但目前工商部门登记的企业信息与其他职能部门的数据共享和交换方面受设施、配置、系统设计、数据标准等因素的限制，并未实现真正意义上的信息互通、资源共享。

三、工商银行安庆分行应对商事制度改革、提高金融服务效率所开展的工作

这次商事制度改革对银行自身企业客户的审查和了解方式、方法都产生了较大的影响，对客户审查的水平和方式也相应地提高了要求。工商银

行安庆分行很快改变了原有的认识和做法，重视并灵活适应商事制度改革，审慎审查银行客户，强化提高金融服务安庆市实体经济效率，加快促进企业发展。

1. 成立了以行长为组长，内控合规部、公司业务部、小企业金融业务部、结算与现金管理部、个人信贷业务部、银行卡业务中心、电子银行中心、风险管理中心、信贷管理部、运行管理部、信息科技部、资产负债管理部、财务会计部、办公室、城市金融学会等部门负责人为成员的领导小组，明确牵头部门为城市金融学会，制定了工作方案。该行自2014年商事制度改革以来，新制定制度1个，修订制度2个，废止制度1个，调整内设机构架构1个，调整业务流程4个，系统优化升级11次，合同条款变更20款，会计核算变更2个，未形成任何风险事件。

2. 加大宣传培训力度，深化改革认识，积极引导消除认识偏差。通过各种业务会议要求各业务人员加强对商事制度改革重要性的认识，通过以会代训、自主学习等形式，加强对商事制度改革主要内容的准确把握和正确评价，积极消除业务人员在基本账户的管理上依然依赖工商部门的登记和年检的认识误区。

3. 进一步加强内控风险管理。一是树立正确的经营指导思想。坚持将客户信息采集、客户审查和客户关系维护纳入全面系统的信用风险管理，持续加强风险监测和排查，正确处理好发展和风险防范的关系，做到一手抓发展、一手抓质量。二是明确目标，落实责任。将改革后客户审查总体目标细化分解到相关专业和各行，梳理分析重点客户和项目，确保责任落实到位。三是修订完善内部制度，优化升级系统控制。进一步强化商事制度改革后的客户投后和贷后日常管理。进一步提出更具体、更有针对性的投后贷后管理措施，严格执行各项制度，切实加强日常管理。四是不断强化业务人员"千里眼、顺风耳"的能力，进一步加强对客户真实经营状况的动态监测和审查，切实杜绝"两虚一逃"行为客户和失信客户的准入。

4. 开通工商局企业登记系统端口，助力客户营销与信用风险防范。商事制度改革后，该行已开通工商局企业登记系统端口，辖内各支行可以通过内部网讯接入查询企业股本、股东、投资、年检、法人代表投资等多项信息，从中发现企业隐性关联、涉及小贷以及股本异常变动等情况，进行综合分析，一方面可以发现客户的潜在风险因素；另一方面，通过对企业信息的分析，加强该行对优质客户的贷款营销和对未来经营形势的预判。

四、深入推进商事制度改革的相关建议

（一）注重制度衔接，完善法制保障

一是继续深化以公司法律制度为主体的现代企业制度建设，建立健全市场主体退出的各项制度。增加对隐名股东、公司实际控制人严重失信行为的制约性规定，将严重失信的隐名股东、公司实际控制人纳入失信黑名单，统一《公司法》《公司登记管理条例》《公司注册资本登记管理规定》中关于"两虚一逃"行为的查处规定。

二是尽快修订《无照经营查处取缔办法》，以"谁许可，谁审批，谁负责"原则为前提，推动政府完善监管体系，厘清各个职能部门的监管职责。

三是加快有关社会组织的立法进程，充分发挥社会组织在商事制度改革监管中的积极作用。

（二）加快监管协调，推进诚信建设

一是建立沟通协调机制，完善联合执法及联席会议制度，形成监管合力，避免因"宽进"造成监管缺位现象。

二是充分认识企业信用信息公示系统的重要作用，运用大数据推进企业诚信体系建设，着力搭建登记注册、企业年报、行政执法、消费维权数据系统，并实现系统间数据共享，最终实现与企业信用信息公示系统的链接。在此基础上，推动整合政府其他各部门、金融机构、行业组织等相关信息，建立起社会诚信体系，真正形成"一处违法，处处受限"的严管局面。

(三) 健全查处机制，增强发展合力

一是罚款处罚。在经济活动中，经济制裁是最直接、最有效的方式之一。比如，我国取消年检制度，改为年报制度，这就对企业提出了新的要求，企业的上年度报告应当通过信用平台在规定的时间内使用规定的格式进行公示。报告内容应包括资产负债情况、现金流量情况、经营活动重大或异常变动事项等。如果企业公布的报告不实或者在规定的时间、无合法的理由不公布企业年度报告，工商机关应对其进行罚款处理。此外，对于使用虚假材料和其他手段骗取商事登记的，由相关机关责令限期改正并罚款，情节严重的，撤销登记。

二是抽查年报。政策放宽之后，企业有更多的自主性主动进行信息的公开，特别是企业年报。但是，企业数量增多，且目前没有特定的系统软件能自动识别企业年报中出现的问题。那么，如何将企业公布年报的可信度提到最高？一个有效的办法就是对商家的年报进行抽查，建立公平的抽查制度，将公布不实年报的企业纳入信用监管体系。与此同时，如果发现企业存在违反年报披露制度的情况，任何单位和个人都可以进行举报。此外，建立违法主体名单查询系统，对于违反我国法律的企业应纳入黑名单，并通过公示系统向社会公示，严格落实企业信息公示、经营异常名录、严重违法企业名单等制度，探索统一综合执法模式，推进行政执法与刑事司法衔接工作，以此达到信用监管的目的。

安庆市工业供给侧结构性改革及商业银行的应对之策

中国银行安庆分行　钱经纬

2015年11月以来,"供给侧结构性改革"成为中国政策体系中的一个热门词汇,并成为"十三五"及未来一段时期的重点工作,为通过系统、全面的改革,构建有效服务实体经济发展的金融供给新体系指明了方向。从制造业来看,中国生产的产品以中低端为主。如果能够加大研发投入力度,同时推进国企混合所有制改革,特别是把石油等垄断领域向民营资本开放,通过制度优化来扩大供给主体,将会加大市场竞争力度,提高企业运营效率,从而促进中国制造的产品由中低端走向中高端。本文针对安庆市工业领域,分析其存在的问题及商业银行的应对之策,并提出相关建议。

一、安庆市工业发展存在的问题

第一,在国内,真正的支柱行业的门槛是工业总产值的5%,沿海地区的门槛至少是销售额超过50亿元。以安庆的现状而言,基础还是比较薄弱的。骨干型产业纺织服装、石油化工、装备制造的支柱企业不强,数量有限,例如曙光集团、华茂集团、环新集团年工业产值均未达到100亿元。即使以销售收入超过10亿元做统计,当地这样的优势工业也还是太少,整个区域内的上市公司只有2家。

第二,产业链带动不明显,除石油化工业产业链正在形成之外,装备制造、纺织服装、农产品三大特色产业仍然处于地域分散、规模企业数量少、上下游企业依赖程度不紧密的松散状态。

第三，外来招商工业企业数量不多、规模不大。与其他城市相比，安庆市招商引资政策尚无明显的优势，一些项目通过"乡情"招商，城市的知名度需要进一步提升。

第四，就产业结构层次而言，安庆高新技术产业比重太小，安庆工业急缺核心技术。

第五，相当一部分工业企业属于传统行业，产品附加值低，受成本提高的制约，抗风险能力较弱，战略性新兴产业尚未形成规模。

二、在解决工业供给侧结构性改革方面中国银行安庆分行的应对之策

（一）在解决工业供给侧结构性改革方面的授信策略

面对当前复杂多变的经济形势，我国提出了着力加强供给侧结构性改革，加快培育新的发展动能，改造提升传统比较优势，抓好去产能、去库存、去杠杆、降成本、补短板的战略决策。中国银行主动担当社会责任，回归银行业服务经济实体的本质，通过着力有效供给、提升金融服务及强化业务创新等，建立起与供给侧结构性改革方向一致、与市场环境相适应的金融服务机制。中国银行主要的授信政策包括以下几个方面：（1）信贷投放采取"有扶有控"的差别化授信政策，助力有效供给；（2）对产能过剩行业采取限额管控，对纳入淘汰落后产能的企业授信逐步退出；（3）对"僵尸企业"暂停新增融资，存量贷款做好风险化解；（4）倡导绿色金融理念，强化金融创新，助力中小企业。

（二）中国银行安庆分行的自身做法

1. 结合供给侧结构性改革政策以及安庆市经济发展的特点，确定授信支持工业的发展方向。

截至2016年6月末，中国银行安庆分行工业企业贷款主要分布行业

如下：（1）纺织服装业，余额为 3.60 亿元，占 5.97%，占比同期下降 0.70 个百分点；（2）汽车零部件行业，余额为 2.24 亿元，占 3.71%，占比同期上升 1.15 个百分点；（3）装备制造业，余额为 7.28 亿元，占 12.07%，占比同期下降 0.25 个百分点。从上述数据可以看出，2016 年以来，中国银行安庆分行加大了对作为安庆地区特色经济的汽车零部件、化工业的授信支持力度，对传统的纺织服装业、机械制造等加工业授信仍维持较高的授信比例。

除了支持安庆传统行业的升级改造，中国银行安庆分行工业企业项目储备围绕高端装备制造（机器人、新能源汽车、医药化工）、通信、信息技术等契合"中国制造 2025"及"互联网＋"行动计划的相关领域，安徽华业香料有限公司、安徽宏宇五洲医用器材有限公司、安庆飞凯高分子材料有限公司、中船安庆基尔发动机有限公司、金田集团（桐城）塑业有限公司、安徽鑫美芝光电科技有限公司、安庆安达尔汽车制造有限公司等代表性企业的一批制造业项目，拟授信金额超过 7 亿元，以此加大对本地制造业实体经济力量的金融投入。

2. 面对经济发展的新常态，中国银行安庆分行通过金融产品创新，服务理念创新，进一步提升服务中小微企业发展的金融支持力度。

围绕中小微企业"融资难"问题，中国银行安庆分行从管理机制、服务流程、信贷产品三个维度着手，实现了中小微企业贷款批量化和规模化经营。中国银行安庆分行在安庆率先落地"税融通"产品，同时在安庆市融资担保公司的全力协助下，大力推动新型银政担业务的发展。

截至 2016 年 7 月末，中国银行安庆分行中小企业贷款 156 户，合计 7.08 亿元；累计投放"税融通"贷款 14 户，合计 6020 万元；投放银政担 34 户，合计 1.33 亿元。上述中小企业贷款的工业企业户数及余额占比分别为 22%、29%。

为支持辖内企业"走出去"，中国银行安庆分行先后多次组织辖内企业参与"中小企业跨境投资和贸易洽谈会"，为企业的跨境发展搭建平台。此外，中国银行安庆分行还通过多种途径积极减免中小微企业多项融资服务费用，加大了包括中小微企业在内的各类客户的收费减免力度，最大限度地让利于中小微企业。

3. 调整优化信贷资源配置，有针对性地清理产能过剩行业。

中国银行安庆分行目前产能过剩行业贷款仅1笔，分布于水泥行业，为怀宁海螺1亿元中期流动资金贷款，用于支持企业所属的集团"走出去"消化产能。

4. 近年来银行不良贷款增长较快，而其中去产能和去库存所涉及的行业恰恰是不良贷款发生的重点领域，因此中国银行安庆分行持续加强贷后管理，识别"僵尸企业"，防止对信贷资源不合理的占用。

通过风险排查和信贷资金流向管控加大对困难企业、问题企业的排查力度，加强到期贷款跟踪监测，提前介入、帮扶，与企业共商对策，尽可能做到风险调查无盲点，确保信贷资金真正用于企业经营，防止信贷资金流入房地产开发、通过不同渠道进入民间借贷等。

对符合条件的困难企业贷款实行续贷和维持授信。在企业贷款到期前，中国银行安庆分行提前开展授信审查、审批，根据客户还本付息能力、抵押资产覆盖敞口情况，对到期还息、确有"造血"功能的符合条件的企业办理收回再贷。

以资产重组和资产转让等方式盘活不良资产。对于确已无法通过正常途径回收的不良贷款，通过打包转让和诉讼拍卖的方式盘活不良资产。

三、对安庆市工业强市的意见和建议

一是理清思路，制定目标。"十三五"时期，根据既定的工业强市战略，加速发展战略性新兴产业、加快传统支柱产业优化升级的思路不动摇，重点打造4个500亿元战略性新兴产业、建设3个1000亿元支柱产业、形成核心竞争力强的现代工业体系的目标要坚定。

在传统行业的升级改造方面，纺织服装领域要摆脱低水平竞争，不断提高高档次产品的占比；化工行业要大力推进技术改造，大力发展生物化工、精细化工；农副产品加工行业要向绿色化、精深化、特色化和品牌化方向发展。

加快新能源汽车（打造经济开发区和安达尔新能源汽车产业）、新一代信息技术（通信设备、光电电子、集成电路）、高端装备制造（数控机床、工业机器人、船舶配套、专用设备、医疗器械）、化工新材料（丙烯乙烯深加工、蓝宝石材料、生物基材等）产业的发展，通过设立创业、股权、产业发展基金，引导其向新兴产业投资。

二是合理规划，形成集群。优化产业布局，实现向心发展，推动新兴替代落后、粗放转为精深、零散走向集群。市区打造西部化工业新材料产业聚集区，东部打造智能制造产业聚集区，各个县域形成特色产业集群。

三是政策支持改革提效。政府要出台加快工业发展和自主创新等措施，并根据经济的发展变化适时调整，以地方行政法规或部门规章制度的方式明确下来。具备审批权限的行政主管部门对工业项目的审批要做到快速高效。

四是人才支撑，研发投入。要建立人才支撑计划，吸引产业化领军人物在安庆安家落户，从生活住房补贴到研发基金的投入予以多维度支持，重点实施科技创新人才、高水平服务业人才、先进制造业人才集聚行动。

五是环境优化，平台完善。改善城市形象，完善社会公共设施和周边路网建设；不断优化国家级、省级开发区配套服务设施；规范国家中小企业公共服务示范平台服务，提高服务能力和组织带动社会服务资源的能力，主动开展公益性服务，积极承担政府部门委托的各项任务；鼓励建设工业园区和孵化器，加快建设保税物流中心。

新常态下商业银行转型模式研究与展望

交通银行安庆分行　胡　洵

党的十八届三中全会通过的《中共中央关于全面深化改革若干重大问题的决定》指出"要加快推进利率市场化，建立存款保险制度，完善金融机构市场化退出机制"。同时，"十三五"规划提出，要加快金融体制改革，提高金融服务实体经济效率，并对做好金融工作进行了具体部署。中国宏观经济总体运行平稳，但金融生态环境和运行机制发生了深刻变化，金融监管更趋严格，利率市场化步伐日趋加快，金融脱媒加剧，互联网金融业态异军突起，对我国商业银行经营发展带来了深度影响和新的机遇，转型升级已成为当下银行业经营发展的主旋律。

一、"十三五"规划对银行业的影响分析

（一）国际化业务机遇明显

我国对外开放已经进入全新阶段。"十三五"期间，对外贸易将由"大进大出"转为"优进优出"，"一带一路"和自贸区建设将成为中国新一轮对外开放的支点，推动中国从商品输出大国向资本、商品、产能、技术等多轮驱动转变，从引资向引智转变。未来，预计传统贸易增长不会很快，但在高技术产品、服务贸易、跨国投资、国际结算、全球资管、汇率等方面将催生大量的金融服务需求。据亚洲开发银行测算，若中国在"一带一路"沿线国家的投资从13%提高到30%，未来十年投资可达1.6万亿美元。

（二）综合化经营加速发展

"十三五"期间，受益于金融市场的更加开放、金融监管的更加市场化和国际化，高收益债券、股贷联动、资产证券化等新的金融产品将不断涌现，这给商业银行加快中间业务发展提供了新的机遇。与此同时，利率、汇率市场化形成机制的改革在加大商业银行净息差压力的同时，也给商业银行加快产品创新带来了契机。直接融资市场的快速发展，给商业银行非牌照类投行业务、交易业务、金融衍生品业务以及综合化经营带来了巨大的机会。

（三）竞争格局走向"跨界＋竞合"的新范式

"十三五"期间，随着金融体系深化改革的推进，在金融管制趋于放松、利率和汇率市场化提速、金融创新加快的大背景下，银行业之间的竞争将由此前的排他性竞争走向合作性竞争，竞争的内涵也将不断丰富。一方面，互联网金融的兴起，对商业银行的传统支付中介和信用中介地位发起了挑战，跨界竞争日益突出；另一方面，随着金融脱媒提速，银行业市场份额被进一步蚕食，大集团向境外融资，大企业向市场融资，小企业向民间融资，新企业向私募融资，银行贷款在社会融资总量中的占比逐步下降，但这也为"泛资管"业务的发展创造了契机，金融机构之间既竞争又合作，有利于拓展银行服务的广度和深度。

（四）风险防控更加紧迫

随着我国进入经济增速回落、经济结构调整和跨越"中等收入陷阱"的特殊阶段，商业银行的不良资产余额和不良率"双升"，资产质量面临考验。此外，中国金融改革和开放的步伐不断加快，将使得中国信贷市场与资本市场的联系更加紧密，资产价格的相互影响机制日益复杂，也更容易遭受外部金融市场的冲击。尤其是随着美国加息周期的开启，人民币贬值预期压力犹存，资本流出风险依然较大。

二、银行业转型的必要性分析

(一) 利率市场化收窄高息差

随着利率市场化改革进一步推进和市场竞争加剧,客户的金融意识逐渐增强,银行业净息差有进一步收窄的压力,依赖存贷利差的传统盈利模式将受到越来越大的挑战,以该模式为主的商业银行盈利能力将会持续减弱。

(二) 制度改革注入新活力

现阶段,银行业的制度改革正在如火如荼地开展。存款保险制度、民营资本进入银行业市场、商业银行退出机制等加速推进,金融调控也从单一行政手段的直接控制向市场化运作机制调整,这些制度改革在将商业银行打造成自主经营、自负盈亏的市场主体的同时,保持了银行业持续而高效的发展活力,也加大了银行业的竞争程度。

(三) 金融脱媒抢夺大客户

随着金融市场的不断深化,金融脱媒现象逐渐增多,一些业绩优良的大型集团公司对商业银行贷款的依赖度逐渐降低,通过股票或债券市场直接融资的比例逐渐提高,使得银行众多优质客户不断流失。

(四) 互联网金融冲击旧模式

凭借创新基因、信息民主化和平台优势,互联网企业创新业务模式,形成了新的金融市场生态环境。其中,大数据、移动化、社交网络等颠覆性创新技术都是新生态市场发展的关键能动因素。互联网环境下,新的商业模式对传统银行业在支付渠道、资产构成、负债来源等方面将产生剧烈冲击。

三、传统四大国有商业银行创新分析

经过数年转型发展的持续推进,传统四大国有商业银行在战略实施上因势利导、因势而变,从转型内容和结构上主动顺应市场和行业的发展趋势,适应国家政策引导方向,持续调整转型目标和方向,不断拓宽转型路径和视野。

从近几年的年报信息来看,传统四大国有商业银行主要从以下几个方面提升资本管理水平:一是通过内源融资保持净利润每年持续增长,以有效补充核心资本;二是积极探索外源性资本补充渠道,通过发行次级债和优先股等方式,加强对资本补充和资本使用的统筹管理,全面补充附属资本;三是以实施新资本协议为契机,采取加大对资本占用较少的资产业务配置力度、大力发展非利息收入业务、合理控制表外风险资产增长、严控高风险权重资产规模、强化授信环节的保证和抵(质)押风险缓释要求等措施,持续优化表内外资产结构,有效控制风险加权资产的增速;四是建立以经济资本为核心的价值管理体系,强化资本约束和资本激励机制,提升产品定价能力,不断提高资本配置效率。总体而言,传统四大国有商业银行已全面树立资本约束意识,努力优化资产负债结构,不断提高资本回报水平,持续走质量和效益相平衡的资本节约型发展道路。

区别于以规模扩张为主的经营方式,金融创新理念已全面融入传统四大国有商业银行经营管理活动。它们通过加大对信息技术领域的资源投入,积极将以移动互联网、大数据为代表的现代信息技术和科技进步应用于银行的产品研发、决策支持、运用管理和信息共享,形成以科技创新、管理创新和产品创新为代表的多端发力态势,在满足服务需求多元化和个性化的同时,有机地将传统业务的升级增效与新兴业务的创新发展合力构成盈利增长的"混合动力"与"多点支撑",尤其是在小微金融服务领域,各行创新亮点异彩纷呈(见表1),紧紧围绕经济新常态下的有效金融服务需求,以小为主、以微为重,积极研发小微金融专属产品,创新服务流程和信贷方式,不断提升金融服务实体经济的能力。

表 1 传统四大国有商业银行金融创新转型

项目	中国银行	工商银行	建设银行	农业银行
金融创新策略	依托遍布全球的服务网络和多元化平台，通过产品和服务创新，为客户提供优质高效的全球一体化综合金融服务	以互联网思维改进服务模式，构建集融资、金融、交易、商务、信息五大功能于一体、较完备的服务和运营体系	以"创新型银行"为目标，推进城镇化建设、节能环保、文化产业、县域金融、小微企业、民生领域、消费金融等领域的持续创新，同时加强传统领域优势领域的迭代创新，将创新作为转型与发展的持续内生动力	围绕农村产业金融业务"千百工程"和"三百行动"，加大县域特色产品创新力度，持续巩固提升县域公司业务竞争优势
金融创新品牌（奖项）	荣获美国通讯公关职业联盟"亚太区最具创新奖"商品牌"	e-ICBC	在美国《环球金融》杂志主办的"2014中国之星"评选中被评为"最佳创新银行"	被中国银行业协会评为"最佳贸易金融产品创新银行"，荣膺财经网"最佳个贷网络金融创新银行"
金融创新业务	贸易金融、公司金融、银行卡等	资产管理、投资银行、消费金融等	造价咨询、养老金业务、个人综合金融服务等	资产管理、金融市场等
金融创新路径	把握跨境人民币业务契机，深化产品创新，向客户提供商业银行、投资银行、债券、保险等一揽子金融服务	结合信息化银行建设的开展，加快推广线上预约、线下O2O服务模式	坚持从客户、市场、技术、全球化、监管等维度进行创新驱动，初步建立了流程顺畅、协作高效、有机融合的产品创新体系	形成具有农业银行特色的"平台+数据+金融"的互联网金融综合服务体系，在电子商务领域取得重要进展

续表

项目	中国银行	工商银行	建设银行	农业银行
小微金融创新案例	创新推出微型金融商业模式，通过标准化服务流程、先进的信贷管理技术、参数化的定价模型、嵌入式的综合销售管理，构建对微型企业客户的全方位综合服务体系。"中银信贷工厂"业务模式荣获《亚洲银行家》2013年度中国优秀品牌建设奖	针对小微企业"短频急"的融资特点开发线上循环贷款产品"网贷通"，已累计为6.9万户小微企业提供1.6万亿元贷款，余额近3000亿元，是国内单体金额最大的网络融资产品	创新推出"助保贷"业务，在缓解小微企业融资难、融资贵方面取得显著成效，并获得原银监会"全国银行业金融机构小微企业金融服务特色产品"奖和中国中小企业协会"最具创新性企业金融服务产品"奖	创新还款方式，对优质小微企业通过新发放贷款结清已有贷款等形式续贷，切实解决小微企业融资贵问题 创新通过搭桥融资、无息搭桥融资等解决小微企业融资贵问题

· 83 ·

四、商业银行转型模式的建议

金融是现代经济的核心,银行业发展的根基是实体经济,离开了实体经济,银行业就会成为无源之水、无本之木,所以银行业的转型必须紧紧围绕实体经济这个服务对象。尤其是在当前我国经济"三期叠加"的复杂形势下,银行业迫切需要从服务实体经济的本质要求出发,充分发挥资源配置的功能作用,努力提升服务质量和效率,实现金融与实体经济的共生共荣,有效助力实体经济平稳发展。笔者通过对上述国有商业银行金融创新的成效分析,对中国银行安庆分行的转型模式提出以下三点建议。

(一) 资产负债多元化

随着利率市场化、金融市场多元化、金融产品多样化、客户金融需求个性化程度不断深入,商业银行资产负债结构和收入结构正在发生根本性变化,积极主动实现资产负债多元化和盈利多元化是商业银行的明智选择。

1. 坚持资产多元化目标。一是优选客户、优化结构,做精信贷业务。二是在风险与收益并重的前提下,实现投资产品、投资渠道多元化,增加信托、券商资管、银行理财、有价证券等的投资规模,做强投资业务。三是充分利用新型金融工具的特点,结合自身业务发展目标,做巧资产证券化业务。四是适应客户直接融资需求变化,为客户发行短期融资券、中期票据、企业债券等,做大投资银行业务。五是通过银行业务与各类非银行业务的跨界合作,利用资产业务租赁化、信托化等手段做活各类资产业务,特别是在"大资管"时代背景下,实现商业银行向广义资产管理公司的转型。

2. 坚持负债多元化目标,由被动负债为主向主动负债与被动负债合理配置转变。一是通过丰富存款、理财、私人银行产品线,为客户提供资金管理、融资顾问等综合服务,拓展个人存款客户资源。二是开展主动型资产负债配置,用好同业负债,发行同业存单。三是积极拓展主动负债业务,通过申请中央银行定向借款、直接发行债券等方式,提高负债的稳定性、流动性和增长性,在风险与回报平衡的前提下做好资产负债总量和期限的匹配,推进银行整体价值最大化。最终,通过资产负债多元化带来盈利的多元化,从而进一步增强中国银行安庆分行抵抗风险的能力,在更好地服务实体经济、促进实体经济发展的同时,实现自身的可持续健康发展。

(二)零售业务互联网化

伴随着互联网金融的发展,越来越多的银行家和监管者意识到互联网将给传统银行业带来革命性和颠覆性的影响。商业银行的业务,尤其是零售业务呈现逐渐互联网化的趋势,现在的银行形态也将逐渐升级到网络银行形态,并为客户提供更全面、更有效的金融服务。首先,从发展趋势来看,网络银行凭借灵活、强大的业务创新能力,不仅可以延伸改造传统业务,还将不断设计业务新品种,创新业务范式,实现对客户资金流、信息流、物流的"三流合一"管理,并通过不断升级换代,拓展技术创新空间和领域,为客户提供更加全面、丰富、多元化的服务,更好地满足客户需求。其次,从风险控制的角度来看,网络银行通过大数据技术集合海量非结构化数据,提供客户的全方位信息,同时通过分析挖掘客户交易和消费信息,掌握客户消费习惯,准确预测客户行为,使银行在营销和风险控制方面有的放矢。最后,从成本节约的角度来看,网络银行能够在很大程度上替代传统商业银行的物理网点,更能突破金融服务的时空局限,大幅降低业务成本,因此,网络银行在创设费用、服务成本、维护成本、交易费用以及边际交易费用等方面更具有优势。

(三)公司金融投行化

在我国,间接融资始终是银行业的主导,但随着金融格局的重塑以及金融脱媒趋势的不断加剧,单一的信贷业务已经不能满足客户融资需求,直接金融将逐渐成为中国金融市场的重要力量,发展投资银行业务成为银行转型的重要一环,也是满足优质客户金融服务需求的必然选择。通过为优质客户提供一揽子金融服务方案，将传统银行和投资银行的功能合二为一，有助于银行通过投资银行业务与传统业务的协同效应，增加中间业务收入，优化收入结构，减少对资本的依赖，同时更全面地了解企业财务状况和经营行为，有针对性地确定整体风险偏好和行业投资策略，有效控制各类风险。

绿色金融服务绿色秸秆产业机制初探

中国人民银行安庆市中心支行　杨东晓　操基平

一、引言

农作物秸秆是可再生的绿色生物资源,既可以作为农村居民的生活燃料、牲畜饲料和有机肥料,也能广泛用于各种工业原材料。随着新型能源在农村的推广普及,秸秆的传统生活燃料用量逐年减少,每年有近2亿吨秸秆白白腐烂和焚烧,近亿吨秸秆被露天焚烧。[①] 秸秆腐烂和焚烧不仅浪费生物资源、降低土壤肥力,而且对大气环境产生了巨大的污染和危害,还严重威胁交通运输和人民生命财产的安全。安徽是农业大省,各地的农作物秸秆资源十分丰富,面临秸秆焚烧问题。为了治理秸秆焚烧带来的空气污染问题,每到农作物收获季节,全国各地政府都出台严禁焚烧的政策,采用疏堵结合的行政手段加强对农户秸秆就地焚烧的管制,但收效却不大。[②] 以绿色金融引导现代环保产业发展,对于提高我国农业资源综合利用水平、增加农业产出和农户收入、保护农村生态环境、实现农业的可持续发展有着非常积极的现实意义。

许多专家学者对焚烧秸秆的现象进行了深入研究,取得了比较丰富的

---

① 曹国良,张小曳,郑方成,等.中国大陆秸秆露天焚烧的量的估算 [J].资源科学,2006 (1):9–13.

② 马骥.我国农户秸秆就地焚烧的原因:成本收益比较与约束条件分析——以河南省开封县杜良乡为例 [J].农业技术经济,2009 (2):77–84.

成果，在一定程度上为治理焚烧秸秆污染问题提供了依据。如邬莉等认为，农户对秸秆焚烧的危害不明、对秸秆利用的优势不清，以及客观上缺乏劳动力是其选择焚烧秸秆的原因。① 李振宇等认为，农户的环境意识和法制观念普遍不高是造成焚烧秸秆的原因。② 李振宇、黄少安认为执法的局限性以及农户抵制的动机加大了政府执法难度，导致惩罚措施形同虚设，无法从根本上改变农户焚烧秸秆的成本收益比。③ 梅付春认为，劳动力成本高涨及运输距离远导致农户处置秸秆的成本居高不下，不得已继续焚烧秸秆。④ 部分学者运用 Logistic 模型分析农户作出秸秆处置决策的原因，均认为受多种因素影响。如赵永清、唐步龙研究表明，农户处置秸秆决策主要受户主个人特征、家庭特征和生产经营特征等因素影响。⑤ 朱启荣实证研究认为，文化程度、家庭收入结构、种植规模、饲养牲畜数量、对焚烧秸秆的危害认知程度、对参与禁烧秸秆活动的预期收益以及政府宣传禁烧政策和查处焚烧秸秆的力度、当地的机械化作业水平、秸秆加工业发展程度和同伴行为等多重因素共同决定农户焚烧秸秆的决策。⑥ 王晓凌等实证研究认为，农户秸秆利用决策的主要影响因素包括户主是否为村干部、政府是否在当地推广秸秆综合利用技术、烧煤量、当地有无秸秆加工企业等。⑦ 崔红梅的实证分析结果表明，农户处置秸秆决策主要受农户的文化程度、综合利用秸秆的成本以及政府支持三方面因素影响，农户的小

---

① 邬莉，陈静，朱晓东，等. 农村秸秆焚烧的原因及对策研究 [J]. 中国人口·资源与环境，2001，11 (S1)：110 – 112.

② 李振宇，黄少安. 制度失灵与技术创新——农民焚烧秸秆的经济学分析 [J]. 中国农村观察，2002 (5)：11 – 16，80.

③ 李振宇，黄少安. 制度失灵与技术创新——农民焚烧秸秆的经济学分析 [J]. 中国农村观察，2002 (5)：11 – 16.

④ 梅付春. 秸秆焚烧污染问题的成本—效益分析：以河南省信阳市为例 [J]. 环境科学与管理，2008，33 (1)：30 – 37.

⑤ 赵永清，唐步龙. 农户农作物秸秆处置利用的方式选择及影响因素研究：基于苏、皖两省实证 [J]. 生态经济，2007 (10)：244 – 246.

⑥ 朱启荣. 城郊农户处理农作物秸秆方式的意愿研究：基于济南市调查数据的实证分析 [J]. 农业经济问题，2008 (5)：103 – 109.

⑦ 王晓凌，沈萌，邱君. 河南省农户秸秆综合利用行为影响因素研究 [J]. 农业经济问题，2009 (增刊)：184 – 189.

规模经营、较高的交易成本以及资金限制是农户焚烧秸秆的根本原因。①

根据环保部卫星遥感监测结果及现场巡查督查情况，无论经济发展情况如何、秸秆禁烧力度多大，各地无一幸免地被卫星或者现场监测到存在秸秆焚烧现象。如根据环保部卫星遥感监测结果及现场巡查督查情况，截至2017年7月18日，安徽省共发现秸秆焚烧火点38个，其中禁烧重点区域火点12个。2017年7月10日至7月16日，环境卫星共监测到秸秆焚烧火点11个，涉及4个省、5个市、7个县。这种状况说明目前的治理机制还没有抓住农户焚烧秸秆的本质，也没有形成有效的政策支撑体系。为此，本文采取实地调查方式，以问题为导向，探寻阻碍农户利用秸秆的现实原因，为制定秸秆综合利用政策供更坚实的依据。

二、秸秆治理陷入困境的成因分析

在我国过去传统的农村，秸秆是农户从事生产、生活的重要原材料，一部分秸秆可以用作燃料生火做饭，一部分秸秆可以用作饲料喂养自家的牛羊。但是，随着社会经济的发展，液化气、天然气的普遍使用以及农户自家饲养牛羊的减少或者饲料结构的调整，秸秆丧失了以前的功能，出现了大量剩余，在现有的政策、技术条件下，秸秆的供给大大超过需求，引起资源闲置，农户又必须在限定的时间内处理掉。农户从自身利益的角度出发，露天焚烧是最理性的选择。

（一）秸秆综合利用的技术、政策不够有效

尽管一些利用秸秆的新技术，如秸秆制沼气、秸秆发电、秸秆压成块做燃料等有助于实现秸秆的有效利用，但从现实来看，并不太受农户欢迎。这主要是由于向更高效率用途转移的成本较高，农户认为在经济上并不划算，即在现有技术条件下，秸秆的处理费时、费钱、费力，难以弥补

---

① 崔红梅. 农民秸秆利用行为选择：理论与实证分析 [D]. 扬州：扬州大学, 2010: 17-26.

农户处理秸秆的成本,农户缺乏处理秸秆的激励。①

从技术上分析,尽管秸秆还田有改良土壤、培肥地力、蓄水保墒、调节地温、抑制杂草生长的作用②,但是占秸秆总量15%的秸秆根茬还田,即可达到土壤有机质的平衡,一味要求秸秆直接还田很不科学;如果技术不完善或应用不当,也可能产生一些负面效应③,况且秸秆还田的效应在短期内难以体现④。对于制作沼气、发电等秸秆利用方式,由于技术受限,成本很高,短期内难以推广实施。

从政策上分析,各地都制定了秸秆还田补贴政策,但是当前秸秆还田补贴的标准过低,如安庆市各级补贴标准累计每亩仅为50元,而秸秆还田的亩均成本大约为100元,补贴额度仅占秸秆还田成本的50%。换言之,农户想要进行秸秆还田,必须支付额外资金。虽然朱启荣、左正强、刘明月等通过实证研究发现,秸秆还田补贴会降低或减少农户焚烧秸秆的意愿和行为,提高农户秸秆还田的意愿⑤⑥⑦,但是要真正使农户的秸秆还田意愿转化为秸秆还田行为,还存在很多阻碍。调查显示,近60%的农户认为秸秆还田后达不到预期的增产增收效果⑧,这说明农户自身对秸秆还田的作用并不认可;不确定的收益和确定的成本造成农户秸秆还田的积极性很低,也是秸秆还田补贴面临的困境所在。

---

① 邹莉,陈静,朱晓东,等.农村秸秆焚烧的原因及对策研究 [J].中国人口·资源与环境,2001 (S1):111 – 113.

② 王爱玲,高旺盛,黄进勇.秸秆直接还田的生态效应 [J].中国农业资源与区划,2000 (2):44 – 45;

③ 吕开宇,仇焕广,白军飞,等.中国玉米秸秆直接还田的现状与发展 [J].中国人口·资源与环境,2013 (3):171 – 176.

④ 马骥.我国农户秸秆就地焚烧的原因:成本收益比较与约束条件分析——以河南省开封县杜良乡为例 [J].农业技术经济,2009 (2):77 – 84.

⑤ 朱启荣.城郊农户处理农作物秸秆方式的意愿研究——基于济南市调查数据的实证分析 [J].农业经济问题,2008 (5):103 – 109.

⑥ 左正强.农户秸秆处置行为及其影响因素研究——以江苏省盐城市264个农户调查数据为例 [J].统计与信息论坛,2011 (11):109 – 113.

⑦ 刘明月,陆迁.农户秸秆还田意愿的影响因素分析 [J].山东农业大学学报:社会科学版,2013 (2):34 – 38, 117.

⑧ 钱加荣,穆月英,陈阜,等.我国农业技术补贴政策及其实施效果研究——以秸秆还田补贴为例 [J].中国农业大学学报,2011 (2):165 – 171.

此外，秸秆焚烧行为和农户收入水平之间具有很强的相关性。农户的收入水平对秸秆焚烧行为有很强的促进作用。① 在没有外部干预和技术突破的条件下，农户的收入水平与秸秆焚烧量成正比。② 诸多学者也发现发达地区的农户要比落后地区的农户更容易选择秸秆焚烧。③④⑤

(二) 政府政策失灵使得秸秆焚烧问题难以得到有效解决

以行政命令强制秸秆禁烧的政策无法奏效有其必然性，政府执法部门执法成本较高，并且政府的执法行为有一定的规律性，而查处活动又是非生产性的，制度实施成本非常大⑥，加之农户躲避监督的可能性较大，所以政府制定的惩罚措施形同虚设。

从公共经济学的视角来看，以行政命令强制秸秆禁烧的政策有其不合理性。空气质量属于公共产品，农户出售农产品仅仅获得了产品的使用价值，并没有获得产品的环境价值，通过罚款或者监管等行政手段进行治理，也就意味着农户无权焚烧秸秆，他们必须自行以较为高昂的成本来处理。将环保的成本转移给对环保需求较小的农户，而让整个社会享受环保带来的价值，对农户而言显然是不公平的。⑦

所以，露天焚烧秸秆是农户比较秸秆处置成本和收益后的理性结果。另一方面，我国农户经营规模小，农业收入在农户收入中的比重越来越低，农户本身缺乏经营农业的激励，秸秆处理也就更不可能得到农户的重

---

① 左正强. 农户秸秆处置行为及其影响因素研究——以江苏省盐城市 264 个农户调查数据为例 [J]. 统计与信息论坛, 2011 (11): 109 – 113.

② 陈新锋. 对我国农村焚烧秸秆污染及其治理的经济学分析——兼论农业现代化过程中农业生产要素的工业替代 [J]. 中国农村经济, 2001 (2): 47 – 52.

③ 曹国良, 张小曳, 郑方成, 等. 中国大陆秸秆露天焚烧的量的估算 [J]. 资源科学, 2006 (1): 9 – 13.

④ 李振宇, 黄少安. 制度失灵与技术创新——农民焚烧秸秆的经济学分析 [J]. 中国农村观察, 2002 (5): 11 – 16, 80.

⑤ 赵永清, 唐步龙. 农民农作物秸秆处置利用的方式选择及影响因素研究——基于苏、皖两省实证 [J]. 生态经济: 学术版, 2007 (2): 244 – 246, 264.

⑥ 李振宇, 黄少安. 制度失灵与技术创新——农民焚烧秸秆的经济学分析 [J]. 中国农村观察, 2002 (5): 11 – 16, 80.

⑦ 赵学平, 陆迁. 控制农户焚烧秸秆的激励机制探析 [J]. 华中农业大学学报: 社会科学版, 2006 (5): 69 – 72, 82.

视,即使秸秆处理能够给农户带来收益,如果缺乏配套的服务,农户也不愿意多费力气去处理这些秸秆。马骥计算了河南开封杜良乡不同秸秆利用方式的成本与收益,发现麦秆养牛、麦秆还田都是具有较高效益的秸秆处理方式,但是这两种方式在当地并不普遍,农户焚烧小麦秸秆的比例仍达40%,资金、机械、市场、时间、技术成为重要的外部约束。[①]

三、秸秆焚烧屡禁不止原因的实证检验

(一) 数据来源和样本概况

1. 数据来源。本研究采用随机抽样,选择安庆市桐城、怀宁、潜山、太湖、岳西、望江、宿松7个地区种植水稻的农户进行秸秆处置情况的实地调研,利用微观数据比较农户各种秸秆处置方式的成本与收益,探讨农户行为决策的原因。调查共完成658份问卷,剔除中途中断回答、漏答关键问题的问卷,最终获得624份有效问卷。

2. 样本概况。桐城、怀宁、潜山、太湖、岳西、望江、宿松七地的农户访谈内容主要包括个人及家庭特征、处置秸秆的行为选择、处置秸秆的成本收益情况。在624户受访农户中,户主年龄平均为52周岁,超过60周岁的占32%。户主文化程度为小学及以下、初中、高中及以上的农户分别占63.7%、30.6%、5.7%,可见户主文化程度总体偏低。家庭农业劳动力个数为1~4个,平均为2.5个。家庭耕地面积平均为5.8亩,其中3~6亩的农户比重最大。家庭人均总收入均值为59617.6元,种植业毛收入均值为11648.3元。对农户处置秸秆行为选择的调查结果显示,将秸秆用作生活燃料的有473户,占75.80%;秸秆还田的有221户,占35.42%;出售秸秆的有168户,占26.92%;秸秆用作饲料及沼气的有34户,占5.45%;露天焚烧秸秆的有184户,占29.49%。农户各种秸秆处置方式的比例加总大于100%,是因为农户对秸秆的处置方式并不唯一。

---

① 马骥. 我国农户秸秆就地焚烧的原因:成本收益比较与约束条件分析——以河南省开封县杜良乡为例 [J]. 农业技术经济, 2009 (2): 77-84.

(二) 秸秆处置方式的成本收益分析

农户处置秸秆的方式包括焚烧和综合利用,秸秆的综合利用包括生活燃料及饲料、沼气、直接还田、出售。概括而言,农户对秸秆的处置方式可分为焚烧、自用、出售。不同的秸秆处置方式具有不同的成本和收益,农户对各种处置方式下成本收益的比较是其行为决策的依据。秸秆处置方式的相关成本与收益如表1所示。

表1 秸秆不同处置方式的成本与收益

处置方式	处置成本	处置收益	约束条件
生活燃料	劳动力机会	节约的其他能源的购置费用	时间
饲料	劳动力机会	节约的化学饲料的购置费用、牲畜增产带来的额外收益	时间
沼气	劳动力机会	节约的其他能源的购置费用、使用沼渣所节约的肥料购置费用及农作物增产的收益	资金技术
还田	机械成本	节约的化肥购置费用、增产带来的收益	机械
出售	劳动力机会、运输成本	秸秆销售收入	时间、机械、市场
露天焚烧	无	节约的农药及化肥购置费用	政策

资料来源:根据调查分析自行整理。

1. 安庆市七县农户秸秆处置的相关成本

一是劳动力机会成本。劳动力机会成本是农户各种秸秆利用方式所涉及的主要成本。农户利用秸秆与从事其他农业生产及经营之间存在替代关系,与外出务工从事非农劳动也存在替代关系,因而本文以扣除财产性收入、转移性收入的农户人均现金总收入来度量农户各种秸秆利用方式的劳动力机会成本,即以农户人均工资性总收入和人均家庭经营总收入之和来度量劳动力机会成本。调查显示,安庆市七县农户劳动力机会成本约为100元/天。据调查,人工收集、打捆一亩地的稻秆约需半个工作日;自行运输秸秆至收购点出售,运输及出售约需半个工作日,农户将每亩稻秆用作生活燃料、饲料、沼气的劳动力机会成本约为50元;每亩稻秆自行运输出售的劳动力机会成本为100元。

二是秸秆还田的机械成本。机械成本是指稻麦秸秆机械还田的成本。据调查，2016年安庆市七县使用带切碎装置的收割机价格为100~120元/亩，较普通收割机贵15~20元/亩；耕种时须使用大马力拖拉机将秸秆深耕入土壤，否则会产生病虫害，价格约为100元/亩，较小马力拖拉机贵约20元/亩。因此，如果政府对农户的补贴水平为零，农户秸秆还田需多支付35~40元/亩的费用；考虑复种，则为70~80元/亩。

三是秸秆出售的运输成本。农户出售秸秆包括自行运输秸秆出售以及中间人上门收购两种方式。如有中间人上门收购，则农户出售秸秆不产生运输成本。

四是秸秆制沼气的成本。秸秆制沼气的成本主要包括初期建设成本及日常使用中的投料成本。据调查，以6平方米的沼气池为例，其一次性投入的建设成本约为2000元，包括水泥、沙子、碎石、钢筋、红砖，如沼气池预计使用寿命为8年，净残值为100元，按照年限平均法计提折旧，年折旧额约为238元。此外，在日常使用中，1平方米约需0.05吨秸秆，一次投料大约可使用2个月，全年约需1吨秸秆。综上所述，第一年使用秸秆制沼气的成本包括折旧费238元，以及收集2亩地秸秆的劳动力成本。

2. 安庆市七县农户秸秆处置的相关收益

安庆市七县农户以小规模养殖鸡、鸭、猪等家禽家畜居多，并不需要秸秆作为饲料，而规模养殖户普遍不从事农业生产，不存在秸秆利用问题，因此本文不讨论秸秆作为饲料的收益。

(1) 秸秆燃料的收益。秸秆作为生活燃料的收益主要为节约的燃料购置费用。安庆市七县农户以使用天然气为主。经对调查数据的统计，安庆市七县农户每年平均消耗秸秆燃料2吨，相当于4亩地的谷物秸秆，可节约1/3的天然气使用量。2016年安庆市9.5千克瓶装液化气价格约为60元/瓶，三口之家全年平均约需9瓶液化气，则秸秆作为生活燃料可节约液化气180元/年。

(2) 秸秆还田的收益。秸秆还田的收益主要包括节约的化肥购置费用，以及还田带来的作物增产收益。中国化肥网数据显示，2016年中国复合肥价格约为2400元/吨，每亩谷物秸秆直接还田可节约复合肥约30元；考虑复种，每年可节约60元/亩。安庆市七县统计局数据显示，安庆市七县水稻平均亩产约0.54吨。在现有农业生产条件下，每公顷耕地还田秸秆3~4.5吨，平均可实现粮食增产15%，那么，七县秸秆还田增产43公斤/亩。2016年安庆市七县稻谷价格为2.6元/公斤，秸秆直接还田带来的作物增产年收益为111.8元/亩。因此，秸秆还田的年总收益为171.8元/亩。

（3）秸秆沼气的收益。秸秆沼气的收益主要包括节约的液化气与化肥购置费用，以及使用沼渣带来的作物增产收益。据调查，秸秆沼气为0.35元/平方米，三口之家正常花费30元/月，而液化气则需50元/月，以此计算，秸秆沼气可节约240元/年。秸秆入池后的沼渣还田，是很好的有机肥料，每年可节约复合肥60元/亩；同时，还能使作物增产5%~10%，取中间值7.5%计算，可使水稻增产40.5公斤/亩，增产带来的额外收益共计77元。秸秆沼气的年总收益为405.3元/亩。

（4）秸秆出售的收益。据调查，农户自行运输秸秆，水稻秸秆的出售价格约为200元/吨。每亩产0.5吨秸秆，约可售100元/亩；若由中间人上门收购，农户出售秸秆的收益约为30元/亩。

（5）秸秆焚烧的收益。秸秆焚烧产生的高温具备一定程度的杀虫杀菌作用，调查中农户表示焚烧秸秆后农药使用费用大约节省30元；秸秆焚烧后形成草木灰，可部分替代化肥，每亩秸秆约相当于12.5公斤的复合肥，按40%的替代比例计算，焚烧秸秆每亩可节约肥料约12元。秸秆焚烧的总收益为52元/亩。

3. 安庆市七县农户秸秆处置的成本收益对比

根据上述分析，可得安庆市七县农户各种秸秆处置方式的成本收益，见表2。由此可见，雇佣拖拉机至15公里处的秸秆收购点出售秸秆，农户将得不偿失；其他各种处置方式下，农户均能获得一定的净收益。按照净收益由高到低的顺序依次排列为秸秆焚烧、秸秆燃料、秸秆还田、直接出售、秸秆沼气。

表2 安庆市七县农户秸秆焚烧及自用的成本收益对比

单位：元

秸秆自用	相关成本		相关收益	净收益	
	非贫困户	贫困户		非贫困户	贫困户
秸秆燃料	100	50	180	80	130
秸秆沼气	438	338	207	-231	-131
秸秆还田	180	130	206.4	26.4	76.4
秸秆焚烧	0	0	222	222	222
直接出售（上门收）	50	20	40	-10	30

资料来源：根据本研究调查计算。

注：秸秆沼气的净收益未考虑沼气池的初期建设成本。

（三）农户秸秆处置行为的经济学分析

理性小农理论认为，农户行为完全是有理性的。舒尔茨在《改造传统农业》中提出"传统农业贫穷而有效率"的假设，而农户作为农业技术的接受主体，他们的行为选择取决于接受新技术前后的成本收益比较。这表明农户的技术选择行为具有强烈的目的性，农户作为理性经济人，基本的行为准则是预期收益大于预期成本，在给定的约束条件下，必然最大限度地趋利避害，农户秸秆处置行为的成本收益分析便是很好的验证。

相较之下，农户露天焚烧秸秆可获得的37元/亩的净收益实则偏低，但受访农户中仍有29%的农户选择焚烧秸秆，这并非是农户非理性地放弃了利润最大化的行为准则，因为农户的理性决策具有给定的约束条件，结合上文对农户利用秸秆的决策分析就不难理解。尽管秸秆还田、秸秆沼气、出售秸秆能为农户带来一定的收益，但机械、资金、技术、市场等约束条件制约了农户利用秸秆；露天焚烧秸秆的净收益虽然不高，但对农户而言省时省力，其面临的唯一约束条件是可能遭受的经济处罚。秸秆禁烧的工作中，政府识别焚烧户和明确责任人存在困难，监管成本高，从而导致严格的处罚措施难以实行；此外，调查发现，农户普遍具有"烧了也逮不着"及"法不责众"的侥幸心理，甚至部分农户反映"宁愿集体罚款也要集体焚烧"。换言之，对焚烧秸秆的处罚政策难以构成对农户的约束条件，农户露天焚烧秸秆无须付出成本就能获得收益。显然，从农户角度看，在给定的约束条件下，焚烧秸秆是农户比较秸秆处置成本与收益后的理性选择结果。然而，环境资源是共有的，具有公共物品的属性，农户焚烧秸秆造成环境污染，他人承担了恶果，自己却无须付出代价，顺利地将治理污染的成本外部化。因此，从社会角度来看，农户作为社会人，露天焚烧秸秆又是非理性的。

四、绿色金融服务秸秆综合利用的可行性分析

（一）绿色金融的相关理念与作用机制

绿色金融理念产生于20世纪末，又称环境金融或可持续金融。根据2016年8月31日中国人民银行、财政部、国家发展改革委、环境保护部、银监会、证监会、保监会印发的《关于构建绿色金融体系的指导意见》，绿色金融是指为支持环境改善、应对气候变化和资源节约高效利用的经济活动，即对环保、节能、清洁能源、绿色交通、绿色建筑等领域的项目投融资、项目运营、风险管理等所提供的金融服务。由此可知，绿色金融的核心是将自然资源存量或人类经济活动造成的自然资源损耗和环境损失，通过评估测算的方法，用环境价值量或经济价值量进行计量，并运用于金融资源配置、金融活动评价领域。

金融是现代经济的核心，不同类型的金融机构和投融资行为对经济可持续发展的影响是不同的。其影响可以是直接的，也可以是间接的；可以是正面的，也可以是负面的；可以是长期的，也可以是短期的。总的来说，这种影响大致可以归纳为三个方面。

首先，影响行业间的资金流动。金融机构通过其绿色投融资行为，使资金向污染小、资源利用率高的行业流动，改变投入产出组合，提高资源利用率，减少经济发展对自然环境的破坏，促进经济的可持续发展。

其次，影响行业内企业的经营决策。绿色金融主要是通过融资环节影响企业资本成本进而对企业生产经营产生影响，是其发挥作用的主渠

道。比如，推行绿色贷款，对环境友好型企业或机构提供贷款扶持并实施优惠性低利率，而对污染企业进行贷款额度限制并实施惩罚性高利率，从而改变企业资本成本，引导企业规范经营行为。又如，对环境友好型企业的上市融资应提供各种便利条件，而对没有严格执行环评和"三同时"制度、环保设施不配套、不能稳定达标排放、环境事故多、环境影响风险大的企业，严格环境信息披露制度，甚至在必要的时候截断其资金链条，都会对企业产生强大的督导作用，促使其行为合乎环保规范。再如，保险公司为规避市场风险，会对参与绿色保险的企业进行严格的环境风险预防和控制，迫使企业降低污染程度。

最后，促进环保产业的发展。金融机构为环保产业提供投融资服务，可以为提高资源利用率的新技术、新发明的研发提供资金支持，也可以直接用于被污染环境的治理，改善生态环境，促进经济的可持续发展。

(二) 绿色金融服务秸秆综合利用的主要作用

绿色金融具有强化企业社会责任、促进节能减排和可持续发展的激励约束作用。这种作用错综复杂，既有直接的，也有间接的；既有长远的，也有时下的；既有现实的，也有潜在的。其对节能减排的主导作用体现在以下五个方面。

一是规范农户和企业经营行为。秸秆焚烧的环境污染问题之所以防治乏力，归根到底是由于农户或政府部门缺乏必要的正面激励和足够的惩戒压力。金融机构一旦介入环境污染的防治问题，就有可能形成较强的激励机制和惩罚机制。政府治理秸秆往往因为工作量大、覆盖面广而顾及不全，社会的监督又往往因为缺乏惩治手段而望洋兴叹。由于金融手段多种多样，并且直接切断农户和企业的融资命脉，因此，如果政府、社会和金融机构三者能够联起手来，就可以对污染起到综合治理的功效。

二是影响创业资本流向。绿色金融的组合策略直接影响农户和企业的资本成本，进而影响未来的经营绩效，不仅成为创业者必须考量的重要影响因素，而且也使很多发展中的既有企业和一些寻求新投资机会的投资集团在调整投资结构必须考虑识别环境风险和机会。为了规避绿色金融的惩戒和赢得相应的发展机会，很多创业者会更多地涉足于环境风险低的领域，很多成功的企业会在上市融资和再融资上倾向于绿色产业、环保产业，从而使投资结构优化，不断推进产业的环保化。

三是促进环保技术创新。绿色金融将为绿色产业发展提供强有力的金融支持。加速聚集金融机构，吸引绿色金融和碳金融研究开发机构、节能减排评估认证等中介组织入驻。设立引导基金，吸引投资新能源、节能环保和碳交易领域的民间产业基金，建立起支持绿色产业发展的多层次金融服务体系。

四是有效克服市场失灵。秸秆污染问题的产生具有很强的负外部性而导致市场失灵。为了解决市场失灵问题，就需要政府的介入。政府的介入往往以事后处罚为主，并且官僚主义作风、办事效率低下等容易导致政府失灵。绿色金融的出现，则是将秸秆环境风险组合到金融风险中，充分利用金融风险管理技术，借助市场机制、政府管制以及社会监督（新闻媒体、非政府组织）等多种力量，变事后处罚为事前预防，既解决市场失灵，又回避政府失灵，推进秸秆资源节约和环境友好。

五是引导公众投资行为。由于信息不对称和自利性，作为消费者的公众在环保问题上难以对企业形成有效的制约。然而，当公众变为投资者时，由于将环境风险因素纳入投资回报率的考量，就会对企业在环保方面产生强有力的约束。金融机构还要为所提供贷款或融资的公司造成的破坏环境行为承担声誉风险。此外，公众对绿色健康型环保产品的需求，以及对健康生活环境的要求，不仅会影响到企业产品的销售，从而间接影响到银行的利益，而且公众本身也是银行的客户，随着环保意识的不断增强，公众会形成环保偏好。同时，商业银行提供绿色信贷有利于吸引更多的顾客并提高客户忠诚度，提升品牌形象，获得更多的经营许可，巩固与外部利益相关者的合作关系。

五、提高绿色金融服务秸秆产业化的对策建议

(一) 编制秸秆综合利用规划,提高秸秆资源化的可持续性,增加秸秆的有效需求

在秸秆资源调查基础上,根据资源分布情况,合理确定适宜本地区的秸秆综合利用方式(饲料、肥料、能源、食用菌基料和工业原料等)、数量和布局,设定发展目标。秸秆综合利用规划要提出相应的保障措施和支持政策,要体现加强秸秆转化利用技术的研发与集成,加快成果转化和推广等具体的科技支撑内容。

一方面,重视技术集成创新,积极开展示范工程建设。优先安排资金,重点支持秸秆收集储运和综合利用技术与设备的集成创新开发项目;建立秸秆综合利用科技示范基地,通过技术培训、宣传咨询,有组织、有计划地加大示范应用力度,提高秸秆资源化的可操作性。要提高技术设备的劳动生产率以减少人工费用,降低技术设备的生产成本以拉低购买价格,从而提高农户和企业参与秸秆资源化的积极性。

另一方面,建立有效的秸秆收集与储运体系,消除秸秆产业化瓶颈。秸秆资源相对比较分散,体积质量小且容易腐烂,秸秆的收集、运输和储存较为困难,加上从事秸秆收集与储运的个人和组织行为不尽规范,使秸秆原材料的质量、数量和价格等方面得不到稳定的保障,从而导致收集与储运的原材料物流环节成为制约秸秆资源化利用的瓶颈。政府应根据各县(市、区)主要农作物秸秆产量、秸秆综合利用产业发展特点等,规划建设秸秆转运中心,科学布局收储场地。

同时,培育壮大龙头企业。围绕秸秆收割、压缩、烘干、储存、运输以及综合利用、工业产品制造、市场营销等全产业链条,强化利益导向,系统谋划推动,扶持一批掌握核心技术、成长性好、带动力强的企业做大做强。通过推广跨区作业、承包作业、设备租赁等模式,发展一批规模化收储运销龙头企业。支持企业和社会组织组建专业化秸秆收储运销机构,鼓励社会资本参与秸秆收储运销,建立以需求为导向、企业

为龙头、专业合作经济组织为骨干、农户参与、市场化运作的秸秆收储运销网络。支持秸秆收储运销机构、秸秆收储经纪人等与村组开展订单收购、分时交售。鼓励开展田间收购，降低农户秸秆收集出售成本。鼓励专业合作经济组织优先吸纳贫困户从事收储运劳务，增加贫困户收入。

(二) 加强环境、财政配合，增加金融机构支持秸秆绿色化的收益

绿色信贷政策必须满足金融机构的市场盈利要求，我国金融机构基于绿色信贷发展水平，还不能够从绿色信贷项目获得高于一般项目的收益，甚至是平均市场利润，因此需要环境财政与绿色信贷的配合。这种配合可以从两方面入手。

一是建立绿色金融信息共享平台。从政府、监管机构层面来看，要想推动绿色金融发展，需要建立绿色金融信息共享平台，实现绿色金融项目、企业、商业银行信息共享。建立信息披露、信用评级制度，降低绿色金融发展的信息成本及风险。在信息共享的基础上，应实行差别化的绿色信贷政策，对不同企业、不同项目采取不同的信贷政策，使商业银行绿色金融业务有利可图、风险可控。同时，取消商业银行绿色信贷规模控制，要在风险可控的基础上降低绿色贷款门槛。

二是金融机构支持秸秆应用企业绿色发展的，给予财政补贴。首先是风险补贴。企业秸秆绿色发展项目一般存在一定的风险，当金融机构投入的资金无法收回时，国家应该按照一定的比例进行补贴，帮助金融机构承担一定的绿色信贷风险。其次是贴息政策。银行等金融机构以低于市场利率的优惠利率为秸秆企业提供绿色资金，国家财政可以按照平均贷款利息收益和绿色信贷利息收入之差对金融机构进行补贴，以保证金融机构的政策盈利水平，调动金融机构支持企业绿色发展的积极性。最后是对金融机构开展绿色信贷给予税收优惠。按照一定的比例对支持秸秆绿色化的金融机构贷款利息收入减征增值税等税收，对金融机构秸秆专项贷款的贷款利息免征增值税。

（三）发展专业化、复合型的绿色金融人才队伍

首先，从环保、金融领域挑选业务能力强、经验丰富的专业人才进行岗位轮换学习，使其熟悉相关领域业务，有条件的单位可出国学习考察国外绿色金融先进理念及业务情况。其次，有针对性地吸收科研能力强的金融和环保硕士、博士到银行绿色金融部门工作，并提供学习、实践机会，做好绿色金融人才储备工作。最后，应鼓励高校、社会培训机构开展绿色金融人才培养工作，有针对性地培养绿色金融专业人才。

社会转型时期乡村信贷服务的机制分析

中国人民银行安庆市中心支行 操基平

2012年党的十八大报告提出,要努力建设美丽中国,实现中华民族永续发展。2013年中央一号文件首次提出了建设"美丽乡村"的奋斗目标,要求进一步加强农村生态建设、环境保护和综合整治工作。安庆市创造性落实中央部署,开展了以"生态宜居村庄美、兴业富民生活美、文明和谐乡风美"为主要内容的美好乡村建设,有力地推动工业化、信息化、城镇化和农业现代化同步发展,有效地促进农民致富增收,为金融业发展拓展了新的空间。如何服务好其中的有效金融新需求、促进美好乡村可持续发展,成为亟待解决的问题。

一、乡村经济信贷的现状

安庆市通过"村庄建设、环境整治、兴业富民、土地整治、乡风文明、管理创新"六大工程,实施美好乡村建设,衍生了庞大的金融服务需求特别是信贷需求,但是金融机构提供的服务却极其有限,乡村金融服务处于较低的均衡水平。

(一) 安庆市乡村经济信贷服务的需求状况

农村经济保持快速增长,各经济主体资金需求强烈且呈现多元化增长趋势。

一是农村城镇化、非农化水平不断提高,资金需求强烈。随着农村经济快速发展,农业就业人口比重不断下降。截至2013年末,安庆市农村人口中,乡村就业以及第一产业就业的人口比重降至65%以下,农村人口、农村就业人口以及第一产业就业人口绝对数及相对比重均降至历史最低值。我们选定的85个乡镇,金融服务需求非常巨大,受访企业和居民中有10%希望增加金融机构网点,86%希望金融机构多提供信贷服务,75%希望多提供优惠信贷、利息减免等补贴。

二是资金需求主体及用途呈多元化趋势。广大农村地区的农业生产组织化程度提高,专业合作社、家庭农场、农业产业化龙头企业以及种养大户等新型经营主体不断涌现,其金融服务需求尤其迫切。在选定的340户新型农业经营主体中,75%的受访者希望向金融机构融资(含贷款、票据贴现)。其中,60%的受访者由于担保、抵押无法落实而得不到信贷支持。在得到贷款的企业中,66%的受访者认为贷款审批时间长、手续烦琐,35%的受访者认为贷款品种较少,37%的受访者认为贷款费用偏高,68%的受访者认为利率水平过高。37%的受访者对金融机构服务表示不满意,49%的受访企业认为金融机构服务种类少,53%的受访者认为金融机构服务效率一般,32%的受访者认为乡村企业发展最需要较大额度信贷服务。

同时,除满足基本生存需要外,农民教育等消费性需求以及扩大生产经营性发展需求不断增加,资金需求日益多元化,需求规模、结构迅速扩张升级。乡村地区贷款用途主要是乡村公路、农村水利。表1显示了调查中受访者希望得到信贷支持的项目和受访者比例。

表1 农村金融支持需求调查

单位:%

需求项目	乡村道路	农村水利	农村教育	乡村企业	农户贷款
受访比例	48	45	38	42	48

乡村人员的金融服务需求同样迫切。我们选定的200位乡村居民都渴望得到资金扶持。其中,68%的受访者选择向金融机构融资,16%的受访者选择向亲朋好友借款,24%的受访者选择借入高利贷。但是,有57%的受访者没有得到小额信贷,只有43%的受访者得到过信贷。52%的受

访者贷款的目的是满足生产经营需求，59%的受访者认为小额信用贷款金额偏小，40%的受访者认为小额信用贷款期限过短，只有25%的受访者认为金额合适、期限合适。

三是乡村金融需求呈现新的特点。根据调查分析，随着乡村基础设施的逐步完善，农业产业化发展将步入快车道。农业经营主体规模化、产业化经营的特征，加速了土地、劳动力等农业生产资料的集约化经营趋势，提升了农业抵御风险的能力，催生了不同于传统分散经营农户的信贷需求，其主要特点是信贷资金需求规模不断扩大，资金运用日趋长期化、多元化，利用现有资产进行抵押融资的愿望强烈等。调研发现，85个中心村平均信贷需求达2290万元，其中农业产业化龙头企业平均信贷需求为226万元，合作社平均贷款需求为170万元，种养户平均贷款需求为30万元。不仅如此，资金需求还趋向于长期化。农村道路、住房改造、农村水利等农业基础设施建设以及大型农业新型机械设备购置的资金投入期相对较长，需要银行提供中长期信贷支持。

四是金融服务需求向多元化转变。随着农业生产经营形式的转变，金融服务需求已经由过去单一的存款、贷款需求转变为结算、汇兑、咨询、保险、信托、租赁、投资理财、信用卡、有价证券买卖等多样化的金融需求。在提供金融服务的主体构成上，除了原有的正规金融机构，还涌现出小额贷款公司、典当行、融资担保公司、农村资金互助社等非正规金融组织。

(二) 安庆市乡村经济信贷服务的供应状况

调查发现，乡村经济得到的金融服务明显不足，不仅表现在乡村经济得到金融资源的配置少，而且还表现在为提供金融服务的机构少，提供的信贷产品少。调查表明，除了部分农业产业化龙头企业，大量乡村新型农业经营主体面临融资难、融资贵的瓶颈。

一是金融服务制度缺乏。无论是《商业银行法》，还是《农村信用合作社管理规定》《农村商业银行管理暂行规定》《农村合作银行管理暂行规定》《村镇银行管理暂行规定》《贷款公司管理暂行规定》《农村资金互助社管理暂行规定》等法规，都没有关于支持新型农业经营主体的具体规定。金融支持新型农业经营主体的主体、权利与义务、风险防范机制等处于无法可依、无章可循状态。土地经营权、林权等资产都不符合金融机构抵（质）押物的法定要求，加之农业担保专业公司缺失，进一步制约了信贷有效投放。

二是信贷产品少。调查发现，目前除传统的抵押担保贷款外，近年来，人民银行极力引导推广的林权抵押贷款、土地经营权抵押贷款、仓单质押贷款等新产品没有在新型农业经营主体的融资中得到有效的运用。例如，被调查的桐城青草米业专业合作社，目前发展社员619户，入社土地667公顷，每年可实现产值2000万元，业务发展和基础业务运营资金需求达150余万元，但是目前仅通过农村信用社对其董事长个人发放担保贷款的方式解决运行资金20万元，资金需求满足度明显不足。

三是信贷形式、条件、手续烦琐。农业生产有很强的时效性，稍有迟疑，便会贻误时机。受此影响，农户资金需求具有即时应急的特征，这就要求农村金融部门的审批手续简便易行。然而，当前农村金融机构贷款的审贷时间长达1~3个月，有的甚至需要半年时间。根据我们的调查，许多农村合作组织因为手续烦琐、耗时太多及隐性成本太高而不愿到商业银行或者信用社贷款。

目前，专门针对县级以上新型农业经营主体设计的信贷品种较少，主要局限于有抵押担保的短期流动资金贷款，保险单、仓单、发票、票据等质押贷款，企业联保贷款，循环贷款等基本上处于空白。

贷款期限比较短。当前，涉农金融机构对新型农业经营主体的贷款期限主要按传统种植业的"春种秋收"特点确定6个月的还款期，最长为1年，1年以上的中长期贷款或循环贷款较少，以致大多数新型农业经营主体不同程度地出现过资金链断接现象。

由于缺乏数据，我们无法从总体上评估全国乡村经济金融服务状况，但是根据来自各种媒体的信息和有关金融统计数据，我们可以推测，安庆市7个县（市）的85个重点示范村得到了极其有限的金融服务，乡村经济的金融服务处于较低的均衡水平，这也是安徽省乃至全国都比较普遍的问题。银行信贷是农村社会资金融通的主要方式。在我国现行的融资体系中，以银行为媒介的间接融资仍是社会融资的主要方式。截至2014年6月末，全社会融资总量为14.27万亿元，其中新增人民币贷款7.95万亿元，占社会融资总量的55.71%，如果加上承兑汇票、委托贷款等方式，与银行业金融机构相关的融资占社会融资规模的近80%，以银行为媒介的银行信贷成为社会融资的主要方式。尤其是在广大农村地区，证券等直接融资市场尚未起步，保险市场进展缓慢，银行信贷成为农村市场最主要也是最有效的资金供给方式。但是，涉农信贷的供给力度明显不足，且信贷效率呈下降趋势。近年来，虽然农村市场获取的银行信贷支持规模呈逐步上升趋势，但其占全部银行信贷资金的比重仍较低。截至2014年6月末，全国银行业金融机构涉农贷款余额为11.8万亿元，较年初新增2.6万亿元，分别仅占人民币各项贷款存量及增量的24.63%和33.08%，信贷资金更多地投向非农区域及非农产业。

二、乡村金融服务不足的成因分析

调查发现，乡村经济金融服务不足的成因非常复杂，既有国家政策方面的原因，又有金融机构方面的原因，还有乡村经济自身的原因，用博弈论的观点分析可以概括为转轨时期农村金融组织体系的行为异化难以克服乡村经济固有的信息不完备矛盾。

从金融服务的供应角度分析，现行的农村金融组织体系不利于涉农信贷的增长，信用社非合作化趋势明显。

在目前的农村金融组织体系中，涉农金融机构主要为农业发展银行、农业银行、邮储银行及农村信用社。其中，农业发展银行作为政策性金融，限于粮棉等收购信贷投放，近年来虽然开展了支持农村基础设施、水利建设等方面的信贷业务，但是调查发现，安庆市85个乡村没有农业发展银行的贷款。农业银行受利润及风险规避理念的影响，纷纷上收信贷权限，农村基本上没有网点，县域信贷主要投向了县城的工商企业。邮储银行在农村市场主要是吸收存款，发放存单质押贷款，而目前的存款利率水平下，这种贷款几乎没有。

农村信用社的宗旨为服务"三农"，信贷资金基本上投向当地农村区域，成为农村市场信贷供给的主要力量，但目前的农村信用社改革已经出现了"去农化"倾向，具有强烈的商业化趋向，主要表现为"合作"性质退化、"商业"性质增强。一方面，大多数农村信用社股金存款化，民主管理形同虚设，人、财、物由上级联社统管等。另一方面，农村信用社实行的"自负盈亏、自担风险"模式，迫使农村信用社追求自身利益的最大化，在贷款投放上逐渐向经济发达的城镇和非农项目集中。最后出现的结果，有可能是农村金融向县城乃至城市经济靠拢，向工商业靠拢。

从金融服务的需求角度分析，农村资产非资本化。一方面，乡村新型农业经营主体往往管理方式粗放，企业财务管理不规范，很多企业缺少完整的财务核算资料和真实的会计报表；另一方面，乡村资产非资本化，有效资产少，乡村经济无法提供充足、有效的抵押担保。这种状况决定了在农村金融交易中，信息不对称问题比城市更普遍和更严重，农村金融交易参与方往往缺乏对方是否按照契约进行交易的相关信息，也难以确认对方是否存在策略性违约的可能性。如在农业信贷中，往往一项贷款因为一个特别有利的原因借出，但实际却被借贷人用于其他目的（如消费），而借贷人却因此无法偿还贷款。我国农村往往是熟人社会和关系社会，当违约出现时，由于法律措施的普遍缺乏，惩罚措施也往往难以奏效。信息不对称性导致农业信贷的整个申请、获得、使用过程中的道德风险和逆向选择问题突出，产生信用风险。也就是说，农村金融交易存在更高的交易费用，甚至高到乡村经济对金融服务的需求虽然极其庞大，但是这种金融需求难以转化成有效需求。

根据经济博弈论的观点，资金借贷活动是一个不对称博弈过程，在缺乏强有力政策支持的政策环境中，金融机构向乡村经济提供金融支持、得到还款承诺是没有可信性的，因此乡村经济金融服务的供求是一个典型的"囚徒困境"式的博弈，其博弈的结果是金融机构不提供信贷支持而乡村经济到期不还款，于是乡村经济金融服务只能是一个较低水平的均衡状态。

三、改善乡村经济金融服务的对策

从上述分析可以看出,乡村经济金融服务不足原因是现有农村金融组织无法克服信息不对称、缺乏可抵押物、特质性成本和非生产性借贷,由此导致了政策失灵。为了纠正市场和政策的双重失灵,实现农村金融组织体系的功能,政府有必要适当介入以克服农村金融市场自然发育状态下的市场失灵和负外部性,形成自上而下的供给主导型正式金融体系。同时,为了防止对农村金融组织体系的过度干预,适当引入非正规金融到农村金融市场,从而形成正规金融和非正规金融两部门垂直合作型金融组织体系,促进农村金融市场的繁荣。

(一) 建立比较完善的政策服务体系,降低乡村金融供给风险

一是积极倡导和营造良好的金融生态环境。促进金融与经济良性互动的根本途径是营造良好的金融生态环境,需要政府部门加大社会信用环境的治理工作力度。利用当地各种新闻媒体,强化诚信宣传。通过宣传教育,促使企业和居民树立良好的诚信意识,营造"穷可贷、富可贷,不讲信用不能贷"的氛围。加大金融涉案司法执行力度,帮助金融部门化解不良贷款,使依法打击逃废债不再成为一句空话,执法部门真正成为银行债权的有力保护者。通过改善金融生态环境,增强金融部门的放贷积极性。

二是加强征信体系建设和信用社区创建工作。进一步推动征信体系建设工作,尽快使农村信用社实现与全国联网,充分发挥企业和个人信用信息基础数据库在防范信贷风险、服务金融信贷决策、提高社会信用意识等方面的重要作用。另外,通过信用社区创建工作,提升社会诚信意识,为金融部门创造良好的金融生态环境。

三是加大政府支持力度。一方面,政府对乡村经济给予政策倾斜,建立财政补贴机制。政府要以农业保险、失业保险、社会最低生活保障等形式加大对乡村经济的转移支付,增强其抗风险能力和偿付能力,为金融部门的有效偿付提供必要的政策支持。另一方面,对新型农村经营主体发放

的贷款建立风险补偿机制,如可对涉农贷款占比较高的银行业金融机构采取一定额度的税收优惠,减少商业银行对此类业务的风险顾虑,从而促进商业银行支持新型农村经营主体的积极性和主动性。同时,金融监管部门在对涉农贷款的考核指标方面应适当放宽,鼓励金融机构开展涉农金融业务。

(二)建立适宜的农村金融体系,增加乡村金融服务的有效供应

一方面,发挥现有农村金融机构的功能。农业发展银行除了为农村粮棉油收购提供支持,还应该大力支持农村基础设施建设,增加对农田水利建设、农村电网改造、县乡道路改造和村路提升延伸等的有效信贷投入。围绕提高农业综合生产能力、提升土地集约节约利用水平等建设项目,加大对村庄整治、土地复垦整理、高标准农田建设等的信贷投入。以改善农业生产和农民生活条件为重点,加强农村面源污染治理,发展生态农业,加大对农村垃圾和污水整治、通信、沼气、安全饮水、危房改造等项目的信贷投放。农业银行在农村具有资金、网络、定价和客户等诸多优势,要成为支持新型农业经营主体的主力。农村信用社和新型农村金融机构立足于农村,具有地缘优势、信息优势,可以掌握服务对象的第一手信息,便于对农户开展针对性服务。要鼓励小型金融机构找好定位,在农村金融的局部、细分市场上形成优势,以此覆盖成本和风险。特别应鼓励村镇银行在农村地区兴建网点,同时加大对村镇银行金融服务的宣传力度。

另一方面,建立真正的农村合作金融体系。合作金融在解决信息不对称、操作小额贷款和信用贷款方面有独特优势,是国际农村金融服务的通行模式。但我国农村信用合作社很早就偏离了合作金融的精髓,特别是进行农商行、农合行改革以后,私营资本的参与程度大大提升,但农民的参与减少,商业化经营不断强化,支农力度不断被削弱,已经丧失合作金融性质。因此,建议借鉴国外成功经验,重新建立真正的农村合作金融体系。农村合作金融体系应该与乡村治理精诚合作,与新型农业经营主体(如农民专业合作社、农业龙头企业)紧密结合,达到相互补充、相互协调、相得益彰和良性发展的效果。

应进一步开展符合农业经营特点的金融创新。金融创新工作应符合农

业经营特点，以满足不同主体的需求。围绕美好乡村目标任务，不断创新涉农金融产品和金融服务，拓宽农民贷款的抵押渠道和范围，为商业银行融资服务提供有效途径，使新型农业经营主体能够获得更多的发展空间。

一是加强农业土地确权制度建设，在各区县建立统一的土地流转服务平台，创新土地流转方式，大力推进农村土地承包经营权抵押贷款试点工作，制定土地承包经营权抵押贷款管理办法。

二是金融机构应针对不同经营主体的经营特点和资金需求特点，因地制宜地开发金融产品。应充分考虑家庭农场等新型农业经营主体缺少担保物的实际，在采取专业担保公司担保、公司担保和自然人担保等方式的基础上，对农机专业户购置机具和经营性资金需求可试点农机具抵押；对具有较大规模的专业大户、家庭农场创新仓单质押和应收账款质押，对资信状况良好且符合相应条件的新型农业经营主体以信用方式发放贷款。

同时，运用现代信息技术解决农村金融不足。现代信息技术可以用来促进农村金融服务，目前主要手段是互联网金融。当前，我国农村金融机构网点还远远不能满足日益增长的农村金融需求，可以充分发挥手机银行等科技手段降低金融机构和农户双方的交易成本，有效地解决农户和低收入群体的金融服务需求。

(三) 引导建立特色经济，提高乡村金融服务的有效需求

一是增强现代化农业的体系建设。新型农业经营体系不仅包括经营主体，还包括与之相关的服务体系。应鼓励农户、农业生产经营企业和银行业金融机构搭建信息交流平台，筛选推介优质农业产业化项目，促进行业信息对称发展。同时，应更多地为新型农业经营主体提供免费的农业生产知识和技能培训，提高新型农业经营主体的生产效率，最大限度地预防疫情的发生，减少疫情损失，帮助农户和农业生产经营企业提高利润率。

二是加强培训，加大对乡村经济发展的智力支持力度。通过技能培训，激发农户和农业经营企业的创造力，提高其适应市场竞争的能力，克服家族式管理、作坊式经营和小农意识的制约；增加农户和农业生产经营企业的金融知识，提高消费金融服务能力，以扩大有效金融需求。

利率市场化背景下桐城农商银行转型发展思考

安徽省桐城农商银行 胡祖越 孙 亮

利率市场化能够改善信贷资金的配置效率，提高商业银行贷款投放的积极性，从而促进区域经济金融良性发展。但是，利率市场化需要商业银行强化管理能力，因此对业务结构单一的县域农村商业银行既是机遇更是挑战。应对挑战、把握机遇，探索出一条可持续的发展道路是农商银行的重要任务。本文结合桐城的实际，对此进行了思考。

一、利率市场化对桐城农商银行盈利的影响

相对于在整体收入结构上更为合理的中大型银行而言，农商银行依赖地区优势，业务类型较少，以利息收入获得主要盈利。利率市场化无疑将增加经营成本，提高不良贷款，影响盈利水平。

一是抬高存款利率水平。利率市场化后，为争夺市场，银行间竞争加剧，存款利率上升，资金成本将加大。原中国银监会数据显示，商业银行净息差自2012年第三季度达到2.77%的顶点后持续下降，截至2016年第三季度，商业银行净息差为2.24%，环比下降0.03个百分点，商业银行依靠传统信贷业务获取净息差收益的空间进一步缩窄。

二是增加不良贷款。利率市场化导致优质客户贷款利率下降，风险凸显。借款者的融资需求受到刺激，企业融资不计成本，不良贷款增加。截至2017年6月末，全国农村商业银行不良贷款率为2.81%，比年初上升

0.32个百分点,农商银行不良贷款率呈上升趋势。

三是增加资本压力。随着对外发起设立村镇银行、各项贷款业务和同业业务的发展及不良攀升,桐城农商银行资本压力逐渐加大,虽然在2015年发行2.7亿元二级资本债,但资本补充压力仍然趋重。

二、在利率市场化进程中采取对应的措施建议

面对利率市场化的挑战,桐城农商银行应加快业务结构调整,充分利用自身的区域优势与业务审批效率高的特征,积极构建普惠金融服务体系,坚持服务小微企业和"三农",以广泛的客户网络和深厚的客户关系为基础,向特色的多元化道路迈进。

(一)走差异化竞争道路,扩大特色业务

传统信贷业务同业竞争更加激烈,受到中大型银行的竞争与挤压。利率市场化是全部金融参与者共同面对的问题。竞争压力增大,县域农村商业银行不得不进行盈利转型。在夹缝中寻求生存时,实施差异化战略,扬长避短,才更有利于生存及持续发展。

1. 提供多样化的金融服务需求,满足"惠民"的基本战略。在市场细分后选择核心市场,以老百姓的实际诉求为中心。在此基础上,获得稳定的客户流以提高客户忠诚度与持续贡献度,打造个性化盈利模式。

2. 增加申贷渠道。例如,除了小微企业金融服务平台、易贷卡,还可探索官方网站或者关注微信公众号,通过网络预约贷款平台等进行线上申贷,从而提供更加人性化的管理。

3. 增加服务便捷渠道。以江阴农商银行为例,普惠金融"流动银行车"成为深受江阴市民喜爱的金融服务。这种车一般设置两个人工综合柜,可无差别办理固定营业网点所有业务。"流动银行车"在提供市民卡自助激活、网上银行和手机银行自助签约、短信自助签约、银行卡余额自助查询、信用卡自助还款等基础金融自助服务的同时,还宣传防诈骗等安全信息。同时,桐城农商银行借助小微企业金融服务平台进一步引导和帮

助小微企业稳健经营，有效缓解小微企业融资难、融资成本高等问题。

(二) 丰富中间业务种类，开发高附加值业务

农村商业银行要不断满足农民日益增长的理财需求，加快理财产品开发，巩固和扩大农村市场份额，继续保持在农村金融市场的优势地位，从以下几个方面入手，推进理财业务进一步发展。

1. 扎根农村市场，做好品牌建设。农村商业银行作为农民家门口的银行，要瞄准农村市场定位，扎根农村市场，坚持服务"三农"的宗旨。要根据农村客户的实际需求，牢牢抓住农民的风险偏好、理财习惯等因素进行理财产品研发，设计出适合农民特点、具有农村特色的理财产品，拓展并稳固农村理财市场。要有针对性地进行农村理财营销和服务，满足广大农民朋友日益增长的理财需求，实现客户和银行共赢。

2. 建设专业理财团队。农村商业银行理财业务由于起步较晚，专业的理财人员较为缺乏，培养专业能力较强、经验丰富、职业操守过硬的高素质理财队伍成为当务之急。可以从内部选拔一批熟悉农村实际情况、经验丰富、业务熟练、有良好职业操守的中青年员工进行重点培养，尽快建立一支素质高、能力强、年轻化的专业理财服务团队，为农村理财业务的发展奠定坚实的人才基础；也可以通过提高薪酬、股权激励、职务提升等措施，面向社会高薪招聘，引进一批专业型、技术型、复合型理财人才，做好农村理财产品的研究、设计、开发、应用、营销、管理和服务。

3. 完善风险管理体系。要实现理财业务的快速健康发展，必须提高风险管理水平，完善风险管理体系。规范理财业务操作，同时加大检查监督力度，确保理财业务符合国家法律法规的规定，避免操作风险的发生，防范理财业务风险，推动资金业务转型运作，完善定价机制。

(三) 加快创新步伐，积极发展低消耗型业务

借助现代通信技术积极探索银行网点与电子渠道的协同服务，在融合物理网点与虚拟渠道、协调传统业务与加快创新、打通线上与线下上下功夫，利用地理位置提供高效、快捷、便利的金融服务，向互联网方向发

展,使传统金融与电子金融相结合。

1. 引入投资顾问机制增强自身债券投资交易的专业能力,积极参与债券市场波段交易,实现债券业务由"持有型"向"交易型"转型。

2. 积极探索全行经营模式与产品创新,积极在银行间市场成功发行债券、同业存单、大额可转让存单、信贷资产证券化,为拓展负债来源、增强主动吸收资金的能力奠定坚实的基础。

3. 提高财务管理水平。在整合内部资金转移定价(FTP)系统、成本分摊系统、经济资本系统的基础上,通过对资金成本、运营成本、风险成本、资本成本、税务成本、利息收入、中间业务收入等收支情况的量化分析,计算账户的经济增加值和风险调整后收益率,从而实现对账户风险调整后收益的准确计量,反映账户实际盈利情况,为桐城农商银行绩效考核的精细化提供数据支撑。

4. 登陆资本市场,促进资本补充完善、股权结构多元、公司治理深化,提升经营管理水平,不断增强自身抵抗风险的能力,提高综合实力。

新常态下县域商业银行零售业务转型探析

——基于安徽省桐城市支行的调研分析

中国农业银行安庆分行 夏 辉

在利率市场化进程加快、银行业竞争加剧以及互联网金融等多重因素的影响下，增强县域支行零售业务的竞争力和创造力成为农业银行发展战略的重点。本文以桐城市支行为例，立足现状，对比同业，并对2016年桐城市支行网点标准化管理及产能提升结果进行分析，梳理网点转型发展的制约因素，提出进一步深化县域支行零售业务转型发展的建议。

一、桐城市经济发展总体情况

"桐城派故里，黄梅戏之乡"，桐城市位于安徽省中部偏西南，是合肥经济圈核心城市，下辖1个国家级经济开发区和1个省级经济开发区、12个镇和3个街道，总面积为1571平方公里，人口共76万人，经济活跃，属安徽省经济强县。近年来，桐城市政治、经济、文化都取得了长足发展，这为商业银行的快速发展创造了良好的外部环境。与此同时，县域金融市场竞争主体不断增加，竞争领域不断扩大，县域"蓝海市场"正演变为"红海市场"。表1为2012—2016年桐城市主要经济金融数据。

表1 2012—2016年桐城市主要经济金融数据

单位：亿元

年份	地区生产总值	财政收入	存款余额	贷款余额
2016	246	24	386	218
2015	227	22	338	197
2014	218	23	288	166
2013	210	23	258	151
2012	190	19	226	128

二、桐城市支行基本情况

（一）支行及人员情况

桐城市支行在2014年被总行纳入县域支行"强县弱行"范围，有12个网点，其中城区5个、乡镇7个，目前11个网点已经完成网点标准化改造（开发区支行与东环支行合并办公）。现有员工164人，其中支行本部45人、营业网点119人，与支行本部相比，网点人员力量更为薄弱。支行本科及以上学历36人，平均年龄为43岁，50周岁以上的老员工占比超过50%，整体年龄偏大，知识结构老龄化。人力资源系统显示，前台综合柜员有56人，客户经理有21人。未来三年支行面临退休人数集中增长，复合型客户经理、柜面一线员工短缺。表2为桐城市四行网点数量情况。

表2 桐城市四行网点数量

年份	合计			工商银行		农业银行		中国银行		建设银行	
	网点（个）	人员（人）	点均（人）	网点（个）	人员（人）	网点（个）	人员（人）	网点（个）	人员（人）	网点（个）	人员（人）
2015	23	361	16	4	68	12	177	3	52	4	64
2016	23	342	15	4	65	12	164	3	49	4	64

（二）主体零售业务经营情况

截至2016年末，桐城市支行储蓄存款余额为43.05亿元，较2012年增长18.04亿元，近5年平均增幅为14.60%。个人贷款余额为8.30亿元，较2012年增长5.64亿元，近5年平均增幅为33.84%。中间业务收入余额为1900万元，较2012年增长400万元，近5年平均增幅为7%。

与金融同业比较，截至2016年末，桐城市支行储蓄存款存量和增量分别占"四行一社"①的21.41%、22.01%，均居第2位，在四行中分别占37.92%、37.78%，均居第1位。个人贷款存量和增量分别占"四行一社"的17%、16%，分别居第4位、第2位，在四行中分别占24%、50%，分别居第4位、第1位。储蓄存款点均3.58亿元，低于四行均值1.95亿元，市场竞争力明显不足。其中，城区点均储蓄存款为3.01亿元，与他行差距较大；网均增量为0.31亿元，四行排名末尾，网点数量优势未能向效能优势转变。

与系统内比较，2016年上半年、下半年全省农业银行县域支行绩效考核结果显示，桐城市支行上半年、下半年在县域支行绩效考核结果中分别排名第53位、第54位，桐城市支行转型发展有效，但失分点主要集中在效益管理、经济增加值指标上，突出表现为人均、点均产能低。桐城市"四行一社"存贷款、中收情况如表3所示。

表3 桐城市"四行一社"存贷款、中收情况

单位：亿元

年份	工商银行			农业银行			中国银行			建设银行			农商银行		
	储蓄存款	个人贷款	中收	储蓄存款	个人贷款	中收	储蓄存款	个人贷款	中收	储蓄存款	个人贷款	中收	储蓄存款	个人贷款	中收
2012	17.34	4.42	0.17	25.01	2.66	0.15	8.35	4.50	0.08	18.09	4.54	0.12	47.74	3.75	0.32
2013	18.56	5.88	0.16	28.33	4.05	0.16	9.40	5.91	0.07	19.35	5.87	0.24	58.98	5.13	0.22
2014	20.47	6.88	0.11	33.28	5.86	0.19	10.57	8.14	0.12	22.63	6.53	0.14	70.71	6.01	0.30
2015	24.40	6.72	0.11	39.32	6.50	0.15	12.59	9.68	0.10	27.33	7.71	0.21	84.88	8.03	0.08
2016	25.74	6.36	0.09	43.05	8.31	0.19	14.79	10.97	0.06	29.95	8.59	0.13	87.49	15.96	0.05

---

① 指工商银行、农业银行、中国银行、建设银行、桐城农商银行。

三、桐城市支行转型成效及存在的问题与不足

2016年，安庆分行按照总行"八步六法"的相关要求，对辖内网点实行"一点一策"现场导入，从理念传导、劳动组合、督导固化等维度，推动网点标准化管理及产能提升向纵深推进，效果明显。一是业务分流更加有效。随着"6S"标准化管理的完善，功能分区日趋合理，客户分流引导更加顺畅，自助设备分流率由导入前的59%增加到77.5%，在较少高柜的支撑下，客户平均等候时间由导入前的11分钟降至6分钟。二是服务资源有效利用。通过统调统配、弹性排班等方式，网点营销岗人员占比由导入前的占均30%增加到40%以上。三是优质客户服务能力显著提升。通过"减高增低"和优化流程，使网点腾出更多精力和时间维护好中高端客户；创新"基础+定制"培训模式，有效解决了网点业务知识不均衡问题。

虽然桐城市支行在网点转型上取得了一定成效，但也存在部分问题和不足，制约着其在当地市场竞争力的提升，主要表现在以下几个方面。

（一）综合营销服务能力需进一步提升

1. 柜面文明服务有待关注。近年来，农业银行通过大力推进网点服务与转型、"神秘人"检查、非现场监测等措施提升服务质量，服务从外化于行到内化于心都有明显提升，但与客户需求和其他银行还存在一定差距，服务回潮现象时有发生，服务质量波动明显，文明规范服务理念尚未扎根在员工心中。

2. 售后跟踪有待强化。售后跟踪服务更能体现以客户为中心、全心全意为客户服务的优良形象，成为影响客户满意度的重要因素。近年来，农业银行部分代理保险产品实际收益低于同期定存收益，满期解付时间的推迟等现象时有发生，引起客户投诉，但是部分网点依然未跟踪挽留客户，从而造成客户流失和负面声誉影响。在代理基金销售完成后，营销人员很少将基金分红、派现、涨跌等情况及时告知客户。截至2016年12月末，桐

城市支行信用卡激活率为60.16%，掌上银行动户率为46.94%，贵宾客户流失率为19.38%，理财客户升级率为0.78%。反观其采取的措施，多为传统的营销模式，售后跟踪服务的营销理念淡薄，客户体验和黏性大打折扣。

3. 差异化服务有待加强。从网点功能分区来看，桐城市支行贵宾客户点均1000户以上，除营业部外均未开设VIP窗口，未发挥贵宾区差异化和增值化服务功能。部分增设低柜的网点回潮现象严重，未有效发挥低柜向中高端客户面对面营销的服务优势。从客户业务结构上看，柜面主要集中于代发工资、养老金存取等传统代收代付业务，挤占了大量柜面服务资源，与价值贡献形成巨大反差，出现"低端客户驱逐高端客户"现象。从员工队伍素质来看，基层大堂经理和一线柜员年龄偏大，中高端客户服务效率低下。滞后的员工队伍建设与快速发展的业务需求不适应，网点向中高端客户提供差异化服务的能力有待加强。

4. 岗位资源配置有待优化。据统计，桐城市支行（以下简称我行）营销岗人员占比不足，部分网点未配备专职客户经理，岗位配置仍以操作岗人员为主。表4为桐城四大行营业室岗位配比，可以看出四家金融机构岗位配置比较接近，均为网点主任、客户经理、大堂经理的主体营销框架，工商银行、建设银行营业室配有3名大堂经理，充分发挥厅堂客户服务和引导分流的优势。工商银行、中国银行营业室配有2名以上低柜柜员，建设银行营业室配置6名低柜柜员，而我行只配备1名低柜柜员（主要处理交易结算型业务，营销服务职能弱化），工商银行、建设银行营销岗人员占比高于我行。

表4　桐城市四大行营业室岗位配比

网点机构	网点主任（人）	运营主管（人）	大堂经理（人）	客户经理（人）	高柜柜员（人）	低柜柜员（人）	总人数（人）	营销岗人员占比（%）
工商银行桐城市支行营业室	3	2	3	3	4	3	18	66.67
农业银行桐城市支行营业室	3	1	2	3	4	1	14	64.29
中国银行桐城市支行营业室	1	2	2	3	3	2	13	61.54
建设银行桐城市支行营业室	1	1	3	4	3	6	18	77.78

5. 柜面业务分流有待提高。我行多数网点厅堂只有 1 人在岗,大堂人员的时间多用于辅导客户办理超柜业务,厅堂无序流动现象较为严重,柜面产生较多应分流却未分流业务,行式自助设备均未达到饱和,典型地处于"人忙机闲"状态。根据中国银行业协会发布的《2015 年度中国银行业服务改进情况报告》,我行个人网银、掌银客户总量居第三位,交易量居第二位,交易额居第三位。我行作为县域支行,乡镇网点过半,由于客户需求和交易习惯限制,客户群体对互联网接受较慢,网络金融分流率较低。表 5 为桐城市四大行营业室自助机具配比。

表 5 桐城市四大行营业室自助机具配比

单位:台

网点机构	ATM/CRS	自助终端	网银体验终端	自助回单机	超级柜台	填单机	合计
工商银行桐城市支行营业室	3	3	1	1	1	—	9
农业银行桐城市支行营业室	4	2	2	1	1	1	11
中国银行桐城市支行营业室	3	4	2	1	—	—	10
建设银行桐城市支行营业室	5	2	1	1	1	—	10

(二) 客户关系管理能力需进一步加强

1. 个人客户营销管理力度不足。一是管户人员力不从心。全行有 15381 名贵宾客户,CRM 系统管户人员有 35 人,点均管户数为 1282 人,人均管户数为 440 人。管户工作多由运营主管和高柜柜员承担,由于运营主管接触客户的机会不多,高柜柜员忙于前台业务,普遍存在疲于应付的心理,主动服务与营销意识不强。二是客户关系维护方式薄弱。一方面,主要依赖传统人脉关系,投入资源较大,维护方式单一,营销效果较差;另一方面,客户细分程度不够,单纯按照年日均金融资产等级划分,对于潜力客户和待提升客户没有给予足够重视,在人员安排、资源配置方面没有进行统筹规划。三是大数据技术运用不够灵活。管户人员主要通过客户关系管理系统(CRM)管理维护,但从实践来看,有时管户经理登录系统、发送短信仅是满足上级行要求,流于形式。此外,管户经理在客户关系维护中未能糅合其他条线系统进行大数据整合分析，通过数据挖掘手段实施有效管户和精准营销的能力不足。

2. 个人贵宾客户产品覆盖率较低。个人贵宾客户产品覆盖率是衡量贵宾客户人均持有我行产品数量的指标，也是衡量零售业务转型效果的一项重要指标。截至2016年末，我行贵宾客户产品交叉销售为1.99（统计口径为CRM系统的21项产品），全省均值为2.22，我行在全省一级支行贵宾客户持有产品中排名后20位。其中，持有2个（含）以下产品的占64.09%，持有0个产品的占比为28.52%。一方面，桐城市支行低饱和度贵宾客户群体庞大；另一方面，精准营销和重点营销力度不足。

3. 个贷业务与贵宾客户协同发展步调缓慢。截至2016年末，我行个人贷款余额为8.31亿元，较年初增加1.81亿元，存量居四行第三位，增量居首位。个贷业务是获取个人贵宾客户的重要渠道，个人贵宾客户是个贷业务的主要客群。抽样调查显示，我行个贷客户对贵宾客户产品交叉销售率和管理资产规模（AUM）的资产提升拉动效果不显著，个贷业务作为零售业务发展的"排头兵"吸附效应和发酵效果并没有得到发挥，表现为个贷客户经理与网点贵宾客户管户人员习惯于"各人自扫门前雪，莫管他人瓦上霜"，个贷客户经理机械地办理个人贷款业务，把个贷客户当作"账户"来对待，对产品交叉销售率和资产提升不予关注。网点贵宾客户管户人员则重点关注负债类业务，未对个贷类贵宾客户的渠道拓展和风控管理进行关注，从而造成个贷类贵宾客户处于"管户人员不接触，放贷人员不营销"的散养状态，流失率高，回报率低。

(三) 绩效考核机制需进一步完善

绩效考核是引导网点业务经营管理的风向标，科学合理的绩效考核能有效引导网点员工朝着上级行既定的工作目标和任务实施经营管理。调研发现，我行绩效考核存在一些问题，突出表现在以下几个方面。

1. 网点经营业绩与网点负责人的职业规划缺乏联动机制。一些网点负责人由于年龄和学历限制，不符合岗位提拔要求，缺乏职业发展的晋升通道，长期以来，难以有效地调动网点管理和业务营销的积极性。

2. 考核奖惩的指挥棒作用弱化。网点过分依赖传统的产品计价考核模式，行为指标考核也较虚化，未理顺计价考核与全面绩效管理的关系，绩效分配与业务管理全流程不吻合。

3. 产品计价分润方式简单。部分网点产品计价分润仍坚持"全员营销"或"谁营销，谁受益"的思想，没有突出网点协同营销机制和团队合作模式，未能有效运用绩效考核资金池和结合网点实际合理分配产品计价工资。

4. 绩效考核与岗位职责不匹配，重激励、轻约束。网点员工由于其岗位职责不同，工作内容和业绩表现千差万别。如高柜柜员的工作职责主要是为客户快速高效地办理柜面业务、进行一句话简单营销和转推荐，大堂经理的主要职责是引导分流客户、业务转推荐和厅堂现场管理，客户经理的主要职责是维护、拓展客户和销售产品等。但是，目前网点的绩效考核忽视各岗位员工职责的差异性，或者考虑不足，主要以产品销售为绩效考核内容，促使各岗位员工均以更多销售产品为主要目标，如柜员营销复杂、耗时业务的产品，导致柜面排队积客现象严重；大堂经理不积极引导客户分流；客户经理不顾客户需求，盲目推销产品。产品销售的激励过度，而对于非产品的销售和岗位职责的基础服务工作激励不足，导致网点服务效率和质量不断下降，客户投诉增加。

四、县域支行零售业务转型发展的建议

（一）顺势而为，坚持以理念转型为根本，强队伍，谋发展

1. 深化网点转型理念。思想观念转型是县域支行零售业务转型的基础和前提，要想在愈演愈烈的市场竞争中立于不败之地，首先必须转变经营理念，真正树立以客户为中心、以市场为导向、以效益为目标的现代商业银行经营理念，摆脱传统观念的束缚，明白转型为何转、转什么、怎么转，形成机制改革、流程再造、资源优化、队伍建设、机制创新的新思路，为引领县域支行零售业务转型提供坚强的思想保障。

2. 推动零售队伍建设。着力提升零售队伍的业务技能和综合素质，

推进建立规范化、常态化的人才培养模式，打造优秀的网点零售业务团队，推动网点个人客户经理、大堂经理、内训师三支队伍建设，增强网点营销与服务能力。

3. 固化产能提升工作。网点转型及产能提升是一项长期跟进、固化、持续完善的工作。支行应定期抽查网点不同繁忙时段监控录像，远程监督弹性排班落实情况，重点监测大堂人员服务引导工作。不定期组织督查小组进行检查，查看网点"6S"管理固化情况、营销氛围更新情况。按月对导入的网点各项数据进行提取监测，查看数据提升情况完成进度，对提升速度较慢或明显不达标的网点及时查明原因，寻找解决方案。

(二) 强势推进，坚持以客户为中心，抓服务，促转型

1. 加强营业网点现场管理。按照网点服务与转型的要求，对服务流程、行为等要素落实规范标准，严格执行柜面优质服务工作考评细则和监督办法，提高网点服务质量。不断推进柜面劳动组合优化工作，通过"压高转岗"，实行弹性排班，动态调整人员和窗口营业时间，释放人力资源充实大堂，将"赢在大堂"策略落在实处。

2. 构建网点协同营销服务体系。打造集网点负责人、大堂经理、客户经理、高低柜柜员于一体的协同营销服务体系，建立"全员识别推荐，岗位协同营销"的机制。规范岗位间协作营销流程，完善转推荐分成机制，实现业务流程再造。

3. 加快电子自助渠道分流步伐。以提升渗透率和动户率为原则，加快电子渠道重点产品营销宣传，强化引导客户使用电子自助渠道办理业务的习惯，明确业务受理渠道优先原则，力争所有适宜通过非柜台渠道办理的业务实现电子化、自助化，不断提高业务分流水平，进一步拓展服务空间，积极顺应互联网金融发展趋势。

(三) 因势调整，坚持以绩效考核为指引，强激励，提效率

1. 完善绩效考评体系。引入"平衡计分卡"绩效管理制度，实现集金融产品计价与综合管理于一体的网点员工考核体系，理顺不同岗位之间

的利益分配关系，实现岗位员工权、责、利的有效统一。以现行绩效考核为基础，明确网点负责人、运营主管、大堂经理、客户经理、高低柜柜员在转型发展中承担的核心岗位职责。从考核、激励、约束和思想四个方面强化员工管理，明确各营销岗位的工作职能，全面设置营销目标和管理计划，加强精细化管理，时刻盯进度、补短板。

2. 优化产品计价分润方案。合理分配产品计价工资，有效运用绩效考核资金池，结合网点经营情况，制定并优化产品计价分润方案。产品计价分润方案需兼顾员工营销时段、办理渠道、风险高低、客户经理营销产品与落地网点、主管转授权给柜员等多重因素。

3. 加强绩效考核结果反馈。上级行要定期将考核结果反馈给基层网点，告知成绩与不足，使基层网点及时看到业务发展所创造的经济增加值和系统内数据排名情况，便于网点找出绩效管理过程中存在的问题，提出自我改善的措施。

4. 畅通职业发展晋升通道。建立网点负责人职业发展的联动机制，一方面，优秀网点负责人作为支行副职选拔任用的重要参考，明确"为担当者担当，有为者有位"的用人导向；另一方面，对长期扎根基层、贡献突出，但是由于年龄等原因不符合提拔要求的网点负责人，对于连续多年考核优秀的，给予支行副职待遇，开辟另一条晋升通道。

(四) 逆势而上，坚持以市场为导向，多举措求发展

1. 坚持个贷业务与贵宾客户营管协同发展的战略，促进内生型增长。个人资产业务是全行零售条线扩大规模、提升效益的主战场，充分利用县域网点多和品牌的独特性优势，把个人按揭贷款作为个贷业务重点。个人贵宾客户是银行创效的重要资源，对提高银行效益、增强竞争力发挥重要作用。加快县域网点零售业务转型，必须转变经营方式，强化业务协同发展。一是建立营销服务体系，实行全员客户分层管户、个贷类贵宾客户"1+1"分群名单制客户维护模式，对年日均贷款 10 万元以上个贷类贵宾客户落实管户责任，逐个跟进客户在农业银行的产品持有和 AUM 资产提升情况。二是强化交叉营销利益分成机制，在保证个贷产品计价基础上，

新增对个贷客户零售产品、存量个贷类贵宾客户 AUM 资产提升率的综合回报率，调动协同营销的积极性；对贵宾客户营管中新发展的个贷业务及其联动营销的客户金融产品等计价在个贷人和贵宾客户管户人员间合理分成。

2. 坚持网格化营销与资金监控双管齐下的方针，推进降本增效。如何整合客户信息资源，细分客户，强抓资金监控，实现营销网格化、管控差异化，成为县域网点零售业务转型面临的最大挑战。一是开展网点网格化精准营销和目标客户名单制营销管理。通过网点管理团队地毯式走访，了解网格单元内每个客户的所在位置、账户开立、生产经营、产品资源等基本情况，并完成全部建档，从中挖掘出目标客户资源。对存量客户要采取分层营销，深耕理财级客户，紧抓财富级及以上客户，夯实存款基础。对增量客户采取分群营销，有针对性地采取套餐方式将营销触角深入专业市场商户、优质高档小区、拆迁户群体、退休老龄客户等群体，开展群体营销，扩大存款客户规模；统筹经营管理全生命周期需求，包括衣、食、住、行、游、医、玩等。二是建立资金按日监测常态化机制。通过 CRM 系统和大额资金监控平台监测目标客户资金日变动流向情况，增强客户营销维护的有效性。首先，通过资金流失原因分析，找出网点日常维护和服务手段的不足，有针对性地采取措施，遏制资金外流；其次，通过频繁的关注、监测，做到知己知彼，知晓网点潜在的大资金客户，提高营销拓展精准性。

3. 强化公私联动与组合营销并驾齐驱的理念，推动业务持续协调发展。整合对公和对私的渠道资源，实现联动交叉营销，是做大做强零售业务的重要途径。从县域支行层面出发，一是健全营销机制，推动业务发展。成立由行长带头、全员参与的"公私联动营销小组"，强化联动营销机制，夯实业务发展基础，落实重点目标客户并实行名单制管理，分层逐户落实营销责任、营销目标、营销进度。二是加强产品宣传，挖掘客户业务需求。首先，充分发掘对公客户资源，加强对专业市场的业务渗透和开拓，把对公客户和个人客户按贡献度进行梳理。其次，树立全产品组合营销理念，推出套餐式组合捆绑营销模式，将个金产品与公司、机构、结算与现金管理、电子银行、银行卡等产品进行组合营销，力促经营方式由以自身为中心向以客户为中心转变，推动产品销售由一对一向一对多组合营销模式转变。三是完善考核制度，确保有效激励。县域支行设立公私联动指标，加大公私联动业务考核力度，保留计价考核，适当增加公私联动业务的奖励比例，同时与经营行绩效考核挂钩，确保有效激励，充分调动员工营销的积极性。

4. 建设个人成长链金融与服务集合工程，推进金融业供给侧结构性改革。大力发展个人成长链金融，基于生命周期理论，将人生划分为成长、就业、成熟、退休共四个阶段，依据不同阶段的差异化金融需求、收入水平、消费特征、偿还能力及信用状况，提供具有针对性、多元化的金融产品与服务，包含贷款、存款、理财、保险、资本市场、互联网金融等应有尽有的金融服务集合。同时，根据不同阶段的理财风格、金融需求，对金融机构的核心产品、保险产品及主要服务渠道进行详细规划，改变个人单一阶段的授信模式，围绕个人成长链进一步细化创新金融产品与服务，加快转型升级，契合了国内供给侧结构性改革对于金融业发展的规划要求。

金融支持桐城市塑料包装产业转型升级的实践与思考

中国人民银行桐城市支行课题组[①]

享有"塑料之乡"之称的桐城市，是安徽省最大的塑料包装基地。2007年我国实施"限塑令"以来，随着社会各界对环保的日益关注及消费者需求的不断提升，低端产品和高污染产品必将加快淘汰。在供给侧结构性改革的大背景下，转型升级是塑料包装产业的必经之路，而转型升级离不开资金支持。本文就此进行了专题调查分析，梳理了目前金融支持塑料包装产业转型升级情况以及存在的问题，并提出相关对策建议。

一、桐城市塑料包装产业发展现状以及金融支持情况

（一）产业发展特点

1. 集聚效应明显。改革开放以来，塑料包装产业已成为桐城市企业个数最多、从业人员最广、门类最齐全的优势行业和主导产业。桐城市是全国四大包装印刷生产基地之一，2009年7月被中国塑料加工工业协会命名为"中国塑料包装产业基地"。截至2017年末，桐城市辖内有塑料包装企业1600多家，其中规模以上企业174家，全行业产值已达185亿元，实现利税21亿元，从业人员超过7万人。近年来，在桐城市政府的引导与规划下，桐城市辖内新渡镇和双港镇已经成为塑料包装产业"基地中

[①] 中国人民银行桐城市支行课题组：金旺青、朱清、胡必奎、王舒敏、王慧敏。

的基地",大小工厂林立,相互分工,衍生产品不断发展,形成产销一体的完整产业链。

2. 产品覆盖面广。全市塑料包装产品市场销路基本上分布在全国各个地区,可以说有包装需求的地方,就有桐城的产品。据市场了解,软包装制品主要销售对象是全国各地的食品企业、日用品企业、制药企业、农用品企业、家电企业、超市等。例如,国泰、科信、金科、金丰、厚忠等企业与四川、重庆及安徽种子协会和敦煌种业等上市公司建立了长期合作关系,占据了农用种子包装约1/3的市场份额。

3. 产业升级换代,综合实力增强。随着国内、国际市场竞争日益激烈,为了在激烈的市场竞争中处于优势地位,许多企业不断进行技术改造,增加资金和科技投入,吸收先进工艺,引进先进设备,推动塑料包装产品向绿色、中高端方向迈进,实现了从外延扩大再生产向内涵扩大再生产的重大转变,取得了较好的经济效益。据初步统计,2015—2017年全市塑料包装企业设备更新台数达280多台(套)。截至2017年9月末,桐城市规模以上塑料包装产业营业收入达131亿元,同比增长13.17%;营业利润为14亿元,同比增长13.82%。

(二)金融支持现状

1. 信贷供给总量不断增加,扶持产业发展壮大。桐城市塑料包装行业的发展经历了一个从小到大、从弱到强不断壮大的过程,在此期间,各金融机构特别是涉农金融机构如农村信用社对成长初期的企业给予了适时、适度的资金扶持,从20世纪80年代初的几百元、上千元不等的小额贷款,直至今天数万元、数十万元、上百万元的大规模信贷投入。可以说,正是凭借金融机构的信贷支持,桐城市塑料包装产业才顺利地从初创到发展壮大。目前,塑料包装产业作为桐城市的支柱产业,依然离不开金融机构的重点支持。截至2017年末,全市塑料包装产业贷款余额为15.68亿元,较上年同期增长11.9%。2013—2017年,全市塑料包装企业(含个体工商户)贷款余额逐年增加,信贷支持力度不断增强。

2. 金融创新深入开展,助推产业转型升级。近年来,桐城市金融机构在金融创新上进行了积极探索,各金融机构加大创新力度,不断推出适合实际需求特点、操作性强的金融产品和信贷品种,信贷融资覆盖面不断扩大,信贷满足率持续提高,有力推动了企业技术改造和产业升级。例如,在"限塑令"实施前后,针对一些薄型购物袋生产企业转型资金需求,桐城农商银行(原桐城农合行)陆续开办了"同企乐"小企业贷款、国内发票融资贷款、动产质押贷款等创新信贷产品,帮助企业进行技术改造、产品升级和新上无纺布项目等替代产品,解决了企业转型期间房产、土地等抵押物不足的实际困难。

3. 加快产业转型升级的政策环境优势持续保持。多年来,地方政府一直把推动塑料包装行业的发展作为培育主导优势产业、调整经济结构乃至发展县域经济的一项战略主攻点,常抓不懈,聚力扶持,在塑料包装产业转型升级中形成了行政推动、政策鼓动、企业联动的发展格局。为有效解决塑料包装企业发展的资金瓶颈,桐城市结合实际出台了发展地方金融、促进企业成长的相关政策,积极运用财政贴息、以奖代补、信用担保、风险补偿等多种方式,引导和鼓励金融机构加大对转型企业的信贷支持力度。例如,2016年桐城市政府出台了扶持产业发展的"1+3+8"政策体系,包括《桐城市扶持产业发展政策的若干规定》《桐城市加快工业经济发展若干政策》《桐城市促进自主创新若干政策》等一系列政策,通过政策引导和政府增信,撬动更多的信贷资金投入塑料包装产业等实体经济。

二、金融支持塑料包装产业转型升级存在的问题

(一) 金融支持技术创新力度不足

塑料包装企业进行产品提档升级,提高产品技术含量和附加值,需要新建厂房,增加高端先进设备,加快技术改造和技术创新,这方面的投入需要大额、长期资金配套支持。调查显示,近年来桐城市金融机构对塑料包装企业的信贷投入主要是流动性贷款,而基本建设、技术改造、科技开发等固定资产贷款几乎为零。究其原因,一方面,国有及股份制商业银行

县域分支机构贷款审批权限基本上收,企业申请固定资产贷款难度较大;而中小法人金融机构受资本规模、监管比例等条件约束,也难以发放大规模的固定资产贷款。另一方面,技术创新是和高风险紧密联系在一起的,目前保险机制、担保机制、技术创新风险分担机制尚不健全,支持企业技术创新的风险几乎全部由银行承担,也是商业银行不敢放手支持企业自主创新的重要原因。

(二) 缺乏针对产业发展的差异化信贷扶持政策

桐城市塑料包装企业星罗棋布,但很大一部分是家庭作坊式企业。这些小微企业主要依靠社会业务员接单生产,技术含量较低,以低价格、低成本、同质化产品为竞争手段,赚取低廉的加工费,纯利润在15%以上的高档、高附加值塑料包装产品非常少。目前,辖内商业银行并未制定或出台支持塑料包装产业发展的差异化信贷措施,企业进行技术改造、从事高端高附加值产品生产没有获得更加优惠的贷款支持,而一些购买落后机器设备开展低端同质化产品生产的家庭作坊仍然能够以相对较高的资金价格获得贷款。例如,经过授信的个体工商户能够通过桐城农商银行发行的易贷卡非常便捷地得到50万元以内的贷款资金。这样,从事落后产能生产的企业依然能够生存,从而形成低端产品竞争更加激烈、一般生产能力过剩的局面,只能通过相互压价来争夺有限的业务资源,也影响了塑料包装产业的发展。

(三) 制约中小民营企业融资的瓶颈因素未能有效突破

为促进桐城市塑料包装产业转型升级,反映全市塑料包装产业发展进程,我们开展了塑料包装产业专项监测工作。50家塑料包装企业2017年第四季度经营和融资情况问卷调查显示,在影响企业当季度生产能力没有完全发挥的因素中,有18%的企业选择出现了资金紧张状况。在原因分析中,50%的企业认为是融资难,融资成本高;认为是货款回收慢、工资等刚性支出较多和扩大再生产、基建投资等原因的各占10%,有20%的企业认为存货投资占用资金较多。

虽然塑料包装产业的融资规模逐年增加，但由于制约中小企业融资的因素依然存在，如企业自身粗放式经营难以达到银行最低信贷门槛、担保抵押难的问题仍然突出、金融机构信贷管理程序增加了企业贷款难度等，资金不足仍然是影响塑料包装产业转型升级的重要原因。

（四）产业融资渠道狭窄，直接融资难度大

2017年，桐城市共有上市企业20家，其中1家企业在创业板上市，19家企业在新三板挂牌上市。上市企业中没有塑料包装企业，也就是说产业还未能通过资本市场直接融资推动自身转型升级。另外，前几年桐城市发生了几起影响比较大的非法集资案件，使得民间借贷行为趋于谨慎，民间借贷规模下降，部分民间资金也从塑料包装企业退出。因此，当前桐城市塑料包装企业融资渠道单一，主要依赖银行贷款。塑料包装产业转型重点在于机器设备的升级换代以及相关技术的引进，目前生产高端塑料包装产品的进口设备价格较高（售价普遍在500万欧元左右），在融资渠道狭窄、融资规模受限的情况下，多数企业难以独自完成设备升级以及企业转型。

三、相关对策建议

（一）充分发挥政府的导向作用，加大服务协调和政策支持力度

一是制定科学合理的产业发展规划。政府应尽快协同有关职能部门，充分结合桐城塑料包装产业的实际，制定产业发展中长期规划，对塑料包装产业应该上什么、如何上、达到多大量、满足何种要求等提出战略设想，对行业的发展起到真正意义上的引导和提升作用。同时，要结合国家产业政策，在产业结构调整上重点指出今后的发展方向，为塑料包装产业转型升级和持续健康发展提供政策引导。

二是积极搭建资金供需桥梁。适时举办银企对接会、座谈会等，搭建银政对接平台，加强塑料包装产业与金融机构之间的交流，促进金融机构加大对企业转型升级的扶持力度，助推企业快速发展，推动塑料包装产业

向中高端、绿色方向发展。

三是设立专项担保及发展基金，助力产业发展升级。一方面，设立产业专项发展基金，重点用于对塑料包装企业的设备引进以及新产品、新工艺、新技术的开发和应用进行财政补贴。对于转型升级中的塑料包装企业，采取减费让利等优惠措施，鼓励企业主动淘汰落后产能和低端、高污染产品，增加技术投入，生产高质、高效产品。另一方面，设立专项融资担保基金，为发展良好或正在转型升级的企业提供融资担保，解决企业缺乏固定资产抵押或抵押不足以覆盖其升级设备所需资金的难题。

（二）银行应进一步改善金融服务，优化产业转型升级的信贷资源配置

一是充分遵循"区别对待、有保有压"的信贷扶持方针。坚持划分层次、区别对待、分类支持的原则，对塑料包装企业进行细分，实行差别化信贷政策，筛选一批有市场、有效益、有信誉，符合国家产业政策、环保政策和信贷政策的优质企业进行重点支持。在对企业产品转型可行性、技术创新科学性、资金缺口必要性进行充分调查论证基础上，适当增加技术改造等固定资产贷款，满足企业转型升级的大额、长期资金需求。

二是进一步创新金融产品，提供个性化金融服务。针对塑料包装产品生产周期短、周转快等特点，银行需要加大金融创新力度，不断推出适合塑料包装企业的贷款产品，每年将新增贷款按一定比例支持塑料包装产业发展。例如，对资金需求量小、频次多的小微企业，可实行贷款一次核定、周转使用、灵活还款的方式，推动信贷资金批量投入塑料包装产业。同时，推广应收账款融资、股权质押、存货质押等业务，推动土地厂房购建按揭贷款，发挥信贷资金的引领和带动作用，切实缓解企业融资困境。

（三）深化供给侧结构性改革，提升产业整体竞争力

一是加快产业结构调整步伐。针对桐城市包装企业总量大、水平低、重复建设严重的现象，抑制高消耗、低产出、低效率企业的发展，淘汰一批工艺落后、规模小、档次低的塑料包装企业，大力支持环保型塑料包装

制品的开发生产，重点提升高附加值产品市场份额。引导企业加快产品结构调整，推进科技进步，培育顺彤、金科等年产值超过 3 亿元的塑料包装龙头骨干企业，以增强桐城市塑料包装的区域竞争力，带动全行业发展。加强中小塑料包装企业的整合重组，优化提升，形成集聚效应，以促进中小企业的共同发展。

二是加快企业制度和管理创新，提升现代管理水平。深化企业内部改革，突破束缚企业发展的管理障碍，完善企业法人治理结构，引导塑料包装企业选择适合自身特点和发展需要的企业组织形式与运作机制，更好地利用外来人才和投资者加快塑料包装产业发展。引入现代企业管理制度，健全财务管理，切实改变管理粗放现状，加快从家长式、经验型管理向制度化、科学化管理转变，从传统管理向现代化管理提升，为企业的转型与升级奠定基础。

（四）积极拓宽产业发展融资渠道

努力提升塑料包装产业集群化发展直接融资能力，注重引导和培育产业集群中龙头企业的相对优势，通过上市融资以及发行企业债、公司债和短期融资券等债务性融资工具方式筹集资金，推动中小企业集合票据、高收益债券的发行。募集创业基金、提升技术改造水平，从外延和内涵两个方面不断夯实产业集群的实力。建立民间融资服务平台，规范民间融资程序，推动民间融资有序发展，进一步激活民间资金，拓宽塑料包装企业的资金来源渠道。

"劝耕贷"的望江实践与优化路径

中国人民银行安庆市中心支行　祝群芳　储润六

近年来，种养大户、家庭农场、农民专业合作社、农业产业化龙头企业、粮食产业联合体等新型农业经营主体发展迅速，但受现行"抵押至上"信贷理念影响，因缺乏有效抵押和担保而面临贷款难、贷款贵、贷款繁等发展难题。2016年4月，安徽省在全国率先成立省级农业担保公司，全面启动规模化批量化担保业务，创新开发"劝耕贷"担保品种。2016年9月，望江县成为安庆市首家"劝耕贷"试点县。经过一段时间的实践，"劝耕贷"已在全市全面推开。近期，我们就此进行专项调查。调查显示，"劝耕贷"相较于原有涉农贷款，操作流程逐步标准化，同时增加了贷款额度，降低了贷款利率，灵活了贷款期限，较好地契合了新型农业经营主体信贷需求，保障了金融机构利益。但是，由于过分依赖乡镇基层政府，受服务能力弱、涉贷部门多和批量化的影响，涉农信贷投放链条拉长，信贷投放呈现明显的"脉冲行情"，因此有必要进一步优化操作流程，发挥更好的作用。

一、望江"劝耕贷"试点的实践

首先，创新了政担银合作机制。建立了"1+4+10"的工作机制。即1家安徽省农业信贷担保公司，县农业银行、邮储银行、农商银行、新华村镇银行4家合作银行，10个乡镇，新型农业经营主体之间共担、共推、共管、共享的合作金融支农服农机制，通过制定方案、加强宣传、优化流程、强化保障四项举措创新地开展了"劝耕贷"业务。召开"劝耕贷"创新试点工作动员大会,广泛学习宣讲政策,使县直、乡镇、村负责人、新型农业经营主体负责人全面了解"劝耕贷"工作具体内容,明确"劝耕贷"的重点扶持对象是家庭农场、种养大户、农民专业合作社、粮食产业联合体、从事农副产品加工和流通的农业产业化龙头企业等新型农业经营主体。

其次,建立了标准化的业务流程。农委负责组织调查辖内新型农业经营主体的信息,进行筛选分类,按信贷备选类、培育关注类、信用不良类建立分户台账;省农业融资担保公司会同各乡镇对信贷备选类客户进行现场摸底,汇总融资需求,向合作银行推荐;银行进行尽职调查后,将符合条件的客户反馈到担保公司及乡镇,进行贷前公示。合作银行协助省农业融资担保公司落实反担保措施,省农业融资担保公司出具保函,客户缴纳保费,银行放款。合作银行在得到政府确认后开展调查授信,优化信贷流程,开辟绿色通道,短时间内完成了贷款发放相关流程。

最后,健全了风险防范机制。一是建立风险缓释机制。对经营能力持续较强但不能按期还款的借款人,采取借新还旧、资产接管等风险缓释方式分散贷款风险。二是建立失信惩戒机制。对恶意欺诈、逃废债务等失信人实行相关惩戒措施,如将欠款信息纳入人民银行信用信息系统,取消项目申报及享受各项优惠政策的资格,开辟打击逃废金融债务行为司法绿色通道等。三是建立风险分担机制。对出现的不良贷款,该县农业融资担保公司、省农业信贷担保公司、合作银行、项目所有地政府将分别承担40%、30%、20%、10%的代偿损失,并采取信用接续、资产接管、政府托管等措施,开展风险救助,进行风险缓释。

二、"劝耕贷"在望江县取得的成效

望江县"劝耕贷"具有程序完备、手续简便、政策优惠、覆盖广泛的特点,较好地满足了服务功能集约化、信贷业务集合化的"三农"信贷需求。截至2018年8月末,4家涉农银行对符合条件的299家新型农业经营主体（含种养大户）累计发放"劝耕贷"11004.98万元，余额达5014.4万元，有效支持了辖内新型农业经营主体的发展与壮大。

（一）缓解了新型农业经营主体担保难题

整个信贷过程中，政府、银行、担保机构既明确分工，又紧密抱团，实现错位把关、联合发力，有力促进了新型农业经营主体的成长和农业结构的调整优化，真正打通了为新型农业经营主体增信融资的"最后一公里"。调查显示，"劝耕贷"在风险分摊上，银行承担20%的责任，省农业融资担保公司及其动员的责任主体共同承担80%的责任。"劝耕贷"合作机制大大消除了金融机构向受灾农户贷款的顾虑，有效防范了金融风险，也保障了金融机构、农业种养企业和农村专业合作组织、农民各方共同利益。

（二）改善了信贷服务方式

银行、担保公司上门办理贷款，手续简化，速度加快。农业银行尽职调查以往受理、调查、申请、面签有4张表，现在整合减少为1张，农户到银行办理贷款，一次就办理成功。某养鸭大户受禽流感影响，家禽、蛋类产品销售大幅下滑，资金周转出现困难，通过"劝耕贷"获得了20万元的流动资金，从申请到发放仅用了十余天，及时解决了资金周转难题。贷款额度与期限一定程度上符合农业生产、加工需求。目前，望江县"劝耕贷"利率单户贷款起点为10万元，最高300万元，农业龙头化企业最高不超过5000万元，期限最长为3年，林果等周期较长的生产经营贷款的期限还可适当放宽。如2017年望江县部分地区遭遇水灾，"劝耕贷"为种植业、养殖业的灾后恢复生产奠定了基础。

（三）降低了新型农业经营主体融资成本

目前，望江县"劝耕贷"执行国家基准利率上下浮动20%。以辖内某粮食加工企业获得的200万元粮食收储贷款为例，以前银行贷款利率平均上浮80%，按1年期贷款利率4.35%计算，贷款利率为7.83%，而上浮 20% 的"劝耕贷"利率加上担保费后实际费率为 6.42%，资金成本较过去减少 28200 元，带动了企业利润的大幅提高。

(四) 改善了产业化扶贫效果

"劝耕贷"很好地引导了望江现代农业集约化、产业化和品牌化发展，大大改善了产业化扶贫效果。新型农业经营主体普遍扩大生产规模，增加土地流转，一方面增加农民土地租金收入，另一方面吸纳更多农民工务工，增加农民收入，促进贫困户脱贫。同时，通过"经营主体+农户"的模式，带动了贫困农户的生产。太慈镇某家庭农场 2017 年末从村镇银行办理了 50 万元"劝耕贷"贷款，用于承包荒山种茶，农场扩大到 260 亩，茶叶采摘季聘请采茶工 200 余人，有效带动周边农户增加了收入。赛口镇某家庭农场利用"劝耕贷"贷款 20 万元补栽 80 亩苗木，并对鸡舍进行了扩建，改善了养殖条件，预计年收入提高 18% 左右。同时，还通过收购鸡苗、分户散养、统一销售等方式使广大村民致富。

三、"劝耕贷"实践中存在的不足

望江县"劝耕贷"创新试点工作虽然取得了一定的成果，但也存在一些不足之处。

首先，批量化的业务模式难以完全满足涉农贷款的实际需求。一方面，省农业融资担保公司因远离经营地，日常办公人员仅 1 人，采用组织召开宣传摸底会的批量模式出具保函，不符合农业资金使用季节性较强的特点，也难以满足零星业务需求。另一方面，资金需求满足度较低。如在贷款限额上，起点 10 万元，最高 300 万元，但实际操作中由于担保公司（包括银行）授信承保条件较严，最高单户贷款一般不超过 100 万元，不能满足一些规模较大的新型农业经营主体发展需求。

其次，银担保合作拉长了信贷业务链条。"劝耕贷"不仅需要农委的信息进行筛选分类，还需要经过现场摸底、尽职调查、推荐银行、信息反馈、贷前公示、担保保函等一系列手续，涉及省农业融资担保公司、乡镇、银行等多方机构，业务链条较长，拉长了信贷发放时间。

再次，合作银行少，影响了效率。目前，望江4家合作银行除农商银行在10个乡镇均设有营业网点外，农业银行仅3家、邮储银行与村镇银行仅1家。网点不足既影响贷前尽职调查与放款效率，也不利于贷后对信贷资金使用情况与客户生产经营情况的跟踪管理。与批量业务模式相适应，贷款发放方式采取一次授信也增加了新型农业经营主体的利息支出。

最后，地方政府人员素质影响了效率。根据《望江县农业信贷担保"劝耕贷"创新试点工作实施方案》的要求，各乡镇负责辖内所有新型农业经营主体基本信息的收集、归类、建档，向农业融资担保公司及试点银行推荐客户项目。由于乡镇经办人员业务素质参差不齐，对信贷备选类客户的筛选把关不严，甚至将征信不良类客户划入信贷备选类，大大影响了工作效率。

四、改进"劝耕贷"的思考

（一）进一步优化业务流程

省农业融资担保公司要在风险可控的前提下，降低授信与担保门槛，使符合条件的新型农业经营主体在信贷资金申请上得到最大限度的满足。建议省农业融资担保公司首先改事前审核为事后核查，将事前调查核准程序有条件地交合作银行和乡村政府办理，提高合作银行的主动性。事后按照约定的标准进行核查，对违反约定标准的，追究银行的责任。其次，增加试点县经办工作人员数量，一方面提高事后核查频率，杜绝信贷过程中的机会主义行为；另一方面提高批量处理频率，满足季节性和临时性的信贷需求，确保"劝耕贷"服务新型农业经营主体的目的全面实现；同时，拨付试点银行一定的风险补偿基金，增强银行的风险化解能力，提高银行的积极性，促进"劝耕贷"资金持续健康使用。

（二）健全合作联动机制

建议建立由政府牵头，金融办、扶贫办、农委、人民银行、财税、乡镇政府、金融机构等参加的涉农工作联系机制，统一研究、部署信贷支农工作，统一信贷模式，统一贴补息与风险化解，提高"劝耕贷"等各项支农资金的使用效率，真正发挥金融支持现代农业的特殊作用。试点银行间也可以建立"劝耕贷"工作定期沟通机制，互通信息，相互学习，出现问题及时协调。

(三) 向乡镇人员普及金融知识

试点银行可通过开设课堂的方式强化对乡镇"劝耕贷"经办人员的业务培训，使尽快熟悉银行信贷业务，提高"劝耕贷"有效客户的信息收集、分类、推荐质量。另外，涉农金融机构要做好与乡镇有关部门的信用信息共享工作。

(四) 推进农村信用创建工作

结合农村信用体系建设，特别是当前中央银行开展的贫困村信用村创建工作，通过政府主导、部门配合，在全县广大农村开展诚信宣传与信用法规和知识教育活动，并对农村一些恶意逃废银行债务的"老赖户"，由公检法等部门开展一次集中打击活动，为发挥"劝耕贷"业务的主力军作用提供一个良好的农村金融生态环境。

PPP 视角下的安庆市轨道交通建设融资模式探析

招商银行安庆分行课题组[①]

随着城市人口的急剧膨胀和经济总量的不断增大,土地、能源、环境等资源的有限性日益明显,城市交通拥挤现象越来越普遍,交通供需矛盾十分尖锐。城市轨道交通是城市公共交通的骨干,它具有节能、省地、运量大、全天候、无污染(或少污染)又安全等特点,属于绿色环保交通体系,符合可持续发展的原则。近年来,除了北上广深等一线城市以及南京、杭州、武汉、合肥等二线城市加强轨道交通建设,三线、四线城市也在积极加强轨道交通建设。城市轨道交通建设可以拉动城市国民经济的持续快速发展,调整城市空间结构,引导城市土地合理利用。

一、安庆市轨道交通建设概况

(一)安庆市轨道交通规划工作开展历程

"十二五"期间,安庆市政府便积极规划轨道交通网建设。

2014年6月,安庆市发改委组织召开了《安庆市轨道交通线网及地方铁路网规划》《安庆市中心港区铁路集疏运系统规划》征求意见会。

2015年10月,安徽省住房和城乡建设厅、安徽省发改委在合肥组织

[①] 课题组成员:陶华、容易、舒畅、王叶、甘骏遥、周小雪、疏腊林。
主要执笔人:疏腊林、周小雪。

召开了《安庆市城市轨道交通线网规划》专家评审会。安庆市重大办、发改委、规划局、住建委等单位参加了会议。会上，专家委员会审阅了《安庆市城市轨道交通线网规划》及相关文件，听取了编制单位中铁第四勘察设计院集团有限公司的汇报。专家认为规划成果达到了住建部《城市轨道交通线网规划编制标准》的要求，原则同意通过评审。

2015年12月，《安庆市城市轨道交通线网规划》获安庆市政府批准，进入建设规划阶段。

根据中铁第一勘察设计院专家的建议，安庆市轨道交通建设规划的起始年度为2018年，建设规划年度为2018—2023年。

(二) 安庆市轨道交通路线规划

根据《安庆市城市轨道交通线网规划》，如表1所示，安庆市城市轨道交通线网包含3条城市轨道交通（1号线、2号线、3号线）和3条市域轨道交通（S1号线、S2号线、S3号线），其中城市轨道交通120.1公里，市域轨道交通137.4公里，合计257.5公里。

表1 安庆市轨道交通规划路线

类型	线路	线路走向、车站设定及里程
城市轨道交通	1号	1号线西起安庆西高铁站，东至外环东路站，沿G206—集贤路—天柱山西路—迎宾西路—天柱山东路—振风大道布线。设26座车站。线路全长45.85千米，地下线22.3千米，高架线23.55千米
	2号	2号线南起皖河农场的安庆新港站，沿S332—德宽路—菱湖南路—皖江大道—潜江路布线。北至城北客运站。共设20座车站。线路全长40.9千米，地下线17.8千米，高架线23.1千米
	3号	3号线南起迎江区的迎江寺站，北至宜秀区杨桥镇的杨罗路站，沿湖心路—兴业路—中兴大街—机场大道—安枞线—凤栖路布线。线路全长19.7千米，地下线8.95千米，高架线10.75千米。设站14座，其中地下站9座，高架站5座，换乘站2座，平均站间距1.5千米，最大站间距3.85千米，最小站间距0.76千米
市域轨道交通	S1号	怀宁经新安庆西高铁站至天柱山景区，线路总里程为68.3公里
	S2号	安庆城北客运站至枞阳县城，线路总里程为27.1公里
	S3号	安庆新港至望江县城，线路总里程为42公里

由于城市轨道交通建设涉及城区人口总量、城市总体规划、大宗用地选址等问题，在规划设计的过程中变动性较大。按照国家政策及建设程序的要求，城市轨道交通在项目开工前，需经历城市轨道交通线网规划、城市轨道交通建设规划、工程可行性研究、总体设计、初步设计、施工图设计六个阶段。

轨道交通建设给城市带来了新的机遇，而城市轨道交通的投融资模式是决定其能否快速发展的主要因素。轨道交通建设投资数额巨大，政府单一投资难以满足资金需求，迫切需要引入新的融资模式。随着以市场为导向的投资体制改革不断深化，原有的以政府为主导的投融资模式面临挑战。因此，需要根据安庆市实际发展情况进行安庆市轨道交通建设投融资模式的创新。

二、国内轨道交通建设的典型融资模式分析

（一）轨道交通发展阶段与主导模式

从轨道交通的世界发展历史来看，一个城市的轨道交通发展大致可以分成两个阶段：第一个阶段是建设为主、兼顾运营的阶段，第二个阶段是运营为主、兼顾系统更新改造的阶段。建设为主的阶段一般需要30~40年的时间，最主要的目标是建成一个科学的城市轨道交通线网。运营为主的阶段需要长久运营下去，最主要的目标是保持城市轨道交通线网的高效率。城市轨道交通的发展需要选择不同的模式来适应不同阶段的发展要求。

我国大多数城市的轨道交通发展处于第一个阶段，从世界范围内看城市轨道交通模式的选择，可以发现，处于第一个发展阶段的模式更倾向于政府主导型，而进入第二个发展阶段的模式既有政府主导型也有市场化运作型（见图1）。但无论如何，轨道交通较强的公益性和极强的外部性特点都决定了政府在轨道交通建设过程中扮演重要的角色。

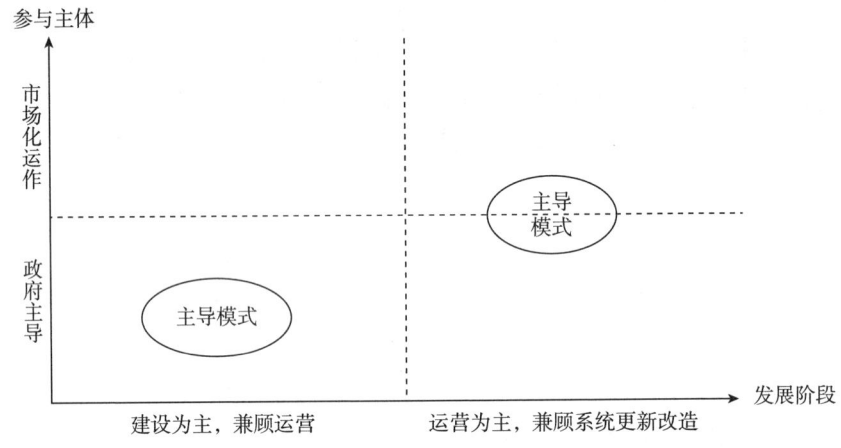

图1 轨道交通发展阶段与融资主导模式

(二) 国内轨道交通的主要投融资模式

从我国轨道交通投融资建设的理论、经验和实践情况来看，目前轨道交通项目投融资模式主要有政府直接投入模式、政府主导的负债型投融资模式、政府主导的市场化投融资模式和投资主体多元化下的市场化投融资模式。

1. 政府直接投入模式。政府直接投入模式是指政府直接投入财政资金用于地铁建设，并由非营利性项目公司代表政府管理城市轨道交通的一种投融资模式。从我国轨道交通建设的实践来看，采用该投融资模式建设的轨道交通项目案例有北京地铁1号线、2号线和天津地铁1号线。这三条地铁线均为满足战备需要而建设，采用了政府直接投入与财政专项资金投入的投资模式，即政府财政承担全部投资，不要求投资回报，并以计划安排的方式提供运营维护资金。由于轨道交通建设资金需求巨大，地方财政用于公共基础设施建设的财力有限，该模式在目前国内外轨道交通建设投融资中已很少被采用。

2. 政府主导的负债型投融资模式。政府主导的负债型投融资模式是指以政府背景的国有公司为主体，多渠道筹集项目资本金，负债资金通过银行贷款、发行企业债券等债务融资手段予以解决。在政府主导的负债型投融资模式下，财政投入资本金后，可利用政府的信用优势吸引银行贷款，充分发挥财务杠杆作用，放大财政资金利用效率，完成项目投资建设，缓解政府即期现金支出压力。采用这种投融资模式需要政府承担建设、运营等项目风险。缺点有三：一是银行融资成本相对较高，巨额债务进一步加大了企业和政府的财务负担，尽管可以缓解政府的当期财政压力，但是政府必须提供持续的补贴，以保证债务的顺利偿还和运营的顺利进行。二是投资主体单一，不利于运营服务质量和效率的提高。三是不利于企业引入多元化的投资体制，无法从根本上减轻政府负担。

3. 政府主导的市场化投融资模式。政府主导的市场化投融资模式主要是指由政府或具有政府背景的国有公司发起，市场化主体投入资金完成全部或部分项目建设的投融资模式。市场化融资是以项目公司为主体，在政府的政策支持下，以项目预期收益为基础的融资活动。在轨道交通建设的项目市场化融资中，政府通过特许权合同给予合同持有人一定期限内自主经营和管理某一项目并从其经营中获利的排他权。项目融资在一定程度上实现了项目投入方的多元化和项目经营运作的市场化，常见运作方式包括 BOT、BT、TOT、BOOT、BTO 等。

4. 投资主体多元化下的市场化投融资模式。该模式最主要的运作方式之一，是对现有的国有地铁企业进行股份制改组或组建股份公司，通过存量或增量发行股份吸收社会资金，实现投资主体多元化，并在运营中引入市场竞争机制，实现政府调控下的市场化运作。该模式是实现地铁产业市场化的高级阶段，具有十分明显的优势：一是通过投资主体的多元化和经营运作的市场化，可以充分改善轨道交通投资和经营的效率。二是政府部门在实现投资主体多元化的过程中，通过出售部分股份收回资金，从而一定程度上充实了政府部门继续投资的资金实力。三是随着投融资主体多元化格局的形成，市场化运作环境也将逐步改善，从而推动其他领域的市场化进程。但是，由于社会资金的进入，对短期利益的过分追求容易导致企业目标与政府目标出现矛盾，必须建立相应的激励和监督机制来规范、约束该模式的执行。不同投融资模式的比较见表2。

表 2 不同投融资模式的比较

投融资模式	主要特征	不足之处
政府直接投入模式	政府直接投入与财政专项资金投入	政府财政承担全部投资，不要求投资回报，负担重
政府主导的负债型投融资模式	财政投入资本金后，可利用政府的信用优势吸引银行贷款，充分发挥财务杠杆作用，放大财政资金利用效率，完成项目投资建设	银行融资成本相对较高，投资主体单一，无法从根本上减轻政府负担
政府主导的市场化投融资模式	政府或具有政府背景的国有公司发起，市场化主体投入资金完成全部或部分项目建设	民间资本对项目的收益期望较高，项目整体融资成本上升。组织形式复杂，管理协调困难，沟通成本高，操作难度较大
投资主体多元化下的市场化投融资模式	通过存量或增量发行股份吸收社会资金，实现投资主体多元化，并在运营中引入市场竞争机制，实现政府调控下的市场化运作	社会资金对短期利益的过分追求，容易导致企业目标与政府目标出现矛盾

综上所述，目前，国内城市轨道交通项目的投融资渠道还比较单一，大部分资本金与借贷资金来自政府出资与国内政策性银行的贷款，只有较少的资金来自轨道交通运营收入。由于我国轨道交通建设大部分在各地政府主导下进行，依托政府财政、良好的信用和组织优势，能快速筹集到资金，且在政府补贴基础上能产生稳定的还款来源，因此吸引了银行资金的积极介入，并成为我国轨道交通项目建设最主要的资金来源。但中央政府对地方政府举债权限进行了约束，特别是剥离了地方融资平台的融资职能，因此，在城市轨道交通建设领域，地方政府需要创新融资模式。

三、PPP 产业投资基金的概念及运行模式分析

（一）产业投资基金的概念及其特征

根据 2006 年国家发改委出台的《产业投资基金管理暂行办法》，产业投资基金是指一种对未上市企业进行股权投资和提供经营管理服务的利益共享、风险共担的集合投资制度，即通过向多数投资者发行基金份额设立

基金公司,由基金公司自任基金管理人或另行委托基金管理人管理基金资产,委托基金托管人托管基金资产,从事创业投资、企业重组投资和基础设施投资等实业投资。财政部于 2015 年专门出台了《政府投资基金暂行管理办法》,从政府投资基金的设立、运作和风险控制、预算管理等方面进行规范,以促进政府投资基金持续健康运行。

在基础设施建设领域,产业投资基金可以解决三大问题:一是新建项目融资问题。政府通过发起母基金,吸引银行、保险等金融机构和实业资本提供新建项目所需要的资金,解决建设资金不足的问题。二是存量项目债务问题。对于存量项目,政府可以通过 TOT、POT、ROT 等方式,由产业投资基金设立的项目公司接手具体项目运营。尤其是对于已到回购期的 BT 类项目,原先政府的付费期是 3~5 年,产业投资基金介入项目后,政府通过授予特许经营权,政府的补贴或支付期限可以延长到 10 年甚至更长,大大减轻了地方政府的短期偿债压力。三是城投公司资产负债约束问题。过去绝大多数基建类项目由地方城投公司负责融资、建设和运营,城投公司直接融资会造成资产负债表膨胀,提高城投公司的资产负债率,从而影响企业的银行贷款和债券发行。城投公司通过发起设立产业投资基金,以基金的形式筹集资金,可以实现表外化的融资,降低资产负债率。

(二) PPP 模式的概念与优势

党的十八届三中全会提出允许社会资本通过特许经营等方式参与城市基础设施投资和运营之后,中央各部委出台了一系列文件,鼓励推广政府和社会资本合作模式(PPP)。PPP 模式是指政府与私人组织之间为了提供某种公共物品和服务,以特许权协议为基础,彼此之间形成一种伙伴式的合作关系,并通过签署合同来明确双方的权利和义务,以确保合作的顺利完成,最终使合作各方达到比预期单独行动更为有利的结果。PPP 模式以其政府参与全过程经营的特点受到国内外广泛关注。PPP 模式将部分政府责任以特许经营权方式转移给社会主体(企业),政府与社会主体建立起"利益共享、风险共担、全程合作"的共同体关系,政府的财政负担得以减轻,社会主体的投资风险得以减小。

自《国务院关于创新重点领域投融资机制鼓励社会投资的指导意见》（国发〔2014〕60号）、《国务院办公厅转发财政部 发展改革委人民银行关于在公共服务领域推广政府和社会资本合作模式的指导意见》（国办发〔2015〕42号）等重要文件颁布后，各地PPP项目的推出如火如荼。截至2016年3月，财政部搭建的PPP综合信息平台收录各地的PPP招商项目7721个，总投资约8.8万亿元，但PPP项目需要有足够的资本金，地方政府、国有企业受债务约束因素的影响，项目资金投入有限。

（三）PPP与产业投资基金的融合

2015年，国务院常务会议通过《基础设施和公用事业特许经营管理办法》，鼓励以设立产业投资基金等形式入股提供项目资本金，为PPP融资提供了切实可行的新举措。产业投资基金本质上是一种新的融资媒介，由一家基金（券商、信托）建立，以股权的形式介入项目公司，参与施工建设。通过引进产业投资基金化解资金短缺的困境已成为当前推动PPP项目建设一条重要的出路。

在PPP模式下，金融机构、地方政府或项目运营方签订产业投资基金合同，对能够产生稳定现金流并且收益率较为合理的基建项目进行合作，通过设立有限合伙制PPP产业投资基金的形式参与基础设施建设。

PPP项目引入产业投资基金，既满足了产业投资基金追求长期稳定收益的风险偏好，也具有重要的现实意义。一是与传统的银行贷款相比，产业投资基金具有门槛低、效率高、资金量充裕的优点。二是PPP产业投资基金所提供的资金无须反映到项目发起人的资产负债表上，避免了融资过度集中于银行和过高的资产负债率对公司再融资能力的影响，优化了PPP项目的融资结构。三是作为被投资公司的少数股东，PPP产业投资基金可通过所持有的股权参与被投资公司的管理，对项目的建设管理发挥一定的监督作用，从而可以改善PPP项目治理模式。四是PPP产业投资基金能够发挥其"股权+债权"投资的优势，既能解决项目资本金出资问题，又能很好地解决项目建设资金不足的问题。PPP产业投资基金与传统产业投资基金的区别见表3。

表3 PPP产业投资基金与传统产业投资基金的区别

比较点	PPP产业投资基金	纯产业投资基金
参与者	政府、金融机构或社会资本	以社会资本或金融机构为主
收益来源	资本盈利或政府补贴	主要是资本盈利
投资领域	公共服务领域	企业并购重组、创业投资、基础设施建设等众多领域
运营目标	在赚取利润的同时兼顾公共服务目标	以追逐利润为中心
介入程度	既可以是纯财务投资者，也可以参与项目管理	主要是财务投资者
资金投向	"股权+债权"的灵活使用	使用范围相对较窄
管理模式	既可以是单个项目，也可以管理整个项目包	主要是单个项目

（四）PPP产业投资基金的运作流程

结合PPP项目的一般运作模式，PPP产业投资基金介入的项目运作模式如下。

1. 项目识别。社会资本引入产业投资基金作为项目股权出资方，发挥其风险识别判断能力，将风险防控的关口前移至项目谈判阶段。借助金融机构的征信系统，在项目区域选择、项目类型选择上充分发挥产业投资基金所具有的天然的逐利性，从经济、技术和市场等方面对方案进行可行性分析，防范投资风险。

2. 项目公司组建。政府对于PPP项目，必须根据相关法律规定，依法合规选择社会资本。社会资本与产业投资基金组成的社会投资者联合体共同制定项目PPP实施方案，包括项目公司的设立、交易结构设计、出资比例、特许经营权的设置、投资者的退出、风险管理、政府监管等。

3. 项目运营。产业投资基金与社会资本组成的社会投资者联合体共同组建项目公司，并获得政府授予的该项目的特许经营权，组织项目的实施。在项目公司的运营阶段，产业投资基金可以与项目发起人（股东）共同商定如何回购和退出。

4. 项目移交。在特许期满或项目合同履约期满后,项目公司应向政府转让项目的经营权和所有权,并办理项目公司的清算手续。在移交时一般要求项目功能完善、设施良好、设备运行正常、工程资料齐全,能够确保项目的正常使用。

5. 项目退出。产业投资基金介入PPP,需要保持一定的资产流动性和资本增值,由于产业投资基金通常都有一定的期限,因此参与PPP的产业投资基金在运作一定时间后即可退出,从而保证投资者的利益,同时也应确保与项目的融资需求相协调,不至于因产业基金的退出而影响PPP项目的正常运作。PPP产业投资基金的退出主要有以下四种方式:一是项目清算,二是股权回购/转让,三是资产证券化,四是资本市场上市。

PPP产业基金介入项目的一般运作流程如图2所示。

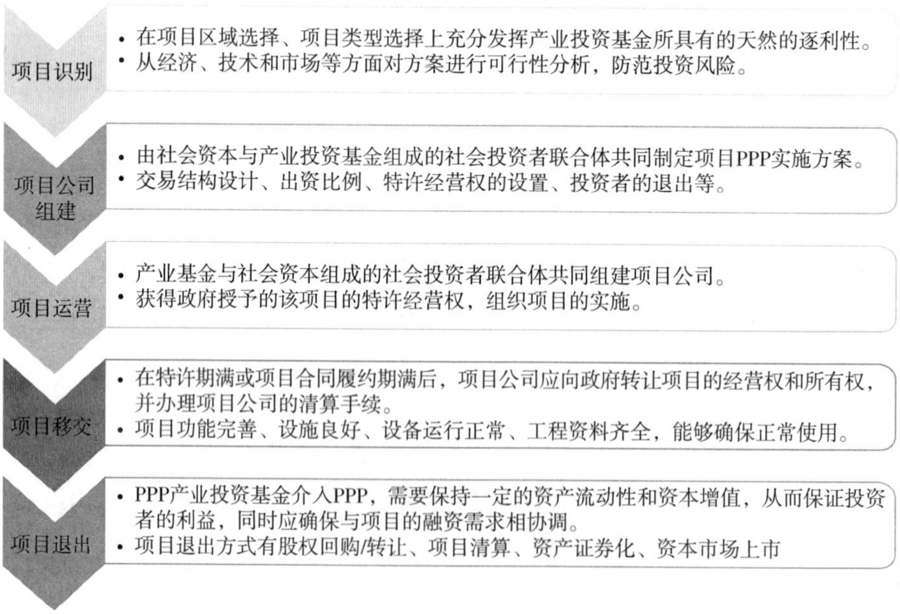

项目识别	• 在项目区域选择、项目类型选择上充分发挥产业投资基金所具有的天然的逐利性。 • 从经济、技术和市场等方面对方案进行可行性分析,防范投资风险。
项目公司组建	• 由社会资本与产业投资基金组成的社会投资者联合体共同制定项目PPP实施方案。 • 交易结构设计、出资比例、特许经营权的设置、投资者的退出等。
项目运营	• 产业基金与社会资本组成的社会投资者联合体共同组建项目公司。 • 获得政府授予的该项目的特许经营权,组织项目的实施。
项目移交	• 在特许期满或项目合同履约期满后,项目公司应向政府转让项目的经营权和所有权,并办理项目公司的清算手续。 • 项目功能完善、设施良好、设备运行正常、工程资料齐全,能够确保正常使用。
项目退出	• PPP产业投资基金介入PPP,需要保持一定的资产流动性和资本增值,从而保证投资者的利益,同时应确保与项目的融资需求相协调。 • 项目退出方式有股权回购/转让、项目清算、资产证券化、资本市场上市。

图2 PPP产业基金介入项目的一般运作流程

四、PPP 产业投资基金介入下的安庆市轨道交通建设投融资模式探析

(一) 必要性与可行性分析

1. 政府财力有限,迫切需要新的投融资模式。"十二五"以来,安庆市社会经济发展良好,经济发展水平稳步提升。表 4 显示了 2013—2015 年安庆市全市和市本级财政收入与支出情况。

表 4　2013—2015 年安庆市财政收支情况

单位:亿元

项目	2013 年	2014 年	2015 年
一般预算收入	197.0233	230.78	258.8
其中:地方财政收入	98.4572	105.65	106.6
市本级财政收入	100.1629	100.1629	131.2
其中:地方财政收入	19.5389	19.6692	23
一般预算支出	280.7878	299.47	336.9
市本级预算支出	53.8476	56.6192	74.4

资料来源:安庆市财政局网站。

从表 4 来看,安庆市经济发展良好,政府财政收入稳步提升。近年来,市政府不断增加城市基础设施建设和社会公共服务等民生支出,尤其是"十三五"期间,政府将打好"五大攻坚战",包含棚户区改造和大交通建设等,政府支出将大大增加。截至 2014 年末,安庆市全口径地方政府债务余额为 310.60 亿元,其中直接债务余额为 290.98 亿元,担保债务余额为 19.62 亿元,地方政府债务率为 71.57%。由此可见,安庆市政府债务率已经达到一定的水平,政府举债空间有限。

根据国内轨道交通建设经验,轨道交通建设每公里造价约为 5 亿元,安庆市 3 条轨道交通造价保守估计为 500 亿元,而"十三五"期间,安庆市政府还将推进合安九、武汉—安庆—杭州、六安—安庆—景德镇等大型基础设施建设,以上建设项目迫切需要政府财政资金的投入。在当前中央政府不断加强地方政府债务管理,尤其是不断推进地方融资平台转型的背

景下,安庆市政府需要寻找一种新的融资模式,以切实解决项目资本金和项目资金出资问题。

2. 安庆市在推广使用PPP模式方面积累了成功的经验。2015年5月6日,安庆市外环北路工程PPP项目正式签约,成为国内运用PPP模式建设纯公益性项目的"破题之作"。该项目总投资额达到19.76亿元,采用DBFO(设计—建设—融资—经营)的运作方式,严格按照财政部等部委的文件规定规范推进。该项目对纯公益性项目如何规范运用PPP模式的难题进行了有效破解,在运作方式、绩效考核和竞价方式等方面积极探索、大胆创新,为全省乃至全国纯公益性项目采用PPP模式提供了成功的经验。该项目也成功入选财政部PPP示范项目,为其他城市PPP项目的开展积累了很多有益的经验。

3. 城市轨道交通建设具备PPP模式的基本特征。城市轨道交通项目融资需求大,目前技术可靠,项目开展有成熟的模式,且具备天然的使用者付费特点,市场化程度高,有稳定的现金流。另外,城市轨道交通1~3号线都主要在城区,具有较强的区域性,这些特征使安庆市轨道交通具备PPP推广的特征,是比较理想的PPP投资项目,契合国家政策导向和市场资金偏好。

4. 本地金融资源丰富,能够为PPP模式提供金融支持。安庆市现有国有商业银行5家、股份制商业银行4家、城商行1家、农商行1家、邮储银行1家、政策性银行1家,另有证券公司4家。截至2016年5月末,安庆市全市金融机构存款规模为2503.13亿元,其中城区存款余额为961.75亿元;贷款规模为1396.46万元,其中城区贷款余额为701.6亿元(见表5)。因此,本地聚集了丰富的金融资源,本市各家金融机构可为PPP模式的发展提供丰富的金融资源。

表5 截至2016年5月末安庆市存贷款相关数据

区域	存款余额(亿元)	贷款余额(亿元)	存贷比(%)
安庆市全市	2503.13	1396.46	55.79
安庆市城区	961.75	701.6	72.95

资料来源:人民银行安庆市中心支行报表。

(二) PPP 产业投资基金介入安庆市轨道交通建设的意义

1. 契合中央政府政策要求。PPP 产业投资基金是 PPP 模式和产业投资基金的融合，具备 PPP 模式的一般特性，符合政策要求。2014 年，中央颁布了加强地方政府债务管理的相关文件，进一步约束了地方政府举债，剥离了地方融资平台的举债能力，并指出了推广 PPP、发行地方债是地方政府获取资金的主要来源。通过 PPP 产业投资基金介入安庆市轨道交通建设，能够有效地解决地方政府项目建设需求。另外，政府通过市场化手段购买公共服务，有利于进一步深化地方政府公共服务改革，能够有效地提升公共服务水平。

2. 有效地缓解轨道交通建设的资金缺口。PPP 产业投资基金能够以"股权 + 债权"的形式灵活运用于轨道交通建设项目。轨道交通建设项目的建设资金具体包括项目资本金和项目资金，一般而言，项目资本金需要项目建设方自行筹资出资，资本金以外的资金可以通过金融机构举债等相关方式获得。"股权 + 债权"的出资形式能够很好地满足轨道交通建设需要，股权出资可以有效解决资本金出资，充分发挥资金杠杆作用；债权出资可以有效解决资本金以外的资金出资，拓展举债资金来源。

3. 提高轨道交通运营服务水平。PPP 产业投资基金不仅能参与轨道交通投资建设，还能参与轨道交通的运营，如安庆市轨道交通 1 号线成功运营后，即可由 PPP 产业投资基金入股的项目公司组建 1 号线运营分公司，专门参与 1 号线的运营服务工作，提高了轨道交通的运营服务水平。

(三) 宜城轨道交通建设基金 (PPP 产业投资基金) 的设立

1. 组织形式。产业投资基金从组织形式来看，可分为公司型、契约型和有限合伙型，有限合伙型是比较常见的组织形式。股东由一般合伙人 (GP) 和有限合伙人 (LP) 组成，GP 承担无限责任，LP 承担有限责任。在这类 PPP 产业投资基金中，GP 除了承担基金的管理运作职能，一般还担任劣后级，优先承担一定比例的投资风险和损失。LP 享有优先级地位，不参与公司具体管理，但享有知情权和咨询权。有限合伙人内部又可根据风险收益配比的不同进一步划分为优先级和劣后级。GP 一般是该产业投资基金的实际管理者和运作者，对 LP 负有保值增值义务，且双方按照约定的绩效指标对收益进行分账。

2. 合伙人（出资主体）。一是政府出资方。政府出资方代表安庆市政府出资，一般为安庆市政府融资平台。安庆市三家主要融资平台包括安庆市城建投资（集团）有限公司、安庆市土地储备中心和安庆市交通投资有限公司。对于轨道交通类项目，安庆市交通投资有限公司作为政府出资方最为合适。另外，考虑到轨道交通建设的专业性，可以参照其他城市模式，设立安庆市轨道交通建设投资有限公司，该公司可以与安庆市交通有限公司合署办公。二是确定金融机构出资方，一般由银行、保险、证券或其子公司组成。另外，考虑到商业金融机构获取收益的短期性，还可以引入社保基金管理中心等机构。

组织形式和合伙人（出资方）确定后，即可发起设立安庆市轨道交通建设基金，暂定名为宜城轨道交通建设基金（有限合伙），其 LP 分为优先级 LP 和劣后级 LP，优先级 LP 为金融机构方，劣后级 LP 由政府方担任。优先级 LP 收益需要由政府方和金融机构方具体协商。GP 待定，由优先级 LP 和劣后级 LP 相互协商决定（见图3）。宜城轨道交通建设基金主要用于安庆市城区轨道交通和市域轨道交通的建设。

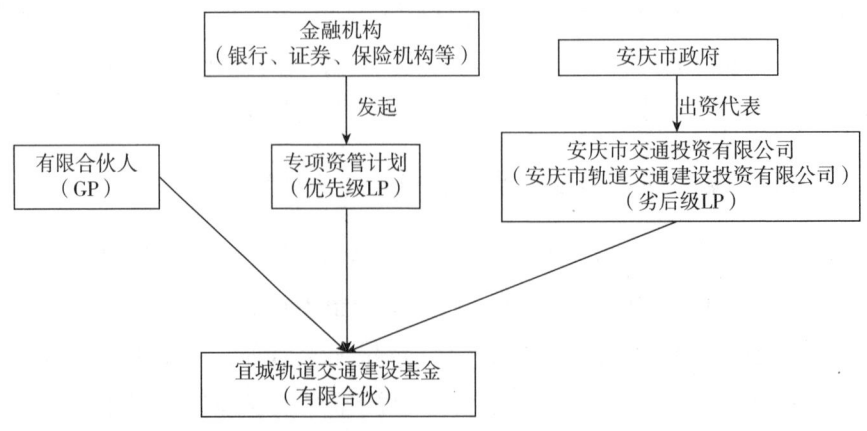

图3　宜城轨道交通建设基金组织架构

(四) 宜城轨道交通建设基金参与安庆市轨道交通建设的路径

以 PPP 建设安庆市轨道交通符合安庆市当前发展的实际情况，而宜城轨道交通建设基金参与安庆市轨道交通 PPP 项目主要有三种方式：一是直接投资安庆市政府确定的轨道交通项目公司，即特许经营公司或运营公司，作为股东持有项目公司股权，参与项目公司建设运营，分享项目公司收益；二是以债权方式对安庆市轨道交通 PPP 项目进行投资；三是以"股权＋债权"的方式参与 PPP 项目。

从资金使用角度分析，轨道交通建设资金需求可以分为两部分：一部分是项目资本金，该部分资金由项目发起方出资，对于轨道交通类项目，其资本金出资占比为 25%～40%；另一部分为资本金以外的其他资金，该部分资金可以在项目公司成立后通过商业银行银团贷款获得。

综合考虑操作灵活性和实际需求，基于"股权＋债权"的方式介入安庆市轨道交通 PPP 项目是比较理想的模式。

安庆市轨道交通建设 PPP 项目社会资本出资方（以下简称社会资本）确定后，宜城轨道交通建设基金和社会资本共同出资建立项目公司（SPV）。只要宜城轨道交通建设基金和社会资本资金到位，安庆市轨道交通项目公司注册资本金满足主管部门要求后，安庆市轨道交通项目公司即可正式设立。对于除建设资本金以外的资金，可以将该项目公司作为举债主体，筹集建设资金。

五、政策建议

一是撷取他长，积极学习其他城市经验。为避免设立 PPP 产业投资基金可能存在的盲区，避免走弯路，安庆市要积极学习北京、上海以及温州在轨道交通建设方面的先进经验。这些城市积极将 PPP 产业投资基金应用于轨道交通建设，并且有成熟的运作模式，值得安庆市学习。

二是加快进度，推进安庆市轨道交通规划和建设。轨道交通建设，功在当代，利在千秋。安庆市轨道交通建设目前仍处于初步规划阶段，安庆市应该加快轨道交通建设规划,尽早确立安庆市轨道交通的具体形式和路线走向,从而确定轨道交通的运营模式。

三是提前谋划,加快设立铁路发展基金母基金。宜城轨道交通建设基金(有限合伙)作为参与安庆市轨道交通建设的重要基金,需要提前设立,宜城轨道交通建设基金(有限合伙)来源于政府出资和部分金融机构出资。当前,各金融机构积极介入产业基金项目,市政府要提前谋划,尽早确立出资主体,发起设立母基金。

参考文献

[1] 罗赛,殷红军. 我国城市轨道交通融资模式创新研究 [J]. 筹融资管理,2011 (8).

[2]《安庆市城市轨道交通线网规划》内容,http://baike.baidu.com/link?url=YSNtVC4JXBrXdnT-hfgh7m7nsq3zLKbEtdHfCGB9EeFzIozvhK9m9ibvhpvLlLH6NKX4AEj9mIzz2WA9NFHZoKqWy3rFIM-tZjJ9_KdEiWYKji4oJKEDVfPtHkSP_-lClmxsKV4hlD3s6rNE3hxC7_.

[3] 秦凯. 城市轨道交通建设项目 PPP 融资模式研究 [J]. 现代经济信息,2009.

[4] 钟佳雯. 国内外城市轨道交通建设及其融资模式探讨 [J]. 城市公用事业,2009,23 (2).

[5] 童爱香,王晓迪. 世界城市轨道交通投融资模式比较 [J]. 全球科技经济瞭望,2012,27 (3).

[6] 林茂德,基于上盖物业开发的城市轨道交通可持续发展模式. 深圳地铁集团董事长. www.camet.org.cn.

[7] 韩祯妮. PPP 融资模式在廉租住房建设中的应用 [D]. 大连:东北财经大学,2010.

[8] 杨伟新. 高速公路 PPP 融资模式研究 [D]. 成都:西南交通大学,2011.

安庆市光彩大市场商圈内小微企业客户融资浅析

中信银行安庆迎宾路支行　韩　超

随着国家大力扶持和经济快速发展,小微企业已经成为当前的热门词汇和关键词之一。从 2017 年国家公布的小微企业有关指标来看,中小微企业已占我国企业总数的 90% 以上,对全国 GDP 的贡献度达 65% 以上,税收贡献超过 50%,出口额占比超过 68%,就业人数占比超过 75%。小微企业的特点之一就是商圈聚集性,然而经济新常态下,商圈内小微企业的可持续发展面临严峻考验,尤其是小微企业融资难的问题亟待解决。本文以安庆市光彩大市场商圈内小微企业为例,探讨传统商圈内小微企业融资难题,结合实际情况分析该类小微企业融资难点和原因,并提出了相应的解决方法,有一定的现实意义和参考价值。

一、经济新常态下传统商圈内小微企业的特点和现状

（一）经济新常态对传统小微企业的影响

新常态是当前中国经济最为显著的特点之一。2014 年 5 月,习近平总书记在河南考察行程中提出,中国发展仍处于重要战略机遇期,我们要增强信心,从当前中国经济发展的阶段性特征出发,适应新常态,保持战略上的平常心态。所以,新常态是指中国经济从高速增长转为中高速增长,经济结构不断调整和优化升级,从要素和投资驱动转化为创新驱动。面对新常态,四线城市小微企业未来的发展和面对的问题更为紧迫。

第一,自 2014 年安庆市整体经济下行以来,传统经济圈的小微企业面临较大的困境,如利润下降、资金链断裂甚至破产。

第二,大部分小微企业属于密集型企业或者商贸型企业,一旦经济下行,在新常态下难以恢复往日辉煌。

第三,四线城市的传统型小微企业人才短缺,自主创新能力差,部分产业是沿海淘汰的产业或产能过剩,无法在新常态下转型。

第四,目前政府扶持方向和银行授信政策主要面对科技创新领域,对传统小微企业而言,仍面临融资渠道窄、融资难的问题。

(二) 新常态下小微企业发展和融资现状

安庆光彩大市场是安庆市具有代表性的传统型商圈,其位于安庆市经济技术开发区,由安徽南翔集团于 1998 年投资建设,总投资 14 亿元,建筑面积 155 万平方米。一期工程于 1998 年 9 月 28 日开工建设,投资 1.6 亿元,建筑面积 16 万平方米,1999 年 10 月 28 日正式投入运营。一期主营百货、摩托车、家电、糖酒、土特干果、鞋类、布匹、家居、服装等。二期工程于 2000 年 9 月 20 日开工建设,工程投资 2.1 亿元,建筑面积 25 万平方米,2002 年 10 月 25 日投入运营,主营地板、石材、家居、五金、陶瓷、灯饰、管材等。三期工程于 2002 年 7 月 24 日开工建设,工程投资 2.5 亿元,建筑面积 33 万平方米,2003 年 4 月 10 日投入运营,主营防水、轻纺、机电、汽配等,同时配套大型停车场、客运中心、货运中心。四期工程于 2004 年 4 月 10 日开工建设,工程投资 6.2 亿元,建筑面积 80 万平方米,以仓储、物流、商贸加工为主,同时建立商务服务中心。根据网络提供的数据,安庆光彩大市场入驻商户量在 7500 家左右,年营销额在 200 亿元左右。从市场调查来看,融资一直是安庆光彩大市场商圈内小微企业面对的难题,大部分企业有融资需求,且融资方式主要有以下几种。

(1) 银行融资。银行融资一直是光彩大市场商圈内小微企业融资的主要途径,经调查,75% 以上的小微企业在银行有过融资记录或仍有融资行为,目前安庆本地的城市商业银行和农村商业银行也针对符合条件的优质小微客户，在一定额度范围内提供信用贷款或提供足值抵押物，提供更高额度的资金支持，但相对而言，银行融资存在受理期限长、门槛高、审批受限等问题。

（2）民间借贷。民间借贷行为在光彩大市场一直存在，主要是由于手续方便，而银行信贷门槛较高且需要提供抵押；同时，大量充裕的民间资金在市场流动，没有合适的投资方向。

（3）赊欠款项。小微企业在上下游发生经济行为时，一般会采用现金或现汇的方式，但在上下游稳定的情况下，为缓解资金周转压力，企业之间也会采用赊销的方式。这种方式的优点在于没有任何手续，基于上下游业务关系，但缺点也较为明显，体现为资金占用加剧了企业运营的风险。

（4）其他融资方式。目前已知的光彩大市场仍存在的其他融资方式包括网络融资、债权融资等，但小微企业的实际经营者对这类融资方式存疑，此类融资方式在规范程度上有待加强，所以不是小微企业的主要融资渠道。

（三）光彩大市场商圈内小微企业融资的需求

根据笔者近十年的信贷从业经验和走访调查，目前光彩大市场近七成以上小微企业有融资需求，主要原因有以下两种。

（1）自身经营缺乏流动资金。2014年以来，企业上游结算已经很少选择赊销的方式，货款结算大都采用现金支付，而为维持下游客户，又不得不采用赊销方式，按月或者按季度结算，这种上下游资金错配占用了小微企业的流动资金。

（2）业务发展的需求。一些小微客户在经济下行时，需要及时调整经营方向和思路，甚至趁机扩大自身业务，需要代理或者加盟新的品牌，租用或购买新的门面，也存在资金需求。

除此之外，部分小微企业还有个人的消费融资需求和家庭消费需求。一般而言，小微企业的融资需求存在期限性和季节性，但融资中经常出现短贷长用的情况。

二、安庆光彩大市场商圈内小微企业融资难的分析

与大中型企业可以通过表内和表外多途径融资相比,小微企业融资受政策、制度、自身能力和担保等因素影响,融资难度远大于大中型企业。结合贯彻中央经济工作会议精神和习总书记重要讲话精神,围绕服务实体经济、防范金融风险、深化金融改革,本文从银行业务审批和产品创新角度分析融资难的原因。

1. 信用制度不健全,难以对小微企业针对性地进行信用评级。一般而言,银行在企业准入前进行信用风险评级,用于防范信用风险和维护经济秩序稳定,进一步降低企业融资成本和融资风险,促进资本市场公平公正。但银行在小微企业信用体系评级上和大中型企业评级相比,成熟度较低,且小微企业数据难以量化,无法准确、快速完善评级。

2. 信息不对称问题严重,银行无法掌握企业实际情况。以安庆光彩大市场为例,夫妻共同经营或家庭成员共同参与经营的小微企业占比在四成以上,前期在融资方面没有强制性约定由谁来申请,且经营者信用意识淡薄,对自身经营中的财务状况、风险因素不重视、不披露,只是简单地用"一年赚多少""今年还可以"等模糊表述,造成银行在调查阶段无法准确地对客户进行评价,无法准确识别企业风险,容易造成银行拒贷或者贷后产生风险。

3. 银行风险偏好大中型企业,对小微企业存在畏贷、拒贷心理。银行在客户选择上更偏好大中型企业,因其所获得的产品价值和衍生价值高于小微企业;数据真实性强,信息透明,有助于银行分析判断;管理成本较低。以上因素导致银行在主观上更倾向于满足大中型企业的融资需求。

4. 融资产品无法满足小微企业融资需求。目前银行对小微企业融资需求一般设定了额度门槛和担保门槛,在无法满足以上条件的情况下,小微企业融资无法解决,所以市场亟待推出符合市场需求的小微企业融资产品。

三、助力小微企业发展，实现新常态下银企双赢

小微企业是国民经济血液中的重要部分，是稳增长、调结构、促改革的主力军，所以解决小微企业融资困难也是我国国民经济健康发展的重要课题。作为股份制银行，中信银行安庆迎宾路支行（以下简称我行）在助力小微企业融资的同时，一要借助政府支持和引导；二要促进企业自我调整、自我优化、自我升级；三要利用分行政策和产品优势，打造多层次融资服务体系。

（一）优化信用体系，建立科学的小微企业信用制度

为小微企业客户量身定制属于自己的信用体系是为了更好地掌握企业发展情况，把握企业风险和盈利关系，为小微企业授信和审批提供有效支撑。数据获取越多，风险把控能力越强，整个授信环节中发生系统性风险的概率越小。以安庆光彩大市场为例，借助市场管理方，了解小微企业的经营年限、门面权属、纳税、水电、物流等情况，再结合小微企业自身信息以及从外部渠道取得的信息，建立多维度信用体系，充分了解商圈发展潜力和小微企业成长潜力；也可以借助信用评级动态管理更新，健全贷前、贷后管理。

（二）创新金融产品，建立小微企业特色服务体系

目前股份制银行产品种类繁多，要充分利用产品打造公私联动，构建特色服务体系，如利用我行与市场管理方银付通等产品，加入管理方或第三方担保，利用银付通加强小微企业资金回笼、沉淀、强化日常管理；还可以利用上下游客户形成产业链，如市内或商圈内存在上下游关系的客户，可以在我行进行担保或融资，资金进行行内往来，便于监管和测算，有利于企业发展，同时引导和培养上下游客户作为私人客户。

(三) 简化授信流程，建立小微企业融资绿色通道

小微企业融资的特点就是短、频、急，而受企业规模和财务限制，授信流程不能与大中型企业融资一致，要对流程在合规合理的范围内优化，同时开辟绿色通道和专项放款额度。第一，分类审批，差异化处理。对不同成熟型、商圈化程度、行业归属度的小微企业实行不同环节和业务流程，简化授信流程。第二，构建风险数据库，通过数据化分析，下发审批权限，抢占先机。第三，建立绿色通道，专款专用。根据银保监会要求，成立小微企业绿色通道，优先或加急处理小微企业融资问题。第四，利用手机、网银、自助设备建立网络化授信渠道，提高融资的高效和便捷程度。第五，建立小微企业融资团队，建立完善激励机制，健全公私联动机制，充分发挥团队能动性，服务小微企业。

内部审计在中央银行基层行风险管理中的作用浅析

中国人民银行安庆市中心支行　黎志耕　王　暾　尹祥凤

在当前金融形势复杂、中央银行履职风险不断增加的情况下，强化风险管理成为中央银行规避治理风险、提升治理效能的必要举措。内部审计作为中央银行治理体系的重要组成部分，理应在中央银行风险管理中充分发挥作用。本文首先阐述了内部审计参与中央银行风险管理的必要性，分析了影响内部审计发挥风险管理作用的因素；接着，结合人民银行A市中心支行实践，介绍了内部审计参与组织风险管理的经验做法；最后，就内部审计如何在中央银行基层行风险管理中更好发挥作用提出建议。

一、内部审计发挥风险管理作用的必要性分析

（一）内部审计是提升中央银行基层行风险管理水平的有效途径

多年来，中央银行内部审计始终以促进组织治理为己任，在完善中央银行治理中发挥了重要作用。各类审计不仅有效促进了各基层行及时发现问题隐患、纠正违纪违规行为、降低行政成本、提前防范和化解风险，也助推了中央银行基层行履职效能的持续提升，如促进货币信贷政策传导、区域金融稳定、金融创新服务等法定职能的高效、规范运行等。实践证明，内部审计参与组织风险管理是中央银行基层行提升风险管理水平的有效途径。

（二）审计准则对内部审计参与风险管理提出新标准

《国际内部审计专业实务框架》（以下简称《框架》）是国际内部审计师协会（IIA）发布的权威、标准的概念性框架。修订后的《框架》于2017年1月1日正式生效，相较于老版本，更加突出内部审计在组织风险管理中的作用。如在"内部审计的使命"中新增了"以风险为基础，提供客观的确认、建议和洞见，增加和保护组织价值"，在"内部审计实务的核心原则"中新增了"适应组织的战略、目标和风险状况""提供以风险为基础的确认"等内容。

2018年1月，审计署公布了新修订的《审计署关于内部审计工作的规定》（以下简称《规定》）。相较于修订前的版本，《规定》在总则中，将内部审计的监督范围由原来的"财政收支、财务收支、经济活动"拓展至"内部控制、风险管理"领域，将内部审计的目标定位由"促进加强经济管理和实现经济目标"转变为"促进单位完善治理、实现目标"。由此可见，《规定》更加强调风险管理要求，将内部审计目标提升到了完善治理、实现单位目标的层次，更加鲜明地体现了新时代内部审计实践特征和职能要求，突出规范内部管理、完善内部控制、防范风险和提质增效的工作导向。

综上所述，国内外准则均对内部审计参与组织风险管理提出了新标准和新要求，内部审计参与组织风险管理的职能更为突出。

（三）内部审计具有参与组织风险管理的独特优势

相较于外部审计，内部审计在促进中央银行风险管理方面更具优势，原因如下：一是内部审计更加熟悉中央银行组织架构、管理流程，更容易洞察中央银行履职风险。二是内部审计作为中央银行"家人"，对防范中央银行履职风险、促进中央银行实现履职目标有着更强烈的责任感。三是内部审计在本单位管理层直接领导下，可随时根据组织实际管理需要实施各项审计，能够更及时地发现问题或风险，也能更迅速地与相关职能部门沟通，采取措施防范和化解风险。

相较于中央银行其他内设职能部门，内部审计不从事中央银行具体业务，具有相对独立性，能够更全面地识别风险，更客观地评价风险管理状态，促进组织风险管理水平不断提升。

二、影响内部审计发挥风险管理作用的因素分析

（一）对内部审计参与组织风险管理的认识不到位

一是不少基层行管理者尚未意识到内部审计在促进组织风险管理方面的优势性和重要性。二是近年来，中央银行基层行内部审计虽然强化了对高风险领域的审计关注，增强了风险揭示力度和深度，但往往止步于风险揭示，主动参与组织风险管理的积极性不够。

（二）内部审计人员的风险管理知识和能力欠缺

对人民银行某地市级分支行的调查问卷显示，83%的内部审计人员认为自身不具备或缺乏风险管理方面的专业知识，在为组织治理提供建议与意见时缺乏全面风险管理视角；100%的内部审计人员认为由于自身履职于基层行，看待、分析问题缺乏全局视野，难以站在国家经济金融管理、中央银行履职最终目标的整体角度为组织提供风险管理意见和建议。综合型人才的不足，在一定程度上制约了中央银行基层行内部审计风险防控功能的发挥。

（三）内部审计参与风险管理的方法与技术不够先进

一是风险评估数据库更新滞缓。各基层行内部审计部门虽然依托总行风险评估管理系统建立了自身辖区的风险评估数据库，但受评估人手、劳动强度等因素影响，多为每年对数据进行一次性调整与修正，难以准确反映最新风险动态。二是审计项目立项与实施滞后于最新风险变化。目前，基层内部审计普遍于年初遵循风险导向审计理念，制订年度审计计划，但这样的年度审计计划往往只能解决陈年旧疾，相对于新产生的风险（如新的业务变化、突发事件应对等）存在滞后性，影响内部审计及时提出

风险预警。三是内部审计监督评价风险管理的信息技术手段落后。虽然不少基层行已逐步使用计算机辅助审计技术来提升审计工作质效，但对多数业务系统的审计仍大量采取手工形式，审计信息技术的应用明显落后于业务系统的电子化应用进程。

（四）内部审计成果与风险管理需求的契合不够紧密

目前，基层行的内部审计成果多为"自然"成果，如审计报告，"衍生"成果如综合分析报告、专题分析报告、管理建议书、风险提示书等相对较少或质量不高。很多内部审计成果信息未被深加工，不能高质高效地为组织的内部控制和风险管理所用。此外，内部审计成果开发没有做到紧贴风险管理需求、以便于运用的形式呈现，难以满足风险管理各参与方的现实需求。

（五）内部审计参与风险管理的实务环境尚不成熟

首先是缺乏有效的制度保障。当前，总分行均没有就内部审计如何参与组织风险管理出台成熟的管理制度和指导方法，对内部审计参与组织风险管理的工作目标、工作质量也无强制要求和衡量标准，导致基层行内部审计部门参与组织风险管理时有时无、时轻时重。其次是缺乏权力保障。作为内设职能部门，内部审计部门受同级管理层支配，独立性、权威性不够，其提出的风险管理意见及建议有时得不到管理层或业务部门的重视；对整改不积极或落实不到位的，内部审计也缺乏有效约束手段，限制了内部审计成果的运用。

三、内部审计参与风险管理的经验做法及实证分析

A行是人民银行某地市中心支行，下辖多个县支行。近年来，A行内部审计部门积极履行对组织风险管理的监督、评价、建议职能，通过营造风险管理文化、完善风险识别技术、狠抓审计项目质量、深化审计成果运用等措施，在持续改进和完善风险管理与内控体系方面取得了成效，主要

做法如下。

（一）营造氛围，建设内部审计参与组织治理的友好环境

2016年以来，A行在上级行的组织推动下，按年分别开展"内部审计成果运用推进年""内部审计价值提升年""风险防控能力提升年"活动。系列活动深化了A行管理层及各业务部门对内部审计促进组织完善治理、增加价值的认识，为内部审计参与组织风险管理营造了良好的内部环境。

（二）完善风险识别技术，筑牢内部审计参与风险管理之基

一是紧扣管理需求，实施二次评估。除了完成上级行部署的年度风险评估工作，A行内部审计部门还实时结合本行风险管理需要，对剩余风险较大的业务领域开展二次评估。以2018年为例，A行先后4次对本行的基本建设管理、预算管理、固定资产管理、集中采购管理等领域进行了二次评估，保持对高风险业务领域的持续关注。

二是紧扣高风险领域实施审计。在完成年初审计项目计划的基础上，A行还依据持续性风险评估结果，实时调整或新增审计项目、审计调查、审计跟踪整改工作等，实现更为敏感、灵活的风险导向审计，有效解决了传统审计计划在应对新风险时的反应滞后性。

三是注重以"人"为镜。A行内部审计部门指定专人按月梳理分析内外部审计、检查、巡视等通报的问题，分类整理，形成风险防范明细清单，并标记风险等级。

四是关注和参与中心工作。近年来，A行内部审计部门始终保持对本行办公楼基建维修改造项目的日常关注，一旦有内部审计人员参与项目相关工作或本行网站出现关于项目的公告、公示、信息，均及时组织内部审计人员集中学习，主动掌握项目进展情况及项目相关采购的过程、结果等。

（三）抓审计项目质量，提升内部审计在组织风险管理中的影响力

一是坚持集体评议制度，提升审计报告质量。在审计报告形成阶段，

主审人可根据报告撰写情况，随时发起并召开集体评议会议，充分运用审计组全体成员的集体智慧，强化分析深度，提升审计意见建设性水平。近两年，A行多份审计报告得到本行领导班子的充分肯定，一把手多次亲自批示、督促整改，有效促进了A行内部管理水平的提高。

二是聚焦风险防范，提升专题分析质量。根据审计发现的问题和持续性风险评估信息，A行对基建相关问题及潜在风险进行专题分析，从体制、机制上为本行党委决策提供了解决问题和预防风险的方法、途径和建议。

三是培养战略思维，提升综合分析质量。坚持每年对审计发现的问题进行综合分析，跳出一次审计或一类审计的思维禁锢，更加注重从中央银行终极履职目标、本行重点工作等高度分析问题与思考对策。以合同管理为例，A行内部审计部门作为相对独立的第三方，积极提升战略思维运用能力，紧扣中央银行履职目标，对合同管理所涉多个部门进行职能界定，向党委提出建立中支机关合同管理制度，理顺了合同操作流程，达到了提升工作效率的目标。

（四）深化审计成果运用，实现内部审计成果有效转化为风险管理措施

一是搭好向行领导报告的平台。内部审计部门以风险防控能力提升年活动为契机，以贯彻落实上级行《关于加强审计整改工作的意见》为准绳，定期向行领导汇报审计发现的中高风险问题、内部审计部门风险评估情况、审计整改落实情况等，使内部审计成果为行党委决策服务。二是用好全行"大监督"平台。充分利用定期召开的全行"大监督"部门联席会议，向办公室、人事、宣传群工、纪委监察等部门通报审计情况，使内部审计成果为党风廉政建设、反腐、干部管理、职工评先评优等工作服务。三是搭建与业务部门的沟通平台。注重向业务部门反馈相关业务领域的突出问题、普遍问题或重大问题，促进业务部门加强对口业务管理，拓宽内部审计成果运用范围。

四、中央银行基层行内部审计参与风险管理的建议

（一）优化内部审计参与风险管理的内部条件

一是管理层应提高对内部审计参与风险管理重要性的认识。中央银行基层行管理层应积极转变理念，充分认识到内部审计能够有效鉴别、佐证风险管理的适当性和有效性，在持续改善本级及系统所辖风险管理中有着不可替代的重要作用。管理层应在不断学习先进风险管理理念的同时，积极推动出台、完善风险管理相关制度，合理确定内部审计服务于风险管理的工作性质、内容、范围、作用和责任等，为内部审计参与风险管理创造更好的条件，使本单位其他职能部门更加配合内部审计部门开展工作。

二是完善中央银行风险管理框架的顶层设计。建议从总行层面研究制定适合中央银行特点的风险管理指导性框架，健全风险管理的组织职能体系，确保内部审计在组织风险管理中责任明确、边界清晰，尤其是厘清、理顺内部审计部门与其他内设部门在组织风险管理中的责任边界，为中央银行基层行内部审计部门参与组织风险管理提供强有力的组织与制度保障。

（二）创新内部审计信息化技术和方法

一是建立更为灵活的审计立项机制。建立持续性风险评估机制，并根据评估结果调整审计计划。也就是说，在组织风险演变时，能立即采取行动更快地推动审计进程，保证审计项目立项实施与组织风险现状相适应。

二是大力推进审计信息化建设。建立一整套完善的计算机辅助审计系统和手段，与业务部门进行数据对接，实现与业务部门数据、信息的共享，推进内部审计向大数据方向发展，实现计算机网络审计监督关口前移，进一步提升内部审计在中央银行风险管理中的价值增值功能。建议总行进一步修改完善现有的人民银行计算机辅助审计系统，不断扩大审计信息数据库的来源，并保持与不断更新的业务数据实时匹配。

(三) 以需求为导向提升审计成果价值

坚持将风险管理参与各方的需求作为内部审计工作的导向，集中力量开展综合分析和专题分析，重点对典型性、普遍性、苗头性、倾向性问题开展分析研究，从体制、机制、制度上查找解决问题的办法，标本兼治地提出管理意见建议，形成风险提示书、管理建议书等富含管理价值、契合风险管理者实际需求的审计成果，让风险管理各参与方由被动运用审计成果转变为自愿、主动运用审计成果。

(四) 建设高素质复合型内部审计队伍

中央银行基层行应加强内部审计队伍建设，为内部审计在风险管理中的应用保驾护航。首先，应注重吸纳高素质复合型人才加入内部审计队伍。在内部审计人员的配备上，可以将重点放在人员的综合素质考察上，而不仅仅局限于中央银行各业务专业、审计专业等知识的考察，还应更加注重综合分析、文字表达以及沟通交流等能力的考察。其次，要对内部审计人员进行定期培训和教育。在培训范围方面，应突破中央银行各职能业务、审计等知识，逐步扩展到风险管理、系统思维培养等领域，增强内部审计人员对当前中央银行履职面临的风险和国内外经济金融形势的认识，增强中央银行基层行内部审计人员参与风险管理的能力和素质。

参考文献

[1] 晋媛媛. 内部审计参与企业风险管理相关问题研究 [D]. 北京：首都经贸大学，2016.

[2] 刘力. 内部审计在企业风险管理中的作用 [J]. 中国内部审计，2016 (8)：38-39.

[3] 中国内部审计协会. 国际内部审计专业实务框架 [M]. 北京：中国财政经济出版社，2017.

安庆市商业银行信贷风险的调查分析

交通银行安庆市分行 张 波

商业银行是经营货币信用业务的特殊企业，与生俱来地具有信贷风险属性。信贷风险管理水平的高低不仅是整个金融市场发展进步和有序运行的基础，也是影响商业银行经营发展水平和生死存亡的关键因素。随着我国经济发展进入新常态，不少企业盈利能力下降甚至出现停业和破产的情况，不良贷款和逾期贷款普遍呈上升趋势，商业银行的信用风险凸显，对商业银行健康、可持续发展带来了巨大的挑战。安庆地区受产业结构、民间融资影响，自2014年以来相继出现几起大的风险事件，涉案金额近百亿元，一批商贸企业破产倒闭，商业银行信贷风险集中爆发，全市账面不良贷款率达到4.13%，部分商业银行不良贷款率近10%。因此，分析安庆地区商业银行信贷风险具有一定的代表性和借鉴意义。

一、安庆地区商业银行信贷风险现状分析

安庆地处皖赣鄂三省交界处，是皖西南区域中心城市，是全国重要的综合交通枢纽，现辖3个区6县1市，总面积为1.36万平方公里，2016年末全市总人口数为524万人，全市地区生产总值为1531.2亿元，总量居安徽省第3位。不良贷款余额（不含招商银行、中信银行、兴业银行、浦发银行四家股份制银行）为46.21亿元，不良率达3.13%，信贷风险管理形势十分严峻。

一是不良贷款短期内大幅增长。如表1所示，2016年末安庆地区商

业银行不良贷款较2013年末增加了32.26亿元,年均增长49.07%;不良率较2013年末增加了1.85个百分点,年均增长34.66%。据统计,安庆市不良贷款总量连续15个季度增加,不良率连续11个季度上升,信贷资产下行走势仍未筑底。虽然2016年不良率较2015年有所下降,但只是贷款总量"稀释"了统计计算结果。在这种情况下,仅是报表数据下降,对商业银行信贷风险没有解释意义,不能表明风险有所降低。

表1 安庆地区2012—2016年不良贷款统计

项目	2012年	2013年	2014年	2015年	2016年
余额(亿元)	15.45	13.95	21.67	39.4	46.21
不良率(%)	2.30	1.28	1.77	3.55	3.13

资料来源：安庆银监分局。

注：因统计数据缺失，不含招商银行、中信银行、兴业银行、浦发银行四家股份制银行，余同。

二是区域性风险苗头初显。2016年除1月、9月、10月不良率"时点性"全省倒数第二外，其余月份不良率均为全省最高，4月末不良率曾达到4.13%的峰值，为2011年以来的最高水平。同时，除个别机构外，全市银行业机构不良率在全省各类机构中的排名均比较靠前。此外，2016年末安庆市关注类贷款余额为101.33亿元，虽较年初减少7.49亿元，但体量仍然很大，比重不低，关注类贷款比率为6.85%，总量占全省的10.59%，关注类贷款总量和比率均为全省第二。

三是隐性不良化和不良隐性化现象并存。据统计，2016年2月末安庆市关注类贷款余额为116.50亿元，较上年同期增长32.15%；逾期类贷款余额（不含个人消费数据）为82.65亿元，较上年同期增长54.80%。同时，多数机构信贷管理存在贷款分类不实、五级分类更新不及时等问题，部分机构利用关注、逾期贷款作为缓冲区，人为延缓风险暴露周期。

四是五大国有商业银行不良贷款增长率和占比均高于其他商业银行。由表2可以看出，2012—2015年，五大国有商业银行的不良贷款余额增长了23.99亿元，年均增长119.64%；不良率增长了4.37个百分点，大大超过了警戒线。从占比来看，2012年，五大国有商业银行的不良贷款在全市中的占比为16.18%，2015年末则迅速增加到67.24%，不可否认的是工商银行、农业银行、中国银行、建设银行、交通银行五大商业银行存在较大的风险隐患。

表2 安庆地区2012—2016年分机构不良贷款统计

名称	2012年		2013年		2014年		2015年		2016年	
	余额（亿元）	不良率（%）	余额（亿元）	不良率（%）	余额（亿元）	不良率（%）	余额（亿元）	不良率（%）	余额（亿元）	不良率（%）
五大国有商业银行	2.5	0.69	2.29	0.54	9.99	2.03	26.49	5.06	19.92	4.01
股份制银行	1.72	2.15	1.5	1.58	0.29	0.25	1.12	0.87	2	1.38
农商银行	3.57	2.30	5.65	2.95	6.93	2.52	10.56	2.49	—	—
农村合作银行	3.12	4.00	3.17	3.29	3.9	3.28	—	—	—	—
村镇银行	0.03	0.30	0.04	0.28	0.07	0.37	0.32	1.58	—	—
农信社	4.44	12.74	1.21	3.04	—	—	—	—	—	—
邮储银行	0.07	0.34	0.09	0.28	0.49	1.15	0.9	1.71	—	—
合计	15.45	2.30	13.95	1.28	21.67	1.77	39.4	3.55	46.21	3.13

资料来源：安庆银监分局。

五是安庆地区不良贷款处置难度大。根据安庆银监分局的统计，参照2015年、2016年不良资产处置效率，全市存量处置周期预计达24个月，不良贷款清收化解时间长、难度大。

二、安庆地区商业银行信贷风险集中爆发的成因分析

商业银行信贷风险的成因是复杂的，不仅与经济环境有关，还与商业银行和借款人的行为密不可分。

（一）外部因素

概括而言，导致商业银行不良贷款产生的外部因素主要包括宏观经济、信息不对称、政府干预、行业状况、借款企业的还款能力和还款意

愿、社会信用评级体系等。除以上共性因素之外，由于安庆地区经济发展的独有特点及安庆地区商业银行自身的经营特点，安庆地区商业银行信贷风险的产生也具有一些个性因素。

一是经济下行和电商的快速发展导致安庆地区商贸流通行业受到严重冲击。安庆是皖西南商贸集散地，商贸流通业比较发达，仅安庆市光彩大市场就有1万多商户。同时，大量浙商、闽商抱团运作，广泛从事零售批发等高风险行业，形成了暂时性的繁荣，但是隐藏了巨大的资金风险，企业与企业之间的借贷关系复杂，关联度较大。受国际、国内经济下行影响，加之电商的快速发展，安庆地区商贸流通行业利润大幅下降，大量企业关闭。

二是房地产市场的阶段性调控导致相关行业发展低迷。受政府宏观调控的影响，2013年至2016年初安庆地区商品房市场需求低迷，房地产企业开发力度减弱，房地产市场持续低位运行。根据调查，2015年1~11月，全市商品房累计销售225.9万平方米，同比下降20%；累计销售105.3亿元，同比下降20.2%；累计可售993.9万平方米，去库存周期约为22个月。房地产开发企业面临很大的销售和资金回笼压力，现金流短缺，偿债能力大幅下降，同时上下游企业之间的资金拖欠现象严重。

三是安庆地区民间借贷市场扰乱了银行信用体系。在地方经济高速增长的背景下，民间剩余资本的膨胀催生了大量的金融需求。一方面，持有大量闲置资金的私营企业主和个人有着较强的投资动机但缺乏合理的投资渠道；另一方面，中小微企业迫切投资却普遍存在融资难问题，民间借贷市场应运而生。根据安庆市政府工作报告，2014年安庆市拥有担保公司40家、小额贷款公司43家，各类投资类管理公司达1400多家。据调查，安庆地区的民间借贷资金主要流向房地产。随着政府对房地产业的调控，房地产市场转冷导致民间借贷资金链断裂，进而通过多米诺骨牌效应波及所有涉及民间借贷的企业和个人，严重影响了安庆地区企业和个人的社会信用质量。

四是集中爆发的几起大的信用风险事件成为安庆地区信贷风险爆发的导火索。2013—2015年，安庆地区集中爆发了舒美特化纤、越宜黄酒、东方造船、"刘克胜事件"、汇丰担保、五千年文博园等几起大的信贷风险事件，直接影响资金逾 80 亿元，并由此间接影响到的关联企业、上下游企业资金有数倍之巨，直接导致了社会资金紧缺，对区域金融环境造成了巨大影响。

(二) 内部因素

概括而言，商业银行信贷风险产生的内部因素主要包括风险偏好意识较强、内部控制制度无效、自身经营管理不善。同样，安庆地区商业银行信贷风险的产生也有其一定的个性因素。

一是安庆地区商业银行防范风险的前瞻性不足。根据安庆银监分局年度工作报告，2013 年安庆银监分局意识到非正规金融机构极大地扰乱了金融市场秩序，提请市政府清理。2014 年，市政府开展投资理财类公司集中清理整顿，并暂停审批此类机构。安庆银监分局在安徽省率先开展了影子银行风险状况摸排，推动安徽银监局出台指导意见。但各商业银行在执行过程中大打折扣，对地区经济环境的总体预判过于乐观，对防范风险的前瞻性认识不足，未能在房地产风险和民间借贷风险爆发前采取风险控制措施。

二是安庆地区商业银行间的恶性竞争。近年来，有 4 家股份制银行陆续进驻安庆，为争夺市场，银行间不自觉地降低了贷款门槛或多头授信，向企业提供超过其借款意愿额度的贷款，并在此过程中削弱其抵抗风险的能力，提高了不良贷款发生的概率。统计调查发现，2015 年 2 月末，安庆市同一企业在 3 家及以上银行有授信关系的户数达 300 户，占同期对公户数的 7.82%，其中，不良贷款户数为 89 户，不良贷款余额达 12.90 亿元。

三是安庆地区商业银行的贷前调查不够深入。民间融资具有一定的隐蔽性，特别是依赖民间借贷快速发展的小微企业、民间资金掮客等信息不公开，使商业银行的贷前调查工作难以全面掌握借款人参与高利贷活动的详细情况，对民间借贷的负面影响程度估计不足，导致授信投放不够审慎。此外，一些客户经理、基层机构负责人违规参与民间借贷，民间借贷公司甚至成为商业银行基层机构冲时点的主力军。据统计，某家大型商业银行在安庆的分支机构2013年以来形成关联企业集群19组、57户，套取贷款8.11亿元，主要用于房地产、民间借贷等，且存在明显违反授权管理的情况。其中，授信敞口余额超过2000万元授权的有15组、49户，金额达7.59亿元，目前已有5.92亿元贷款风险暴露。

四是安庆地区商业银行风险偏好较强，贷款投向过于集中在高风险行业和企业。部分机构小企业贷款投向存在偏差，重点管控行业小企业授信占比高，逾期授信业务风险集中。据统计，2013年以来，某家大型商业银行在安庆的分支机构，其新增贷款投向批发、零售等风险管控行业的小企业140户，敞口余额为11.29亿元，户数、余额占新增贷款的比例分别为57.61%、67.40%，其中不良及严重风险隐患贷款95户，贷款余额达7.53亿元。

三、安庆地区银行业信贷风险管理中的问题

（一）绩效考核体系不完善

从目前的情况来看，安庆地区银行业考核体系大部分是将利润、风控和发展指标单独进行考核，这一体系还不能真正实现风险收益最优化的银行经营目标。一是发展指标不能保证风险收益最优化。发展类指标的实现可以脱离实际利润的获取，而当我们把发展类指标作为工作重心时，往往会忽略重视发展而产生的潜在风险。二是经营利润指标中没有考虑应计的预期损失，利润被夸大，这也会造成在利润指标分析、贷款发放、客户选择时仅注重当前，而忽视长远。三是发展指标的实现能够促进部分风控指标的完成。风控指标的核算具有一定的滞后性和弹性，导致部分经营单位产生轻风控、片面追求短期业绩的情况，或者通过加快发展类指标的实现来美化风控指标。

（二）信贷运作流程不科学

一是普遍存在重规模、轻风控的问题。从目前的情况来看，安庆本地

的大部分银行以做大规模为目的,而不是以利润为目标,这实质上就是以资产质量为代价来寻求业务的发展,从而导致忽视风险成本的营销和授信风险研究的扭曲态势。二是缺乏信贷组合管理。从目前安庆地区银行业来看,实现信贷组合管理的银行基本没有。有效运用信贷组合管理,在避免因风险发生带来损失的同时,也有利于实现风险收益最大化。三是信贷分析研究未涉及本质。对信贷的分析研究仅仅停留在表面,未能综合运用现金流量分析等核心信贷风险研究方法,部分企业甚至伪造报表,不利于从本质上了解企业的实际资金用途和真正的还款来源,难以把握企业的真实还款能力。四是重贷款前分析调查、轻贷后监控。从目前安庆地区银行业来看,基本上都很重视贷前的分析调研,而当贷款发放完成后,大部分银行重视不够,未能主动进行贷后监控管理,导致不能有效预防风险情况的发生和发生后第一时间制定相应措施予以解决。五是操作风险控制能力有待进一步加强。从近几年发生的不良贷款情况来看,很大一部分情况是担保、抵押手续不齐全,在有条件授信时没有及时予以落实导致的。

(三) 信贷组织结构不合理

一是部门职责不清。从安庆地区银行业情况来看,信贷风险管理主要涉及风险管理条线、授信管理条线以及前台业务条线等,各个部门的职责与其实际的分工和属性不是一一对应的。例如,某机构让授信审批的授信部门同时负责不良贷款清收,部分银行的市场营销部门负责本行的不良资产清收工作,未将不良资产进行剥离,未成立专门的清收团队,这就导致一线营销人员在发展业务的同时,还肩负风控清收的职责。二是审贷未完全分离。从目前的情况来看,部分银行基层行长集人事任免、贷款审批权、经营权、贷款审批的授权等于一体,授信审查的独立性未能得到保证,造成事实上的审贷不分离。三是信贷决策缺乏专业性。信贷决策具有很高的要求,信贷决策是对收益和风险进行整体、全局把握的过程,需要决策者具有很强的信贷分析能力,同时兼具一定的信贷经验,如果不能够由专业人士进行决策,风险收益最优化水平就得不到有效的体现。

四、加强安庆地区商业银行信贷风险管理对策

(一) 安庆地区商业银行化解不良贷款的途径

目前,商业银行化解不良贷款常用的途径包括清收、催收、贷款重组、诉讼、核销等。在考虑和选择化解处置不良贷款的对策和方案时,商业银行要充分考虑到自身的实际情况和当前安庆地区的经济发展特点,选择最适合、最有效的方法。

1. 逐步优化存量贷款结构。近年来,安庆市委、市政府围绕安徽省委、省政府关于安庆建设现代化区域性中心城市的战略决策,稳步实施"四个强市""五大攻坚战""六大工程"总体部署,经济运行总体平稳,经济结构持续优化,内驱动力不断增强。根据安庆市"十三五"发展规划,到2020年安庆市将建成4个500亿元战略性新兴产业(新能源汽车、高端装备、新材料和新一代信息技术产业)、3个1000亿元支柱产业(炼油化工、纺织服装和食品加工产业)。商业银行应该抓住机遇,进一步加大服务实体经济的力度,逐步盘活存量、优化增量,实现银企双赢。盘活存量不良贷款的有效途径之一是进行贷款重组。贷款重组可以实现商业银行存量不良贷款的优化,同时缓解借款人当前的现金流压力,最终可帮助商业银行达到以时间换空间的目的。

2. 推进存量贷款分类管理。一是加强潜在风险排查工作。综合运用实地调查、账户分析、凭证查验等多种手段收集掌握信息,提前评估风险状况,做到早排查、早发现、早预警、早处置。二是提高贷款风险五级分类的准确性。坚持以还款能力为核心,及时准确调整贷款分类,严控通过借新还旧、展期、巧收贷等手段拖延风险暴露时间,严禁为满足考核需要弄虚作假或掩盖风险,以免贻误风险化解的最佳窗口。同时,要准确计算和计提相应的贷款准备金。三是实施分类管理。对于借款企业破产、关闭、解散、注销,确实不能偿还和收回的债权,应积极向总行申请核销;对于部分逃废债或无偿债能力的借款企业,可通过诉讼、公安机关协助催收、对担保人进行催收等方式压降不良资产;对于能够继续维持生产经

营、有一定现金流的借款企业，可通过加强沟通联系，督促企业逐步归还贷款本息，或通过重组等方法盘活不良贷款。

3. 创新不良贷款处置手段。前文介绍的重组、诉讼等处置方式主要适用于单笔贷款，规模效应不明显。在安庆地区信贷风险集中爆发的压力下，商业银行应积极争取上级行资源，加大创新力度，市场化、规模化处置不良资产，减轻同时抓发展和风控的双重压力，快速推进不良资产的化解，节约不良资产处置成本。可以选择的方法主要有：一是资产证券化。资产证券化是20世纪70年代以来国际金融领域最重要的创新之一，我国于2005年先后颁布了《信贷资产证券化试点管理办法》和《金融机构信贷资产证券化试点监督管理办法》两部法规，建设银行和国家开发银行也进行了资产证券化试点工作。目前，资产证券化已经具备了制度和试点经验的基础，可以逐步推行。二是打包公开转让。打包公开转让是指将一定数量的债权、股权、实物等资产进行组合，形成具有某一特性的资产包，再将该资产包通过转让、拍卖、置换等手段进行处置。其优势在于通过集约化、规模化处理方式，实现不良贷款的快速下降，减轻"冰棍效应"（一般而言，不良资产会随着时间的推移不断贬值，损失不断加大），提高不良资产处理的整体效率和效益。三是批量委托。批量委托类似于业务外包，是指商业银行将多个不良资产组成一个资产包，并采用招标、协议等方式，选定专业的社会中介机构，由其代理商业银行从事资产包内不良贷款的清收化解工作，商业银行根据实际清收成果和时间、进度完成情况等因素，对专业的社会中介机构进行考核，并按协议约定向其支付报酬的处置方式。四是结构性交易，主要方式为由商业银行根据需要，将不良贷款按行业、区域、资产类型等组成一个资产包，由商业银行、社会中介、外聘专家进行整体估值，并对资产管理公司等进行公开招标。

4. 寻求政府加大支持力度。一是协调政府强化信用惩戒机制的建设。2016年，安庆市委、市政府开展打击逃废债专项行动，举全市之力，由市政府主要负责人担任指挥长，整合法院、公安、组织和纪检部门等各种资源，用雷霆手段，打击恶意逃废金融债务的行为，推动金融债权积案集中清理和不良资产处置。专项行动取得初步成效，截至2016年末，执结金融债权案件 1430 件，执行到位标的 12.73 亿元，化解客户风险贷款逾 60 亿元。下一步，还需要进一步加大对信用违约个体的惩戒力度，提高违约成本，对企图信用违约的个体形成真正的震慑作用，形成尊重信用、珍视信用、敬畏信用的良好风气。二是协调政府加快化解重大而又复杂的债务。2016 年，在坚持有利于银政企三方共赢的基本原则下，成功化解安徽鸿润、稼仙米业等几起影响较大的信用风险事件，有效落实银行债权 30 亿元。下一步，应继续协调政府组建相应的机构，充实精干人员，在充分调研的基础上，找准问题突破口，加快化解重大而又复杂的债务。三是协调地方政府减免处置抵贷资产税费。对于商业银行抵贷资产处理中产生的税费较高的问题，监管部门要积极协调地方政府，形成减免税费的具体意见，为商业银行处置不良资产开辟绿色通道。

(二) 安庆地区商业银行完善信贷风险管理预防体系的途径

1. 营造良好的风险管理外部环境。一是加强外部监管。监管部门应改变以前的仅注重事后监管的监管策略，更应该重视风险的事前预警，持续完善相关的规章制度，加大信息披露力度，加大对高管层的监管力度，从而获得事前预防和事后控制双重保险。二是完善法律法规。要加快补充和完善相关法律法规，尤其是对新发生的相关案件的性质进行归纳总结，如分析引发贷款诈骗罪的主要原因并总结其集中度，以遏制贷款诈骗问题频发的现状。三是完善资本市场。目前安庆地区融资渠道相对单一，绝大部分依赖银行贷款，因此商业银行不免面临着很高的流动性风险和信用风险。政府部门要加强培训和引导，一方面积极鼓励、支持企业通过资本市场直接融资，另一方面加大对证券公司的招商力度，引导社会闲散资金进入资本市场。同时，要加大对民间借贷的打击力度，进一步规范金融市场环境。四是健全征信体系。中国人民银行已初步建立起企业和个人征信系统，为商业银行信贷风险防范提供了一个较好的平台，但整个社会信用体系的建设仍亟待加强，特别是要提高违约成本。同时，要学习借鉴发达国家经验，组建权威的信用评级机构，建立统一、规范的信用评级标准，降低信息不对称造成的风险。

2. 培养健康的信贷风险管理文化。要将信贷风险管理文化建设上升到战略高度来推进，进一步明确信贷风险管理文化的核心原则，通过风险例会、加大奖惩力度、正面宣传教育、反面案例汇编、学习讨论等方式构建多样化的载体，将信贷风险管理文化理念有效融入业务、政策、制度、系统、流程、工具，成为银行员工共同的行为指引和自我约束，让健康信贷文化和风险文化的精髓深入员工的灵魂，实现每一位员工都能够把降低风险和提高利润作为本职工作的基本要求，有效保证商业银行稳健合规经营。

3. 建立独立的风险管理组织体系。一是构建完善的内部控制组织框架。在商业银行内部设置风险管理委员会和风险管理部，设置审计稽核委员会和审计稽核部门，形成垂直、独立、权威的管理体系。风险管理委员会作为风险管理的最高决策机构，应定期听取风险管理工作报告，制定并适时调整风险管理策略。审计稽核委员会是稽核、审计、监督的最高决策机构，审计稽核部门作为执行机构，只对一级法人负责，独立行使内部监督职能，且对下属机构的全面稽核实行周期制，循环反复进行，也可安排一定数量的专项审计检查。二是严格执行职责分离及岗位管理。明确划分各部门的职责和权限，严格分离风险评定与业务经办岗位人员的职责和权限。要建立规范的岗位管理及岗位责任制，重点岗位重点管理，严格实行人员轮换和强制休假等制度。三是严格执行审贷分离制度。要建立相对独立的风险调查制约系统、风险审查制约系统和风险检查制约系统，真正建立并严格实行政策制定权、发放执行权和风险处置权三权分立的贷款审查组织构架。

4. 建立科学的信贷风险测评系统。一是制定动态调整的信贷营销战略规划和风险管理政策，主要途径是对有限的信贷资源在不同的区域和行业进行优化配置。二是建立内部信用风险评级体系。信用风险的内部评级法是新巴塞尔资本协议影响最为显著的创新举措。内部评级可以为管理者进行风险决策提供参考，也可以作为提取准备金及经济资本分配的基础，是金融工具价格决定和客户综合授信的重要依据。三是提高信贷风险度量技术。现阶段可以在传统贷款风险度的计算基础上构建一个信贷风险度的函数式，采用内外部评级相结合的方法，对影响信用的因素进行加权综合，计算出企业信用的综合评价值。它可以用于对贷款的分析与决策，明确授信的对象、额度和期限等，从而保证每笔贷款的合理性。

5. 培养精干的信贷风险管理队伍。不断优化现有信用风险管理人员结构，注重信用风险管理队伍的梯队建设，通过传帮带，确保信用风险管理人员不断档，持续提升信用风险管理队伍的业务水平。有计划、有目的地组织干部员工开展专业化的培训，在注重业务技能的同时培养干部员工的主人翁精神和责任意识，进一步强化对法律法规的认识，为商业银行稳健经营、有效规避风险保驾护航。完善人力资源管理制度，畅通从事风险管理员工的职业通道，鼓励风险管理员工充分发挥自身的创造力以及保持积极的工作状态。

6. 健全科学的绩效考核激励机制。建立完善绩效考核办法，调整发展和风控指标的考核权重占比，引导基层单位既重视抓发展，也重视风控，实现风险收益最大的银行经营目标。探索"实付+延付"的薪酬兑付机制，形成奖励惩罚与风险挂钩的机制，积极引导基层单位负责人和营销人员重视信贷风险，关注中长期收益。

新常态下县域金融生态环境建设难点与对策的思考

——以怀宁县为例

中国人民银行怀宁县支行　王成礼　汪　深

金融是现代经济的核心，良好的金融生态环境在一定意义上意味着和谐、统一的社会经济生活，有助于营造良好的发展环境，降低金融风险，推进社会经济全面、健康、持续发展。然而，在我国经济发展步入新常态的当下，欠发达地区县域经济金融运行出现经济增幅明显放缓、企业逃废债务增加、银行资产质量下降、非法集资、民间借贷纠纷快速上升等现象，严重扰乱了县域经济金融秩序，破坏了区域金融生态环境，亟待妥善解决。本文以怀宁县为例，对新常态下区域金融生态环境建设的现状、难点进行分析，并提出了相关对策与建议。

一、怀宁县金融生态环境建设的做法与成效

近年来，怀宁县始终坚定金融核心战略地位不动摇，不断强化共识与合力，在优化金融生态环境和创建省级"金融生态县"方面进行了不懈努力与探索，有力促进了金融与经济协调快速发展。2012—2013年度的金融生态创建工作被安徽省金融工作领导小组予以通报表扬。

（一）健全工作机制，优化金融生态政策环境

一是健全领导机制。成立由分管县长任组长，县金融办主任、人民银

行和银监办负责人任副组长,各相关部门负责人为成员的金融生态环境建设工作领导小组(简称领导小组)。领导小组下设办公室,办公室设在人民银行怀宁县支行,承担日常组织、协调工作。领导小组各成员单位指派专人担任联络员,负责成员单位之间的沟通、协调。领导小组定期召开会议,听取工作汇报,研究解决问题。

二是健全协调机制。印发了《怀宁县金融生态环境建设工作领导小组职责分工》《进一步推动怀宁县金融生态环境建设工作实施办法》,形成以政府为主导,人民银行等金融监管部门及政府有关职能部门协同配合的金融生态环境建设协调工作机制,研究确定各部门在金融生态环境建设中发挥作用的途径和方法,明确各自的职责和任务。

三是健全激励政策。重新修改了《怀宁县金融机构信贷投入考核奖励办法》,按照规定,2014年拿出138万元奖励基金对在支持地方经济发展方面作出重大贡献的金融机构进行奖励。积极落实金融机构涉农贷款奖励政策,相关部门认真做好各家银行涉农贷款金额确认和奖金的划转工作。2014—2016年,已落实金融机构涉农贷款增量奖励资金1000多万元。

(二)加快信用建设,优化金融生态信用环境

一是常抓信用知识宣传。新闻单位广泛深入地开展了金融生态环境建设和打造"信用怀宁"的宣传教育,特别是围绕"信用怀宁"积极开展了系列活动,通过"信用怀宁"专题片、"政府领导谈信用"等活动,积极提升社会信用度,树立怀宁的崭新形象,增强全社会对金融生态环境的认识。金融监管部门、各金融机构也加强了对社会公众的金融安全知识和金融风险教育。各级各部门密切配合,通过丰富多彩、群众喜闻乐见的宣传形式,在全社会进一步营造良好的金融生态环境建设氛围。

二是狠抓征信体系建设。以企业和个人征信数据库为基础,扩大信用报告运用范围,将信用记录良好作为县内选举、干部提拔以及评先评优的必备条件;积极开展以农户和农民合作组织为对象的农村信用体系建设,截至2014年末,共采集、录入农户、农民合作组织信用信息13.8万户。依据《安庆市金融守信企业评定实施办法》,每年年初制订重合同守信用

企业培植计划，并定期向安庆市推荐金融守信企业，2014年共推荐80户企业，其中65户企业荣获"安庆市金融守信企业"称号。

（三）加强改革创新，优化金融生态服务环境

一是积极培育新型金融机构。认真落实国务院出台的农村信用社改革各项政策，采取减免税收、以优质资产置换不良贷款等措施帮助其化解历史包袱，提升盈利能力，并督促其于2015年1月组建农村商业银行，进一步增强了经营实力和支农服务能力。强化政策引导，比照招商引资优惠政策，通过土地使用、奖励、税费优惠大力吸引各类金融机构来县内入驻和设点布局。近年来，怀宁县共成立了4家小额贷款公司、1家村镇银行，先后有徽商银行、交通银行到县内设立分支机构，县内金融服务体系和组织架构进一步丰富和完善，金融市场活力进一步增强。

二是深化农村支付服务环境建设。以拓展助农取款服务点、惠农金融服务室建设为重点，切实深化农村支付服务环境建设，成效初显。截至2014年末，全县挂牌助农取款服务点有294家，建成全功能惠农金融服务室3家，已实现助农取款全县20个乡镇241个行政村（社区、居委会）的全覆盖。累计办理取款23415笔、金额929万元，办理查询业务14852笔，让农民真正实现了"不出村、零收费、无风险"的取款愿望，助农取款服务点也成为代收、代付、收款、付款一体化的新型农村延伸网点。

三是推进信贷模式与产品创新。创新推出"统贷直放""整贷直放""公司＋农户"等信贷模式，以农民专业合作社担保、财政贴息担保、农户联保等方式审核发放涉农贷款，既保证了贷款的有效投入，又降低了贷款潜在风险。同时，大力推进商标权质押、林权抵押等抵质押贷款方式创新，不断拓宽企业融资渠道，缓解企业贷款抵押难问题。截至2014年末，全县贷款余额为121.11亿元，较年初新增27.31亿元，增长29.12%。

（四）强化协同配合，优化金融生态社会环境

一是公安部门采取有力措施，加大对各类金融犯罪案件的侦破力度，严厉打击金融诈骗、破坏金融秩序、金融盗窃抢劫、挪用侵占金融财产等

行为。指导和监督金融机构"三防一保"工作,帮助金融机构保卫人员提高安全防范技能。

二是司法部门加大执法力度,切实维护金融部门合法权益。在涉及"三农"、国有企业改革和破产等经济纠纷中,坚持实体公正与程序公正并重的原则,妥善处理了怀宁县经济发展过程中的经济案件。

三是市场监督管理部门、税务部门等依法支持金融机构维护金融债权,制裁企业逃废、悬空金融债务行为。

四是新闻部门把握好金融宣传的舆论导向,切实增强社会金融意识、强化社会信用观念。

二、新常态下怀宁县金融生态环境建设存在的问题

(一) 经济增速明显放缓,下行压力增大

受全球经济整体进入深度调整期的影响,在经济低增长、低通胀、低需求、高失业、高债务、高泡沫和我国经济进入新常态的叠加影响下,2014年以来,全国经济持续下行。怀宁县经济受大环境影响,经济增速明显放缓,出现了投资增长趋缓、消费增长乏力、创新驱动滞后、增长动力不足等一系列新的问题,经济下行压力增大。2015年上半年,全县生产总值达92.8亿元,同比增长5.9%,增幅同比回落3.8个百分点;规模以上工业增加值达43.3亿元,同比仅增长3.3%,增幅同比回落10.2个百分点;固定资产投资为69.4亿元,同比增长12.1%,增幅同比回落7.9个百分点;房地产投资为2.94亿元,同比下降10.3%;全县社会消费品零售总额为30亿元,同比增长12.1%,增幅同比回落1.2个百分点。

(二) 企业拖欠债务增加,违约风险上升

当前怀宁县企业多数为小微企业,规模小、资金少,经营者理念落后,缺乏创新意识,多数企业运行多年仍原地踏步,成了"小老树",抗风险能力弱。在宏观经济下行、消费需求不足的当下,许多企业投资回报率不断下降,经营出现困难,财务状况逐渐恶化,拖欠税款、员工工资、

银行贷款等债务时常发生，自 2014 年以来呈上升趋势。

随着企业债务的增加，违约风险逐步上升，加上怀宁县融资担保体系不完善，只有 1 家政府财政出资的担保公司，且注册资本金仅为 1.538 亿元，为企业提供融资担保的能力有限，一些企业只能通过企业间的互保才能获得银行贷款，然而互保企业一旦出现贷款风险，其他任何一家关联企业都难以独善其身，易形成多米诺骨牌效应，连锁性风险陡增，进一步累积企业违约风险。

（三）银行不良贷款"双升"，风险逐步加大

近年来，在经济下行大背景下，受企业拖欠债务、互保企业关联风险显现，以及非法集资、民间借贷资金链断裂风险暴露等因素的影响，怀宁县银行业金融机构不良贷款明显反弹，不良贷款余额和不良贷款率呈现"双升"态势（见表1）。

表 1　2014 年至 2015 年上半年怀宁县不良贷款余额和不良贷款变化

单位：万元，%

项目	2014 年				2015 年	
	第一季度	第二季度	第三季度	第四季度	第一季度	第二季度
贷款余额（万元）	1061616	1167077	1162397	1211095	1238879	1297789
不良贷款余额（万元）	18154	21120	22105	24100	40315	51850
不良贷款率（%）	1.72	1.81	1.90	1.99	3.25	4.00

不良贷款余额和不良贷款率快速反弹，银行信贷资产质量明显下降，且 2015 年以来呈现继续恶化态势，一方面影响银行加大有效信贷投放、支持实体经济的信心，另一方面也加大了有效防范化解金融风险的难度。

（四）非法集资、民间借贷案件增加，助推风险发生

非法集资、民间借贷在经济上行周期，由于投资回报率高，投资收益能够支付集资和借贷的利息，虚假繁荣掩盖了风险暴露；反之，在经济下行周期，投资收益难以支付集资和借贷的利息，一旦资金链断裂，将加速

风险暴露。据统计，2015年上半年，怀宁县发生非法集资案件2件，涉案金额达3800万元，同比增长216.67%；民间借贷纠纷立案199件，金额达15271万元，同比增长98.54%。非法集资、民间借贷案件数量和金额快速增加，隐性风险快速暴露，一定程度上加剧了辖区金融风险，影响了社会稳定。

(五) 法制环境欠佳，金融债权维护难

一是金融案件审理难。虽然党的十八届四中全会通过的《中共中央关于全面推进依法治国若干重大问题的决定》明确指出，改变法院案件受理制度，变立案审查制为立案登记制，对人民法院依法受理的案件，做到有案必立、有诉必理，保障当事人诉权，从制度上、源头上解决人民群众反映强烈的立案难问题。但是，目前，一方面，基层法院人员紧缺，审判员素质不高；另一方面，金融案件呈逐年上升态势，立案数量增加、金额增大，且涉及面广，审理较为复杂。受上述因素的制约，金融案件审理难。据统计，2015年上半年，怀宁县法院受理金融案件367件，金额为31017万元；结案249件，金额为19154万元。结案案件数和金额同比上升，但结案率仅为67.8%，同比下降10.2个百分点。

二是金融案件执行难。一方面，由于地方司法机构的利益直接与地方政府部门和官员个人的决策行为相关，尤其是为了维护社会稳定等，司法执行难免会受到行政干预，从而出现执行难、执行周期长的问题；另一方面，缺乏有效的失信惩罚机制，对逃废债务的"老赖"缺乏必要的行政、经济和法律惩戒手段，使失信行为像脱缰的野马，一时难以降服。近年来，随着风险的逐步暴露，金融案件逐年增加，案件执行难度加大，执行率下降。据统计，怀宁县2013年以前年度案件执行率仅15.63%，2014年执行率仅为13.5%，2015年上半年胜诉但未执行案件仍有971笔，涉案金额达2.63亿元，未执行的金额为2.29亿元，执行率仅12.93%。

三、进一步优化怀宁县金融生态环境的对策及建议

（一）加大支持经济发展的力度，实现经济金融良性互动

经济与金融是一个有机结合体，经济运行质量是影响金融生态环境的核心因素。目前，怀宁县金融运行暴露的新风险，主要是受经济下行压力的影响，因此主动加大支持经济发展的力度是优化怀宁县金融生态环境的首要任务。

一是加大引导协调力度。政府及相关部门应加强与金融机构的沟通与协调，引导金融机构认真落实近年来国家和省政府、市政府出台的支持经济发展政策以及《怀宁县人民政府关于主动适应新常态 支持中小企业健康发展若干规定的通知》，努力实现产业政策和信贷政策的有机结合。定期组织召开经济与金融运行情况分析会、经济金融形势座谈会、重点项目融资推介会、直接融资方式业务推介会等，积极推进金融产品和产业项目的相互推介，促进经济与金融的良性互动。

二是加大信贷支持力度。人民银行加强信贷政策宣传，加强对各银行业金融机构执行国家信贷政策、产业政策的引导、检查与督促，积极促进国家信贷政策与产业政策的贯彻落实。各金融机构应积极向上级行争取信贷倾斜政策，适度下放贷款审批权限，增大授信额度。与此同时，要简化贷款手续，优化审贷流程，扩大信贷授信规模。坚持"有保有压"的原则，加大对重点企业、重点项目、"三农"、自主创新、节能减排、生态环保、民生工程等的支持力度。要积极开展互保、联保、设备抵押、应收款质押等多种担保和农村"三权"抵押担保贷款，切实解决中小微企业和"三农"融资难问题。

三是加大金融创新力度。金融机构尤其是法人类金融机构应按照自身的功能准确定位，以市场为导向积极拓展业务范围，进一步提高金融产品市场研发能力，不断创新金融产品和服务方式，满足不同类型、不同规模的企业和个人的资金需求，为其提供优质高效的金融服务。

(二) 积极防范化解金融风险，维护辖内金融稳定

新常态下，金融风险的累积是影响县域金融生态环境建设的一个重要因素，因此防范化解金融风险是当前优化怀宁县金融生态环境的又一重要任务。

一是充分发挥政府主导作用。防范化解金融风险，政府是主导。首先，发挥协调机制作用。金融生态环境建设工作领导小组各成员单位严格按照《怀宁县金融生态环境建设工作领导小组职责分工》履行职责，认真落实《进一步推动怀宁县金融生态环境建设工作实施办法》，通过联席会议、信息披露、数据交换等形式，加强对口部门之间的日常沟通，实现信息资源共享，一旦风险发生，各单位积极作为，共同应对，将金融风险的影响降到最低限度。其次，发挥重点事项研究机制的作用，对金融机构风险处置中的重大问题进行联合调研，综合分析，提出切实可行的政策建议。最后，发挥紧急磋商机制的作用，对可能发生的重大金融问题事项或紧急事项，应提前制定处置预案，一旦事件发生，立即启动预案，及时采取措施解决，确保全县金融平安。

二是加强风险监测、预警和防范，积极推广金融稳定宏观审慎管理系统，对金融机构进行不定期的风险预警。认真落实《怀宁县金融风险监测、预警制度》，加强对融资性担保公司、小额贷款公司、典当行等类金融机构以及非法集资、民间借贷、房地产业等领域的风险监测，按季度对监测数据进行评估和分析。对监测和分析发现的风险征兆，及时向其主管或上级部门及有关监管部门发出风险提示通知，防止风险蔓延和传导。严格落实银行业金融机构重大事项报告制度，及时将存在风险隐患的机构和事件向上级行和县政府报告，并提请政府和有关监管部门提前介入，防患于未然。

(三) 加大金融案件执法力度，有效维护金融债权

一是党政部门要支持案件执行。县政府要自觉克服地方保护主义，杜绝金融维权案件审判过程中的行政干预，支持审判机关依法独立行使审

判权。

二是司法部门要加大执行力度。县法院建立金融涉诉案件审理的绿色通道，进一步提高受理、判决、执行效率，有效降低金融机构通过司法途径保全和清收金融资产的成本，确保银行资金及时回笼。

三是打击恶意逃废债行为。法院要开展金融债权案件专项执行活动，出台对"老赖"的收入监控和消费限制措施，把相关执行文件张贴到"老赖"的办公地和居住地；利用报刊、电视对"老赖"进行曝光，要求其按规定期限到法院办理有关手续；号召群众提供"老赖"的收入、资产线索，对有价值的举报给予奖励；由纪委、监察部门督促欠款人员还贷，并要求各级人员限期停职还贷；组织人事部门把金融信用纳入干部年度考核；党委、人大、政协要取消"老赖"的党代表、人大代表和政协委员资格；对"老赖"公务员不得提拔使用。部门要形成合力，工商、国土、税务等部门要充分利用登记、年检等手段支持金融机构维护金融债权。

(四) 加强宣传和信用体系建设，进一步增强全社会信用意识

一是加强金融信用知识宣传。金融信用知识的普及和强化是改善金融环境的基础。充分利用广播、电视、报刊、网络和讲座等形式，深入广泛地宣传金融信用知识，培养全社会的金融意识和信用意识。集中开展"宣传周""宣传月"活动，制作户外标语广告，接受记者访谈，发放宣传资料，集中设点咨询，促使社会各界关心金融、重视金融、理解金融，更加遵循金融运行规律。

二是加强县域信用体系建设。进一步建立健全全县信用领导协调激励机制、信用评价机制、信用担保机制、信用培育机制和信用文化宣传机制，努力打造省级农村信用体系建设试验区。积极申请加入安庆市小微企业信用信息共享服务平台，逐步归集工商、税务、质监、法院、公安、环保、电信和信息中心等部门拥有的企业和个人信用信息，建设全县信用信息交换共享平台，搞好信用信息更新，实现信用信息汇集、建档、交换与共享。

三是开展企业信用评级工作。科学评定企业信用等级，推出一批信用优良的企业，推进信用信息的社会化应用。建立诚信企业"红名单"激励和"黑名单"处罚制度，定期向社会公布诚信企业"红名单"和失信企业"黑名单"，完善对企业失信行为的惩戒制度，提高失信成本，增强诚信受益的辐射示范效应。

（五）加强中介服务机构建设，促进中介服务市场健康发展

一是加快信用担保体系建设。制定有效措施激励政府出资的担保机构积极开展融资担保业务，鼓励民间资本参与组建担保机构，鼓励和支持有条件的企业、行业协会设立股份制、商业性的担保机构，引进知名担保机构到辖区拓展业务，定期召开银行与担保机构的协调会议，畅通合作渠道。

二是规范中介服务市场。按照市场化运作原则，把依附于部门的中介机构服务功能从行政管理职能中剥离出来。建立中介机构不良记录信息共享机制，对有不良行为的中介机构和从业人员定期在政府相关部门和各银行业金融机构内部进行通报，情节严重的，依法从中介市场清退。鼓励会计、审计、律师等各类事务所以及动产、不动产评估等中介机构的发展。积极引进资信等级高的中介机构落户怀宁，努力提高中介机构整体服务水平。

"小企业旅游贷"风险管理问题研究

中国工商银行安庆潜山支行 王业钊

工商银行安庆分行早在 2012 年初就对安庆市丰富的旅游资源及旅游市场深入调研,研究完成一款首创信贷产品"小企业旅游贷",从 2013 年 8 月 29 日首笔贷款发放至今,该款信贷产品在安庆市乃至在安徽省内多个二级分行开贷,运行始终良好,为文化旅游产业作出了积极贡献。在经济新常态背景下进一步完善该产品的运营过程及风险防范,以便更好地发挥该产品服务实体经济的正能量作用,具有非常重要的现实意义。

一、"小企业旅游贷"风险管理的立足点与创新思考

一款信贷产品的设计、营销、管理规范的制定过程,其实就是该信贷产品实施过程中风险防范程序的构建过程。也就是说,产品设计、管理办法、营销指引所思考和规范的内容就是如何防范该产品运行过程中各个环节产生的风险,确保资金安全。在产品设计中贴近行业、企业实际,解决企业合理融资需求,拓展自身业务领域,通过创新与发展实现银行与企业双赢,使资产安全升值,是银行开展信贷创新的首要选择。那么,在该信贷产品设计中,如何拿捏拓展业务与风险防范的度就成为关键。

据初步了解,银行信贷服务进入旅游小企业领域,应该是一个比较新的课题,在此之前,工商银行湖南省分行尝试以云台山农家乐服务企业为对象,设计了专门的贷款产品,由于目标客户比较单一,审批层次为湖南省分行,基本是在现有个人经营贷款基础上的扩围。除此之外,尚无涉及

旅游小企业方面的信贷产品。整个金融系统在推出适应旅游小企业的信贷产品方面之所以步伐不快、创新不多，我认为主要原因在于，旅游行业的小企业是在旅游市场进一步改革开放的环境下逐步形成的一个新的企业群体，具有与其他生产经营企业天然的不同特性，主要表现在投入较大、产出周期长，资金投入形成的主要是固定资产即景点的基础设施，但这些固定资产又不符合银行对贷款抵押资产的要求；贷款用途也主要是景区设施的修造，不符合流动资金贷款的基本定义，也与流动资金贷款的期限设计无法吻合；根据银行的信用评级模型并套用生产经营或商贸流通企业的授信测算方式，也不可能获得与融资需求相对应的信用等级和授信额度。但是，从社会经济发展及市场前景分析，这又是一个处于发展初期、前景无限的朝阳产业，国家产业政策支持、居民收入及消费升级后的取向及对金融综合贡献上升的幅度都说明其值得挖掘。现代金融业务的竞争其实就是抢占市场先机的竞争，所以，在该产品设计过程中，我们大胆突破了三个方面的政策障碍：一是流动资金贷款不能进入固定资产投资领域的障碍，允许在流动资金贷款项下发放旅游小企业贷款，用于固定资产改建、扩建、更新，以契合旅游小企业的资金需求；二是在担保方式上，贴近旅游小企业"小、特、新"的实际，首次允许旅游小企业以景区的收费权作为主担保方式，同时增加其他约束条件，确保担保有效和能够变现；三是在授信额度的把握上，改变了单一的依据现金流测算授信的方式，根据旅游行业的收入现金贡献率测算企业的还款能力和授信。

众所周知，银行作为特殊企业，经营的产品——货币资金与其他产品有着根本不同的属性，在安全性、流动性和效益性选择中，安全性始终居于首要位置。那么，在进行以上三项创新的同时，如何确保信贷资金的安全？我们的着眼点是立足这三项突破中可能出现的风险隐患，有针对性地落实防范措施，在产品设计时添加了企业可以达到和我们可以控制的其他增信方式。

首先，将该贷款品种作为银政合作的贷款品种。由于旅游行业的特性，单个企业要将业务做大做强，必须依赖整个旅游产业链的完整和行政行为的协调，虽然旅游行政主管部门还没有开始办理收费权等权利质押登记工作，简政放权的政策走向也要求旅游行政主管部门转型为服务型机构。但是，由于旅游行业涉及的开发、经营、管理都具有较强的政策指导性，旅游行政主管部门通过规划制定、星级评定、市场管理等不同环节的约束，对旅游企业经营发展的影响相当大。所以，我们要求申请贷款的旅游小企业必须由市级以上的旅游行政主管部门书面推荐，并在旅游企业资质等级、经营期限、经营规范、政策支持力度等方面与旅游行政主管部门共同把关。同时，要求旅游行政主管部门承诺将国家及各级政府对旅游企业的扶持资金与工商银行贷款打捆，形成政府与银行支持的合力。旅游行政主管部门在推荐企业的同时，书面承诺在企业不能偿还贷款时，协助银行处置抵押资产及权利，基本解决了保证方式偏弱的问题。

其次，以旅游行政主管部门委托的第三方统计数据作为我们掌握企业经营收入的主要依据，避免了信息失真和数据水分。由于旅游企业的收入结构、价格构成与其他企业不同，对其经营收入的测算及监控存在一定的难度，所以我们强调以企业提供的报表数据为基础，以旅游行政主管部门委托的第三方监测数据为佐证，科学掌握企业的经营情况。同时，根据旅游行业一次性投入较大、后期经营毛利较高的现实情况，根据社会平均的毛利率水平测算现金贡献率，合理测算企业即期偿还能力，解决了授信测算依据的科学性问题。

最后，以落实账户监管措施为手段，通过签订账户监管协议，明确企业的贷款资金使用必须接受工商银行的逐笔监管，必须与贷款申请用途一致，还必须控制在预算的项目开支范围内，在贷款使用环节确保专款专用。同时，通过密切监控企业回笼资金并监控资金使用，了解和掌握企业的经营收入情况，据以判断企业经营环境及效益变化，核实授信的充分程度，提升贷后管理层次和把控水平，加强贷前、贷中和贷后控制。

二、更新信贷思维，强调科学判断与经验判断的有机结合

反思工商银行信贷业务发展过程中对风险偏好的把握方式及标准，剔

除 1995 年以前的非经营特性阶段，最为典型的有两种。

一是在 2005 年以前的国有专业银行及国有银行商业化初期，国有银行从计划经济向市场经济转轨并逐步与现代金融接轨，虽然这个过程是渐进和分阶段的，但是在整体思维上，信贷风险的判断以经验判断为主，判断的主要依据是企业掌握资源的能力，政府对企业的支持和把控程度，信贷从业人员对企业经营水平、盈利能力和经营者诚信的判断，外加对企业抵押资产的价值判断等，这些判断方式在现在的贷款风险把控中仍有一定的分量。

二是银行彻底转轨为金融企业以来，以大型国有银行股份制改造和上市为标志，我们引进了国外现代银行的风险防控理念，依靠大量的基础数据及数学模型，通过指标测算把控每一笔贷款的风险水平，金融学界称之为科学判断。应该肯定的是，这是金融业务发展及企业规范运行后，在各种企业信息真实可靠的前提下，信贷操作风险把控的最好方式。

在实际工作中，任何科学的信贷风险把控方式在设计和实施过程中都有其合理的成分，否则也不会被广泛运用并为整个行业所接受，从这个意义上来说，"存在就是合理"应该是符合辩证法的。但是，任何方式的运用都离不开操作主体——人和操作的客体——企业所处的环境及思维。

首先，贷款业务的操作者和管理者在业务处理过程中仍然处于主导地位，只有让操作者和管理者有章可循，才能使自由裁量权不被滥用。所以，在设计小企业旅游贷方案时，我们根据目前的信息来源及真实性因素，提高了规范的经验判断在该信贷产品风险把控中的比重，同时，为防止经验判断出现误判，提出了刚性指标，贴近调研过程中发现的可能的漏洞，增加了防火墙：一是强调企业经营者自身投入的资金在整个企业资产中占有的比重不得低于 50%，而且必须是真实的现金投入，银行贷款发放后，企业形成的资产中，负债形成的资产占总资产的比重不得高于 50%，也就是说，在企业贷款发放后，根据贷款按季度还款的约定，企业的债务处于下降状态，从一定程度上提升了贷款的安全性。二是强调企业主要股东在申请旅游贷并获得贷款时及贷款存续期间，企业自身及关联实体不得有优于工商银行担保方式的贷款发生，即如果企业及股东名下有可供抵押的资产，必须首先用于贷款抵押，不足部分才可以考虑用收费权质押。这就从两个方面约束了企业的经营行为，即不得过度举债，增加工商银行贷款交叉违约风险，限制了企业的过度扩张，使小企业旅游贷名副其实。三是全部贷款都要求落实主要股东和经营者的连带保证责任，通过让股东及经营者承担无限责任，将其与企业的兴衰紧密联系在一起，提升了贷款的安全系数。

其次，我们在方案中对测算企业资产形成及核算的方式作出了明确规范，规定无论企业账面资产价值多少，我们测算企业资产形成的依据为企业真实的现金投入，也就是说必须是投资者的血汗钱。这就在一定程度上增强了投资者的责任意识，因为在任何情况下，投资者对自己真金白银的投入珍惜程度远远高于对机会收入的珍惜程度。这就对贷款的客体形成了有别于其他贷款的实际约束，也是一般数学模型和数据测算难以覆盖的。

三、目前操作中存在的问题

"小企业旅游贷"作为立足安庆旅游小企业经营实际设计的产品，在全省推广实施及运营中，总体运作良好，在拓展业务的同时保证了资产质量，延伸了工商银行的服务渠道，成效是明显的，但是，通过对承贷企业及相关贷款发放、管理过程的分析，我认为，有几个方面的问题有必要在操作中予以认真对待。

1. 管理工作没有到位，创新产品的使用没有体现创新特色。这主要体现为在操作中对该产品的设计理念、思维方式乃至管理办法的理解仍不够透彻，甚至存在着仅仅将其理解为增加了一个贷款通道。虽然产品的设计及管理规定的制定来自基层，但是，这毕竟是通过省行、总行反复论证并进入总行系统的信贷产品，其作为一个有别于其他小企业信贷的品种，要求自然迥异。但是，目前的营销、审查、审批等环节并没有完全体现它的特性，在营销上仍等同于一般贷款，在审查审批环节也没有严格按照管理规定进行操作。

2. 贷款对象存在偏差。任何一款信贷产品，其适用对象都是通过规范性文件予以明确的,特别是"小企业旅游贷"这种创新产品,设计时的受贷对象非常明确,就是专门从事旅游景点管理及服务的小企业群体,贷款人及主要股东、实际控制人也不得有优于工商银行旅游贷的其他负债。这主要是考虑到了旅游小企业"小"的特性,如果存在大量关联关系,既易引发系统性风险,也脱离了该贷款品种界定的贷款对象范围,使"小企业旅游贷"脱离了基本定义,也极易让其他企业以"小企业旅游贷"之名套取银行授信资金用于其他活动。因此,贷款对象的涵盖范围是保证该产品项下信贷资金安全的必要条件,但是,从已发生的承贷对象来看,有些贷款的实际控制人名下有多个经营主体,关联贷款额度远远超出定义的小企业贷款额度,其经营的主业也并不是旅游业,无法控制专款专用和交叉违约,特别是一些从事敏感行业的企业主如通过注册旅游企业变相从事旅游地产开发等,放大了贷款风险。

3. 对企业的真实资金投入把控不实。严格界定企业股东的现金投入,是确保投资者重视资产安全、关心投入资产价值的主要措施,但是实际操作中,也存在着以企业账面资产作为认定企业现金投入的额度并据之发放贷款等问题。考虑加上这一限制性条款,是对借款人经营企业基本条件的约束,也是经验判断的主要因素,因为旅游企业的资产大多是无形资产,一旦企业经营不善,资产价值变化相当突出,只有企业经营者有足够投入,才能增强债权人的信心。我们在核实企业投入时,没有核实企业资金投入的票据、企业提供的票据与形成资产之间的关系以及真实性等,变相放松了审查条件。

4. 与旅游主管部门的沟通缺乏经常性和细致性,仍停留在获得一纸推荐函作为贷款发放依据上,缺乏对行业政策动态、企业经营数据的掌握和核实,缺乏对政府、银行合力支持程度的把控,更缺乏对企业经营合法合规性的了解,没有实现银行与政府主管部门通力合作,也为一旦出现风险,无法获得主管部门的支持埋下了隐患。

5. 贷后管理工作不到位现象突出。为规范"小企业旅游贷"的管理,管理办法规定了明确的违约责任及贷款提前到期条款,借款合同对相关条款也做了明确规定。但是,在日常贷后管理中,怠于行使权利的情况明显存在,特别是资金账户监管在有的贷款发放行基本没有落实,没有按照约定落实支付管理,被挪用情况不同程度地存在,收入没有进入专户,使用随意,甚至每月收息、每季度还贷资金都是从其他账户临时转账而来,形成了较突出的风险隐患。这对于季节性特征非常突出的旅游小企业而言,是更加需要重视的。

四、意见与建议

"小企业旅游贷"由于运营时间不长,业务发展与预想的速度仍有距离,所以对于操作中暴露的问题,也缺乏系统性的反馈与研究。坦诚地说,任何新的业务品种尤其是信贷业务产品,都存在根据形势变化不断完善、充实和创新的过程,所以,我愿意就"小企业旅游贷"发放和管理中存在的问题与同仁沟通交流,也希望上级行不断充实该产品的内涵和扩大其外延,促使其产生预期的效果。但是,这绝不应该是放松制度管束、突破管理规定的理由。据此,为促进"小企业旅游贷"业务的健康发展,抢占旅游小企业服务高地,有必要加强如下几个方面的工作。

第一,高度重视"小企业旅游贷"业务的拓展及综合服务的提升工作。旅游小企业作为一个特殊的企业群体,兴于改革,发展于居民收入提升与消费升级,提质于管理规范和做大做强。对金融部门来说,商机无限,亟待开发,把握这一消费升级热点中出现的业务营销机遇。

第二,"小企业旅游贷"推出至今,业务在发展,问题在出现,对管理制度的检验过程有必要推进。建议省分行组织业务经办行开展业务专题研讨,认真梳理业务经办各个环节中发现和存在的问题,对照要求,分析合理性、合规性与可行性,提出更加可行的完善办法,使该信贷产品更加贴近实际,内容更加合理并具备可操作性。

第三,加强制度学习。从业务经办行到业务管理、授信审批等各部门和业务经办各环节,认真分析掌握管理办法和要求,领会该产品的风险管理思路,严格按章操作,找出漏洞,补缺补差,防微杜渐。对操作该信贷产品的各级经办及管理人员进行专门的业务培训,培训合格、能够准确掌握相关规定方可上岗。

第四，组织开展对已发放贷款的专项检查。对照管理办法，认真检查已发放贷款在调查、审查、审批环节可能存在的问题，逐一探索解决措施，对于能够通过一定措施予以整改的，抓紧时间予以整改，并在整改后规范管理，对于明显存在漏洞甚至风险暴露水平较高的贷款抓紧收回，避免出现劣变；对于可以通过提供增信措施提高贷款安全性的，迅速采取措施提升贷款安全度。

第五，对新增客户准入及贷款发放，严格按照管理办法操作，从严审查、从紧审批、从实管理，确保信贷产品健康发展，服务地方特色产业和工商银行业务发展。

第六，进一步密切与各级旅游行政主管部门的合作关系，依托创新产品和服务，形成独特的竞争发展优势，从上到下打造工商银行的服务品牌，在其他金融机构尚未复制工商银行产品及服务之前，形成工商银行稳定的合作渠道与优势，提升综合竞争力。

第七，密切关注国内外旅游消费发展大势，政府旅游发展规划、区域旅游市场特色，寻找热点和发展趋势，顺势而为，扎实推进特色服务，融入旅游经济发展的大潮，并将"小企业旅游贷"产品与小企业经营物业贷、公司旅游企业贷款形成良好的互补，提升工商银行综合竞争能力。

我国中小企业融资方式及风险防范研究

徽商银行安庆分行　冯　艳

在中国经济转型升级的过程中，中小企业拥有巨大发展空间，在今后较长一段时期内都将处于良好的历史发展周期，然而中小企业的融资问题受到社会的普遍关注。化解中小企业融资风险是市场经济体制的一项系统工程，如何进行风险防范，降低中小企业的融资风险，构建政府、企业和银行三位一体的风险防范机制，是缓解小微企业融资难亟待解决的问题。

一、我国中小企业融资主要方式

所谓融资，就是资金融通。它有狭义和广义之分。狭义的融资是指资金的融入，是企业为了经营发展而采取的筹资的经济行为。广义的融资是指资金的双向流动，即资金的融入与融出，也就是资金的来源与运用。中小企业融资就是中小企业为了其经营发展而进行的资金融通。其融通过程本质是资金的优化配置及资金增值的过程。融资方式是指企业筹集资本的方式和途径，一般分为直接融资和间接融资两大类。

（一）直接融资方式

1. 股权融资。股权融资是指企业通过首次上市筹集资金、配股和增发股等股权融资活动筹集所需资金的活动。发行股票是一种资本融资，投资者对企业的利润有要求权，看重的是企业的投资回报率和长期经营的能力。但是，由于投资者所投的资金不能收回，面临的风险较大，因此，股权投资者所要求的预期收益比银行要高。从这个角度来讲，股权融资的资金成本要高于银行借款等间接融资方式。采用发行债券的方式进行融资，优点是还款期较长，一般债券的还款期为中长期，有利于企业的长期经营活动。同时，债券融资的市场利率较低，附加的限制条件也比较少，企业可以通过较小的融资成本筹集所需的资金。但是，债券融资的手续比较复杂，对企业的要求比较严格，制约了债券融资的发展。

2. 债权融资。发行债权是指企业或组织通过发行债权的形式筹集所需资金，包括国债、金融债和企业债券市场，企业债券市场又包括企业债券、公司债及可转换债券。对企业而言，债权融资是一种重要的融资手段，它的优缺点介于股权融资和银行借款。债权融资要求企业选择好发债时机，时机的选择必须充分考虑到未来利率的走势预期。在我国的企业债券市场中，企业债券的要求较低，而公司债的要求较高，只有国有独资公司、上市公司、两个国有投资主体设立的有限责任公司等才有权发行公司债。同时，对发行公司债券企业的资产负债率和资本金都有严格的限制。可转换的债券只有重点国有企业和上市公司才能发行，它是一种含期权的衍生金融工具。

3. 商业信用。商业信用是指企业与企业之间互相提供的与商品交易直接相联系的资金融通形式，其主要表现为两类：一类是提供商品的商业信用，如企业间的商品赊销、分期付款等，这类信用主要是通过提供商品实现资金融通；另一类是提供货币的商业信用，如在商品交易基础上发生的预付定金、预付货款等，这类信用主要是提供与商品交易有关的货币，以实现资金融通。伴随着商业信用，商业票据出现，作为债权债务关系的证明。

4. 民间借贷。民间借贷是指公民之间、公民与法人之间、公民与其他组织之间的借贷。其优势在于：一是手续简便。民间融资不像银行贷款那样需要提供营业执照、代码证书、会计报表、购销合同、负责人身份证件、验资报告等材料，也不用经过签订合同、办理公证等程序，一般只需考察房产证明及还贷能力等并签订合同即可。二是资金随需随借。按银行的正常贷款程序，企业从向银行申请贷款到获得贷款，大约需要1个月，即使是长期合作客户，最快也需要 10 天左右；而民间借贷一般仅需要 3~5 天甚至更短的时间即可获得所需资金。三是获取资金的条件相对较低。中小企业贷款风险大、需求额度小、管理成本高，银行在发放贷款时普遍要求中小企业提供足够的抵押担保物；而民间借贷门槛低，显然更加适合小企业。四是资金使用效率较高。银行贷款期限一般以定期形式出现，而民间借贷可以即借即还，适合小企业使用频率高的特点。

5. 内部集资。内部集资是指企业为满足生产经营的需要，向其职工（包括管理者）募集资金的行为。内部集资一般分为两种形式，一是向职工借款，二是向职工发行股票。目前，我国中小企业内部集资以向职工借款为主，内部集资能够调动企业职工的工作热情，手续简便，筹资成本不高，能在企业处于困境时起救急的作用，但是由于其规模有限，只能作为企业融资中一种比较次要、辅助性的融资方式。

（二）间接融资方式

1. 银行贷款。由于我国金融体系中资本市场相对于资金市场发育不完全，缺少一个多层次的、能够为广大中小企业融资服务的资本市场。现行上市融资、发行债券的法律法规和政策导向对中小企业不利，中小企业难以通过债权和股权融资等直接融资的渠道获得资金，其融资的主要方式几乎就是从银行取得借款。据统计，目前中小企业流动资金的 90% 来自银行贷款，固定资产的更新改造资金几乎全部来自金融机构的贷款。因此，银行借款就成为中小企业融资不可或缺的主要方式。与其他融资方式相比，其优点主要表现在：一是筹资速度快。银行借款与发行证券相比，所需时间较短，企业可以迅速获得所需资本。二是筹资成本低。利用银行借款融资，利息可在税前支付，故可减少企业实际负担的利息费用，因此比股票筹资的成本低；与债券融资相比，银行借款的利率通常低于债券利率，而且筹资的取得成本较低。三是借款弹性好。企业与银行可以直接接触，可通过直接商议来确定借款的时间、数量和利息。在借款期间，如企业情况发生了变化，也可与银行进行协商，修改借款的数量和条件。借款到期后，如有正当理由，还可延期归还，便于利用财务杠杆效应。银行借款的利率一般是固定或相对固定的,这就为企业利用财务杠杆效应创造了条件,当企业的资本报酬率超过贷款利率时,会提高企业的净资产报酬率。其缺点表现在:一是财务风险高。银行贷款有固定的还本付息期限,企业到期必须足额支付。在中小企业经营不景气时,这种情况无异于釜底抽薪,会给企业带来更大的财务困难,甚至导致破产。二是借款难。目前的金融政策对中小企业的扶持多流于口号、形式,一直是说得多,做得少,金融扶持不到位,中小企业难以获得银行的信贷支持。三是担保难。中小企业由于资产存量小,拿不出有效资产担保,银行限于自身规避风险的要求,即使看到某些中小企业资质好、还贷有保证,但因为没有足够的担保,也无法提供信贷支持。

2. 票据贴现。票据贴现是指票据持有人将商业票据转让给银行,取得扣除贴现利息后的资金。其优势在于银行不按照企业的资产规模,而是依据市场情况(销售合同)来贷款,比申请贷款手续简便,而且融资成本很低,票据融资保证充分,可以优化银企关系。这种融资方式正在被广大中小企业广泛、积极地利用。

3. 融资租赁。融资租赁具有以"融物"代替"融资"、缓解债务负担、优化财务结构、推动技术进步等多项功能,有效地解决了企业融资难的问题,因而受到很多企业的青睐,成为中小企业融资的有效方式。其优势体现在以下几个方面:(1)节约资金,提高资金的使用效益;(2)简化企业管理,降低管理成本,增加资金调度的灵活性。其缺点在于租金、成本较大。

4. 典当融资。典当融资是指中小企业在短期融资需求中利用典当行救急的特点,以质押或抵押的方式,从典当行获得资金的一种快速、便捷的融资方式。典当行是国家特许从事放款业务的特殊融资机构,中小企业融资额度比较小、周期短、频率高、需求急的特点与典当行小额性、短期性、安全性、便捷性等特点相吻合。典当融资的当物、当期、当费、手续具有灵活性,但缺点是费用较高、融资成本高。

二、中小企业融资风险及成因

为了较为详尽地分析中小企业融资方式的风险,下文选取了近年来较为常见的融资方式进行探讨。

(一) 直接融资方式风险及成因

1. 股权融资风险及成因。一是经营风险。股权融资带来的突出问题是资本使用效率不高,即大量廉价权益资本的流入,使其投资行为非常随意。轻易地把资金投到自己根本不熟悉、与主业毫不相干的产业,放弃自己的长期发展战略,转而千方百计迎合市场喜好,而在项目环境发生变化之后,又随意变更投资方向,这样做从长远来看,必然影响公司的盈利,影响公众投资的回报,最后会影响全社会投资的积极性。二是资金风险。股权融资是通过发行股票进行的融资活动,在股权融资活动中,提供资金者即股东,对入股资金不能要求偿还,但可从公司的收益中得到回报,从短期来看,满足了投资者对股票的需求,为投资者提供了获取投机收益的可能,但从长远来看,它必然影响公司盈利,影响公众投资的回报。三是运作风险。我国证券市场还不够成熟,对股权融资的投向审批不严。公司管理者违反法律法规的规定,在证券发行、交易、管理或者其他活动中扰乱市场秩序、侵害投资者合法权益的行为并不少见,主要表现为证券欺诈行为。我国证券市场还不是很完善,证券监管力度不够,容易发生内幕交易、欺诈客户等现象。此外,随着市场的不断发展,证券市场违规行为出现新形势、呈现新特点,主要有:(1) 上市公司违反《公司法》的有关规定,未经有关部门批准,擅自回购本公司股票;(2) 某些证券经营等金融机构违反国家有关法规,为股票交易提供融资。

2. 债权融资风险及成因。一是担保风险。企业向银行借钱,先要找一家有一定经济实力的企业做担保人,对银行贷款承担连带责任。当民营企业寻找担保企业时,对方往往要求民营企业也承诺为其做担保向银行贷款,这种行为称为互保。大量的互保容易使企业间形成一个担保圈,一旦担保圈中一家企业的运作出现问题,就有可能引起连锁反应,导致其他企业面临严重债务危机。二是财务风险。财务风险主要指企业的资产负债结构出现问题,当企业用债权方式进行融资时,财务费用的增加会对企业经营造成很大压力,理论上,企业的净资产利润率若达不到借款利率,企业的借款就会给企业股东带来损失。但更重要的是,债权融资将提高企业的资产负债率,从而降低企业再次进行债权融资的能力。如果企业不能通过经营的盈利降低资产负债率,并获得足够的现金流来偿还到期的债务,等待企业的后果可能就是破产。

3. 商业信用的风险及成因。商业信用风险是指在以信用关系为纽带的交易过程中,交易一方不能履行给付承诺而给另一方造成损失的可能性,其最主要的表现是企业客户到期不付货款或者到期没有能力付款。

(二) 间接融资方式风险及成因

1. 银行贷款的风险及成因。一是信息不对称风险。信息不对称会造成逆向选择和道德风险,具体体现为市场经济条件下企业为了获得融资资金,往往存在隐瞒或提供虚假消息的情况,使商业银行不能正确认识到该授信项目的真正风险程度,而承担了过大的风险。目前,我国中小企业融资渠道狭窄,银行贷款资金对于中小企业而言往往是稀缺资源,中小企业为了获得银行资金配给,往往存在隐瞒、漏报的情况,这些不对称信息使银行高估贷款项目的利润率或者低估项目风险,从而作出错误的决策,影响银行整体的利润和资产的流动性。同时,当资金进入企业以后,由于信息不对称,部分企业为了获得更高的风险收益,将本应专款专用的资金投入其他风险系数大的项目,增加了银行的贷款风险。另外,银行与中小企业间的信息不对称使银行收集中小企业融资信息具有不真实性和高成本性。二是信用风险。目前我国社会信用体系仍不健全,许多中小企业信用观念淡薄。A级以上的中小企业寥寥无几,大多数中小企业的评级在BBB级以下,还有一部分中小企业的信用等级根本就得不到商业银行认可。这些低信用等级的中小企业在银行信贷过程中,正常的信用关系被扭曲。许多中小企业缺乏还款意愿,甚至在有能力还款的前提下也久拖不还。还有的中小企业财务管理混乱，内控制度不严，财务信息严重失真。同时，我国中小企业信息披露意识不足，使银行在贷款过程中没有可以依据的数据来对贷款项目风险进行有效识别。此外，中小企业缺乏有效的担保和抵押也增加了中小企业融资的信用风险。三是流动性风险。中小企业融资的高风险性增加了商业银行的流动性风险。流动性是指银行能够在一定时间内以合理的成本筹集资金来满足客户当前或未来的资金需求，主要涵盖三个要素：资金数量、资金成本和时间。流动性风险是指商业银行因流动性不足，产生支付困难而导致的风险。在商业银行经营的过程中，一方面，为了追求利润最大化，总是希望将更多的资金用于贷款和投资，并倾向于持有期限长、利润大的资产；另一方面，负债的不稳定和不确定性又要求商业银行必须持有足够的流动资金来应付经营过程中的流动性需要，以避免产生流动性不足。流动性集中反映了商业银行的资产和负债状况及其对均衡要求的满足程度，流动性风险要求银行保持合理的资产负债期限结构。

2. 票据贴现的风险及成因。一是政策性风险，即金融机构在受理客户贴现申请时，未认真审查其票据跟单文件中反映的贸易背景。二是伪造假票风险，即通过伪造纸质、要素、签章、金额等要素变造或克隆票据。三是公示催告风险。持票人在持有的票据丧失后应到承兑银行办理止付，并到银行所在地的地方性人民法院办理公示催告申请。公示结束后，由承办法院作出除权判决，并再次在全国有关报刊上登出除权判决的结果。持票人接收的信息往往不完整，导致善意持票人无法抵抗已被公示催告票据的事实。四是延付风险，即承兑人制造各种借口以达到延付资金的目的。五是操作风险，即经办人员、审查人员未按照规定程序操作，导致贴现银行产生直接的风险。

3. 融资租赁的风险及成因。一是利率风险。在租赁期限内，利率波幅太大造成融资租赁的筹资成本提高，从而导致租赁租金利息高于其他融资方式下的融资利息，使企业面临损失可能性。二是技术风险。先进技术发展迅速，推陈出新的周期越发短促，在确定的租赁期限内，已有的租赁设备和技术手段生产效率落后于先进水平，造成该设备易遭受贬值、淘汰，从而导致企业可能存在无形损耗引发的风险。

三、中小企业融资风险防范措施

对于任何中小企业来说,风险是无法回避的,做业务就难免有风险,风险高,相对收益也高,风险控制并不意味着没有风险,关键是要通过有效的措施将风险损失控制在可以接受的程度。实践证明,中小企业的融资风险是可以控制的。

(一)融资企业方面

一是完善企业制度建设,优化企业治理结构。中小企业要提高自身的经营管理水平,树立起现代企业经营管理理念,面向市场,加强管理,建立起适应市场经济的经营管理模式,并且提高信息使用和资金管理的透明度,规范财务制度,不断提升自身的信用度,获得金融机构信贷评估的较高评价,降低融资风险,增加自己获得贷款的机会,并致力于努力建立长期稳定的银企关系,增强自身的融资能力。二是努力进行产品创新,提高自身的"造血"功能和积累能力,提高技术创新能力,增强产品的市场竞争力,抓住市场发展的机会,加强企业的实力,而且提高服务意识,努力抓住细分市场,满足大型企业漏掉的细分市场客户的特殊需求,占领市场,壮大自身。三是管理者要努力加强自身的理论学习,并结合企业实际管理经验,不断提高自身的管理素质,以增强企业在市场中的预见力和决策能力,减少决策风险,提高企业的生存能力,同时管理者可以在整个企业中更好地发挥统帅作用,使整个企业始终处于欣欣向荣的状态。

(二)商业银行方面

从银行的角度来看,中小企业融资的高风险性需要银行的共同防范和控制,在我国主要是以商业银行为主的信贷机构。一是商业银行等融资机构应积极完善融资体系,改革现行融资体制,进行制度创新。建立和完善适应中小企业信贷的信用评价和等级管理体系,加大实地考察力度,重视企业经营状况和财务状况的变化,重点掌握贷款的使用、归还情况。二是成立中小企业授信部门，发挥融资优势。大型商业银行可以通过成立专门的中小企业授信部门，开发出满足中小企业资金需求特征的金融品种，在中小企业融资市场中取得竞争优势，并利用其自身的资金实力、营业网点、专业优势以及丰富的市场经验，实施有效的风险控制措施，更好地为中小企业提供融资。三是商业银行要更注重考察申请贷款企业的信誉，不应根据客户愿意支付的利率高低来决定是否贷款，而是把资金贷给尽管支付利率不高但信誉好的优质客户，从而实现企业和银行利益的双赢。

（三）融资环境方面

从融资环境来看，要改善中小企业的融资环境。2002年以来，政府及相关部门出台了一系列政策措施，改善中小企业融资环境。一是银行应该继续加大中小企业支持力度，创造有利于中小企业发展的市场环境，引导企业增强信用观念，规范中小企业的财务管理行为，积极发展多元化的融资渠道，加快中小企业发展基金的建设，吸引国内外风险投资，引导符合条件的中小企业上市融资。二是加快中小企业信用体系建设，制定与社会信用体系建设配套的法律法规。加快中小企业信用信息征集、资信评级系统和个人信用联合征信服务系统建设步伐，减少银企信息不对称。三是建立信用档案，明确信用标准，强化信用监督，积极推进信贷登记咨询系统建设，完善公共信用登记系统，实现全国联网，将客户生产经营中发生的重大信息及时录入系统，共同维护系统的准确性、有效性和全面性，增强实用性。

互联网金融初创产品存在的
法律风险及防范对策

——以微信黄金红包为例

中国人民银行安庆市中心支行　陈光宇

2014年1月26日，腾讯推出的微信红包上线，2015年春节期间使用量激增。尽管伴随着很多质疑和争议，但经过腾讯不断完善风险控制措施，微信红包展现出了较强的市场生命力。但是，我们要清醒地认识到，很多有较强市场生命力的互联网金融初创产品因具有较大的法律风险而被叫停或下线，如"首付贷""京东白拿"等。2017年春节期间，腾讯内测推出微信黄金红包，2月14日正式公开运行。微信用户可借助"腾讯微黄金"，将本人持有的黄金份额以红包的形式发给好友。本文以微信黄金红包为例，全面分析互联网金融初创产品存在的法律风险，并提出政策建议。

一、微信黄金红包基本情况

微信黄金红包是腾讯推出的在线黄金交易服务产品。腾讯和工商银行合作，以工商银行的黄金产品为基础，结合互联网客户需求，联合推出在线黄金交易服务。微信用户通过关注"腾讯微黄金"公众号，既可参与黄金买卖交易，也可通过内嵌黄金红包选项，向微信好友或群聊中的其他微信用户进行黄金转账，收到的黄金自动存入微黄金账户。

(一) 参与方式

目前,微信黄金红包发放方式有两种:一是搜索关注"腾讯微黄金"微信公众号,点击底部菜单"微黄金"进入产品页面,再通过中间栏"黄金红包",即可通过微信支付包好黄金红包,最后分享给亲朋好友。二是在已经接收的黄金红包底部有一栏"我也要发黄金红包",点击重复上述操作即可。如果黄金红包包好后未发送或未被领取,24小时后会自动退回到发送用户微黄金账户。

(二) 交易规则

当1对1发送时,单人单次最多只能发送(接收)1克黄金(情人节当天调整为1314毫克);当1对多发送时,单人单次最多发送30克黄金,最多发送给100个人,单人单次最多接收1克。微黄金账户中的黄金买卖交易时间为周一至周五9:40~22:20。交易后的资金转到微信零钱实时到账,转到银行卡17:00前卖出2小时内到账、22:00后卖出次日到账。单笔买入金额上限为10万元,不限笔数;单笔卖出金额上限为20万元,不限笔数。赎回黄金需缴纳5‰的手续费。

(三) 主要特点

与众多互联网黄金理财产品相比,微信黄金红包具有账户开通简便、投资门槛低、操作便捷等优势。

一是黄金红包为现货黄金资产。用户发出或抢到的是由第三方工商银行提供的账户黄金产品。该产品支持T+0快速赎回和提现,实时清算、到账。红包价值随腾讯微黄金价格波动,腾讯微黄金报价则跟踪上海黄金交易所价格而浮动。

二是开通微黄金账户简便。微信用户只需要绑定银行卡,关注"腾讯微黄金"公众号,点击同意授权获得公共信息,即可开通微黄金账户。若已经绑定银行卡的微信用户接收好友黄金红包并同意存入微账户,即开立了微黄金账户。

三是投资门槛低。微黄金以1毫克为最小单位。以2017年2月16日11时腾讯微黄金275.12元/克的报价计算,0.28元即可参与买卖。

四是线上操作便捷。购买黄金时可利用微信零钱或绑定银行卡资金购买黄金。发放黄金红包只需要输入微信支付密码,无须其他校验方式。五种互联网黄金理财产品比较见表1。

表1 五种互联网黄金理财产品比较

产品名称	腾讯微黄金	京东黄金	存金宝	黄金钱包	国美黄金
投资对象	工商银行黄金理财产品	黄金基金、黄金信托产品	博时黄金ETFI类	上海黄金交易所AU99.99现货黄金	标准AU99.99
价格确认	参考上海黄金交易所综合报价	参考上海黄金交易所综合报价	买入价值=100份基金净值之和	AU99.99行情价格	挂靠伦敦交易所金价,通过人民币即时在岸汇率折算成平台实时金价
收益率	浮动收益率	年化生金率+浮动收益	浮动收益率,以基金净值为准,近一年收益率为11.7%	首席收益+金价波动收益	固定收益+金价浮动收益
投资门槛	0.001克起	1000元起	1元起	1元起	1克起
交易费用	买入无手续费,卖出5‰的手续费	买卖均无手续费	买卖均无手续费	买入无手续费,卖出每月前两笔0.2元/克。第三笔起0.7元/克	积存金买入无手续费,卖出每月前两笔0.7元/克,第三笔起1元/克
限额	单笔限额买入10万元,卖出20万元	无	无	每日累计可买入1000克,卖出500克	每日限买1000克,限卖500克

二、主要风险分析

(一) 客户准入审查认证不合规

一是违反了适当性原则。个人理财业务的客户应当是完全民事行为能力人，以及限制民事行为能力人和无民事行为能力人的法定代理人。目前，在微信中只要输入预留手机号、绑定银行卡，即可实现微信支付，因此微信中存在部分拥有银行卡的非完全民事行为能力用户，他们享有与完全民事行为能力用户同等的微黄金产品投资权，违反了《民法通则》等法律关于非完全民事行为能力人从事投资的限制性规定。此外，微信黄金红包价值随黄金价格变动，若微信用户通过黄金红包向他人进行资金抵付或赠与，易引发价值变动纠纷，且易对受赠人产生投资误导，如贫困人员在受赠后将自有资金通过微信平台进行投资理财等。

二是未尽到风险承受能力评估职责。按规定，客户首次购买理财产品前要进行风险承受能力评估，并与银行签署理财协议等。微黄金理财产品借助微信庞大用户群，将吸引众多从未购买理财产品的用户购买黄金理财产品。目前，工商银行和腾讯均未按照规定对首次购买理财产品的用户进行风险承受能力评估，增加了消费者的投资风险。

三是黄金资产易被转移窃取。微信黄金红包通过 H5 分享链接的方式，可以实现黄金红包转赠，从而导致对某些特定对象的红包赠与行为转为对唯一对象的赠与，进而因黄金资产被转移引发民事纠纷。如在某微信群中发放的黄金红包，任何一个群成员均可直接通过转发按钮将该红包转发至群外，从而违背了赠与人的意愿，侵害了其他群成员的红包获得权。

近年来，互联网金融产品快速发展，最重要的原因之一就是客户群体的广泛性。很多机构在创新产品时就考虑怎样将更多的人群纳入潜在客户范畴，也就是说其设计初衷就抛弃了客户的适当性原则，同时过分注重交易的便捷性而放弃一定的安全性。

(二) 投资者权益保障不充分

一是交易验证方式的安全级别不合规。根据《非银行支付机构网络支付业务管理办法》(中国人民银行公告〔2015〕第43号)第二十四条,"支付机构采用不包括数字证书、电子签名在内的两类(含)以上有效要素进行验证的交易,单个客户所有支付账户单日累计金额应不超过5000元(不包括支付账户向客户本人同名银行账户转账)",而微黄金账户购买黄金单笔买入金额上限可达10万元,黄金红包支付上限为30克黄金,按照2017年金价,金额大于5000元,其支付交易验证指令仅为密码,无短信验证码等其他验证方式,不符合相关规定。

二是未充分履行信息告知义务。微信用户通过关注"腾讯微黄金"公众号或接收他人发送的黄金红包存入账户,即实现了黄金账户开立。在此过程中,腾讯未明确告知用户授权开立个人黄金账户,部分用户在不知情的情况下捆绑开设黄金交易账户,尤其是为不适合参与黄金投资的消费者开立该账户可能会产生纠纷。

近年来,部分互联网机构开发产品以客户体验和便利性为导向,缺乏消费者权益保障措施。例如,部分移动金融产品为提升消费者的支付体验,大幅减少支付步骤,加大了安全隐患;部分互联网金融产品为了提升消费者在移动终端的浏览体验,没有将风险提示、产品协议等重要的信息披露内容完整展示,而是以简单的链接代替甚至默认消费者同意,侵犯了消费者的知情权和选择权。

(三) 存在洗钱风险

一是实名认证不够严格。按照《支付机构反洗钱和反恐怖融资管理办法》第十一条第一款,个人客户办理单笔收付金额人民币1万元以上的支付业务,或者通过取得网上金融产品销售资质的网络支付机构买卖金融产品,应当核对客户有效身份证件,并留存有效身份证件的复印件或者影印件。微信黄金红包虽然要求通过绑定个人银行卡进行实名认证,但未要求提供有效身份证件的相关影像信息,易被不法分子利用买卖银行卡进行洗钱、恐怖融资活动。

二是限额规定形同虚设。微信黄金红包在设计时考虑到资产转移风险,设置了单人单次接收限额不超过1克的规定,但对于发送和接收次数未做任何规定,限额规定易被规避。若无限次接收黄金红包,可实现大额资金转移,一旦不能有效监测,容易被不法分子利用,从事洗钱犯罪活动。

互联网金融产品潜在的洗钱风险点,除了客户身份识别难,还有交易信息监测难。一是交易真实性难以监测。由于客户身份信息缺失,互联网金融机构仅能从交易行为本身判断合规性,难以判断交易的真实合理性。二是支付流程碎片化使交易监测分析难。以银行卡互联网交易为例,涉及发卡机构、电信运营商、收单机构、持卡人、商户甚至外包服务机构,一家机构掌握的信息中只包含交易信息的一部分,难以通过对客户身份、交易内容、资金链条等信息进行综合分析,难以及时发现可疑交易。三是支付交易的隐蔽性导致反洗钱监测难。网银支付"认证不认人",且不受时空限制,银行机构难以确认账户是否为本人操作,相关交易极具隐蔽性,难以对可疑交易进行判别。

三、相关建议

(一) 探索开展互联网金融创新产品应用测试

对基于新技术的创新产品进行测试和评估是保证互联网金融行业稳定与健康发展的重要基础,但在行业竞争压力下,部分互联网金融产品未经充分的外部应用测试便快速推向市场,极易加大金融风险。因此,建议加强对互联网金融创新应用测试的调查研究,借鉴英国金融行为监管局(FCA)"监管沙箱"的做法,在产品正式推广使用前由相关监管部门根据企业申请,对产品或服务的商业运作模型、向市场投放的方式、经济效益、消费者权益保护、对监管政策的影响等内容进行测试,评估其市场价值及潜在的各类风险,从而避免出现微信黄金红包易被转移窃取等产品设计瑕疵。

(二) 强化互联网金融产品的消费者权益保护

一是加强投资风险提示。严格按照规定对开展理财业务的用户进行风险承受能力评估，不得向低风险承受能力的消费者推荐或提供高风险的金融产品。二是完善交易安全验证机制。设置多重安全交易认证，防范交易风险。三是加强金融消费者投资教育。通过开展互联网金融知识专题宣传教育活动，提升金融消费者对产品内容、结构及合同条款的识别能力和防范风险的能力。

(三) 不断完善互联网金融创新与监管互动机制

充分发挥中国互联网金融协会的作用，推动互联网金融产品测试数据的共享，增强行业整体创新能力。建立与互联网金融机构的沟通机制，及时了解互联网金融机构的政策需求和对现行政策效果及影响意见建议等，不断提高金融监管的针对性和有效性。以微信黄金红包为例，一要明确"互联网＋黄金"业务监管主体和各部门监管职责；二要出台具体的黄金市场监管条例，促进黄金市场健康发展；三要出台具体的黄金市场金融产品公测标准和监管要求。

(四) 加强互联网金融产品反洗钱监管力度

一是建立健全互联网领域反洗钱制度规定，明确互联网金融机构在反洗钱方面的义务和责任，增强制度规定的约束力。二是重点加强对客户身份识别等薄弱环节的监管，明确在开户环节登记客户身份基本信息要素的要求，留存客户有效身份证件影印件以便比对，采取人脸识别等技术确认是否为客户本人开户等。三是要求互联网金融机构采用外部渠道校验客户身份信息，综合运用客户身份信息综合查询等系统，提升客户身份识别能力。

老逻辑与新矛盾：三四线城市棚改效应分析

中国人民银行安庆市中心支行　施　进　高　乐

近年来，为应对三四线城市商品房库存严重问题，以货币化安置为主要方式的棚改政策开始实施。从政策效果来看，棚改货币化安置的大规模实施快速推动了商品房销售，去库存任务基本完成。但同时，棚改货币化安置造成楼市供需失衡，助长了房价快速上升、居民杠杆率持续攀升、平台公司债务急剧膨胀、房地产投资再度抬头等问题。随着楼市进入低库存，棚改货币化安置有序退出，三四线城市步入后棚改时代，短期来看房价仍有稳定的基础，未来供应增加与需求回落的矛盾或再次出现，要谨防新一轮以商品房过剩、不良贷款反弹为表现的周期怪圈再次发生。

一、棚改货币化政策深刻改变了三四线城市房地产市场格局

（一）基本完成去库存历史使命，三四线城市库存大幅下降

早期棚改采用实物安置模式，政府建造安置房后分配给被拆迁棚户区居民，这是独立于商品房体系的。在棚改转为货币化安置后，政府实际上把被拆迁棚户区居民引流至商品房体系，主动创造了棚改居民的购房需求和改善需求，支持了商品房体系的去库存。2008—2014年，我国平均每年棚改开工量不到300万套。2014年《国务院办公厅关于进一步加强棚户区改造工作的通知》出台后，2015—2017年每年均在600万套以上，

三年累计1807万套。对应地，2016年以来三四线城市住宅销售面积同比年均增长23%，住宅库存持续下降，去化周期也从2014年的20个月，降至2018年6月的7个月左右。

（二）造成三四线房地产市场供需失衡，助推房价上涨

在供给端，棚改货币化安置直接降低了住宅存量，而住宅新增有效供给在时间上存在一定的滞后性，难以在短期内形成有效供给；在需求端，棚改货币化安置使大量购房需求提前集中释放，大部分安置资金转化为现实的购买力，加上各地货币安置成本较高，在一定程度上会形成涨价预期。从实际调研情况来看，大部分三四线城市房价2016年以来出现持续大幅上涨趋势（见图1）。国家统计局70个大中城市新建商品住宅价格指数显示，安徽省内蚌埠市和安庆市2018年新建商品住宅价格指数比2015年分别上涨26.3%和22.9%。伴随着商品房库存下降，房地产开发商拿地热情高涨，三四线城市土地出让价格大幅攀升。

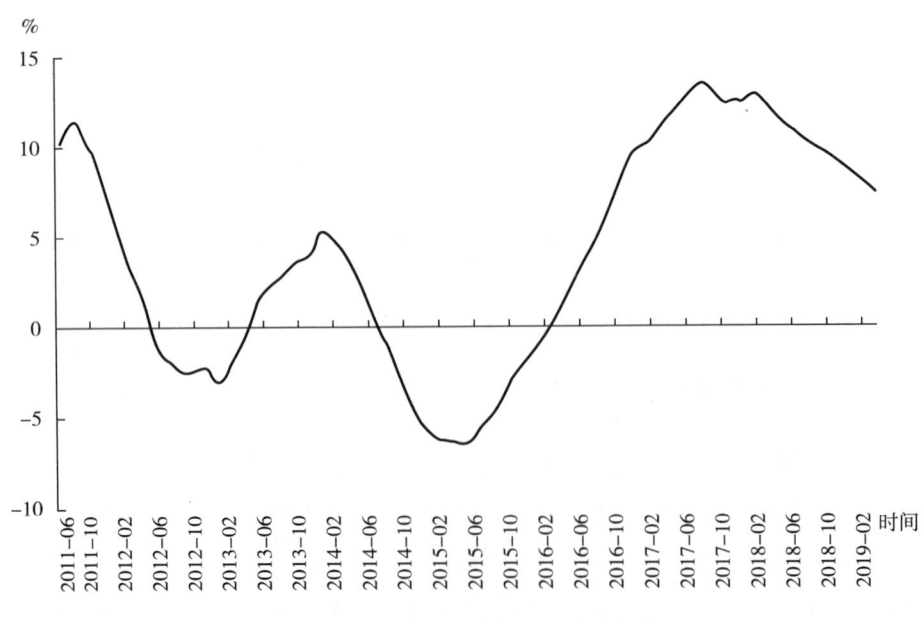

图1　三线城市住宅价格同比增速走势

(三) 伴随着房价上涨，棚改货币化安置成本大幅上升

调研中发现，三四线城市货币化安置成本远高于实物安置。因为货币补偿一般按照市场价溢价补偿；而在实物安置下，地方政府建设用于分配安置房的土地可以采用划拨方式，土地成本较低，并且随着房价上涨，货币化安置成本大幅上升，继续加大货币化安置力度不利于控制成本。据初步估算，2015年货币化安置单套成本是实物安置的107%，而随着房价（特别是三四线城市房价）快速上涨，这一比例在2016年、2017年分别上升至135%和160%。

二、"棚改—房地产—债务"发展中面临的四大矛盾

(一) 居民债务快速增长、杠杆率持续攀升与扩大国内消费拉动经济增长存在矛盾

棚改货币化安置推动商品房库存快速消化，但实质上全社会库存并未减少，只不过是从房地产开发企业转移到了私人部门。在这一过程中，杠杆向私人部门转移，居民债务快速上升。参照国际清算银行（BIS）测算方法，2018年我国居民部门杠杆率（住户贷款余额/名义GDP）为53.2%，比上年高3.8个百分点，2012年以来年均升高3.6个百分点。随着住户贷款的持续增加，居民债务偿还压力大，住户贷款已经逐渐演变为抑制消费增长的重要因素。实证表明，住户贷款增速反向先行社会消费品零售总额增速7个月，并且将产生超过20个月的持续影响。由于住户贷款主要集中在城镇，短期偿债压力增大明显削弱了城镇居民消费能力。2015年以来，城镇居民消费倾向（城镇居民消费支出/城镇居民可支配收入）逐年下降，2019年第一季度，城镇居民消费倾向降至61.6%，为近年来最低值。

（二）金融资源向平台、地产等领域集中与金融支持民营、小微企业等实体经济存在矛盾

近几年，国内经济持续面临较大下行压力，消费、投资、出口等主要经济指标出现一定幅度的下滑，社会总需求减弱，实体企业信心下降，有效融资需求不足。在这一背景下，金融机构风险管控持续增强，风险偏好下移，棚改、基建等项目因其地方政府背景而深受青睐，金融资源有向平台、地产等领域集中的趋势，对民营、小微企业等实体经济形成挤出效应。以安庆市为例，2018年全市非金融企业及机关团体贷款新增146.8亿元，其中棚改项目贷款新增125.1亿元，占比高达85.2%；全年市区银行投放的单笔5000万元以上贷款共计225.4亿元，其中棚改、基建等政府类项目贷款共计178.2亿元，占比高达79.1%。

（三）地方债务压力剧增与地方财政收支缺口较大存在矛盾

伴随着棚改贷款进入偿债高峰期，地方政府债务压力剧增。从还款来源看，由于棚改贷款主要采取政府购买服务形式，还款来源大多列入财政预算。调研显示，截至2018年末，安徽省内棚改贷款还款来源为政府购买服务、拆迁土地出让收入的约占70%，剩余三成资金中大部分为项目自身产生的收益、政府补贴、政府代建资金等，从本质上来说还是来自土地财政，属于广义政府债务的范畴。政策性银行对棚改贷款的宽限期一般为3年，商业银行为1年，从2017年末开始，棚改贷款逐步进入还本付息高峰期。与此同时，在当前地方财政增收压力凸显、民生保障等工程刚性支出不断增长的形势下，地方财政收支缺口持续扩大。以安徽省为例，财政收支缺口由2014年的1003.3亿元扩大到2018年的1208.8亿元。

（四）地方政府对土地财政的依赖与建立房地产长效调控机制存在矛盾

储备土地是地方政府开展资产负债运作的重要资源，一方面可以通过出让土地使用权获取财政收入，用于基础设施建设或偿还债务；另一方

面，大量存量平台融资均以储备土地作为抵押物。因此，对地方政府来说，土地使用权能否出让以及出让的价格至关重要。在当前政府性债务规模高企、到期偿债压力不断加大的情况下，土地收入是地方政府维持财政平衡、化解存量债务的重要支撑，地方政府有维持房地产市场活力和加大土地供应的强烈意愿。在这一逻辑链条下，地方政府缺乏主动调控房地产市场的意愿，中央抑制房地产过热的政策可能被变相弱化、抵消或架空，而鼓励房地产市场发展的政策则可能会被加码执行，这种博弈导致政策传导存在非对称性，弱化了政策调控效果。从房地产市场健康发展的角度来看，棚改等行政性举措在增加需求的同时也带来了房价高涨、结构失衡以及过度投资等负面影响，而居民购买力被透支的后果更会在未来一段时期内制约房地产市场的发展和地区经济的增长，不符合房地产长效调控机制建设的诉求。

三、后棚改时代三四线城市房地产市场发展方向

（一）棚改规模下降，转向实物安置，货币化安置有序退出

根据棚改规划，2018—2020年是棚改项目进度的最后三年，棚改空间逐步缩小和安置方式的转变，将对房地产市场产生显著影响。2019年，全国棚改开工计划285万套，不仅低于450万套的预期，而且与2018年的626万套相比，新的棚改计划几乎"腰斩"。从安徽省的情况来看，2017—2020年棚改目标分别为33.9万套、28.18万套、23.08万套、22.72万套，棚改计划逐步降低。同时，2018年安徽省棚改安置要求商品住房消化周期在15个月以下的市县控制货币化安置比例，更多地采取新建棚改安置房的方式。随着货币化安置比例降低，其对房地产销售增速的贡献将会明显消退，三四线城市购房需求也将随之减弱。

（二）低库存下，三四线城市"补库存"动力显现，短期内房价有保持稳定的需求基础，未来供应增加与需求回落的矛盾或再次出现

经过近几年棚改货币化安置的大规模实施，不少三四线城市商品住房

库存已经降至合理水平,一些地区棚改力度过大,导致库存已低于合理水平。短期来看,低库存下,三四线城市房价有保持稳定的需求基础。同时,在房地产市场销售火爆的刺激下,房地产投资增速再度回升,三四线城市"补库存"特征明显。以安庆市为例,2018 年以来,房地产开发投资增速持续保持高位,2019 年 1~4 月同比增长 26.8%,增速比上年同期高 5.3 个百分点,有再上一个台阶的趋势(见图 2)。

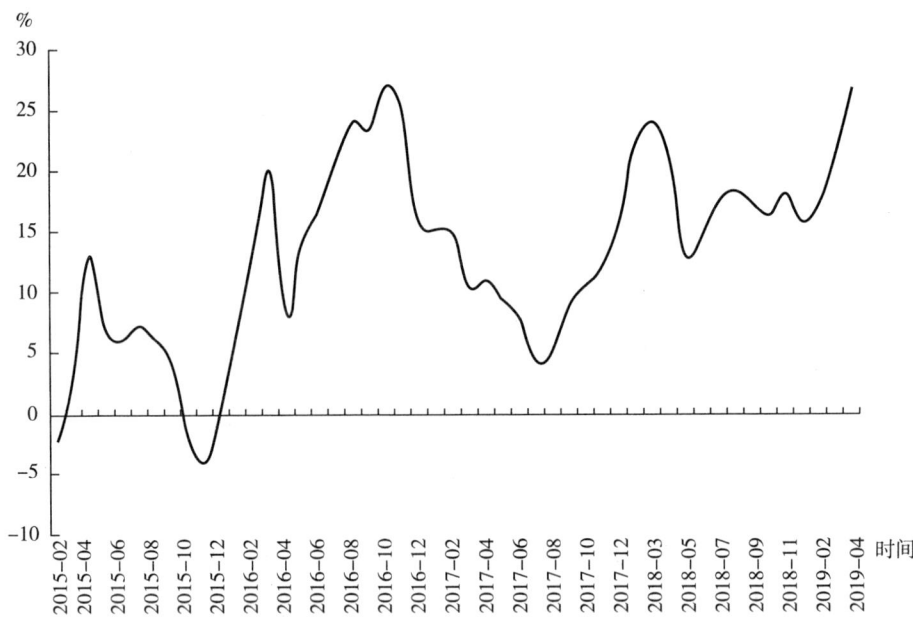

图 2　安庆市房地产开发投资同比增速

需要注意的是,随着棚户区改造的基本完成,2020 年起市场需求将逐步回归,在缺乏产业支撑、外来人口吸引力弱的情况下,三四线城市房地产市场供过于求的局面恐将再度出现。届时,部分高房价区域可能发生泡沫挤出、房价回落,同时居民购买力由于提前透支而相对偏弱,拿地成本较高的开发商将面临更为严峻的考验。

(三)房地产运行有周期性,需要关注周期性波动中三四线城市房地产金融风险

研究表明,房地产周期具有非对称性,由波谷上升至波峰所用的时间

较短,由波峰下降至波谷所用的时间较长。中国人民银行西安分行调查统计处课题组认为,我国房地产市场存在2年左右的短周期、6年左右的中周期,目前房地产市场处于短周期、中周期的下行阶段。近几年,在棚改货币化安置助推下,三线和四线城市楼市库存下降、房价上升,房地产开发企业拿地热情高涨,居民对房价继续上涨的预期较强。在此背景下,新增储蓄的一半左右投入房地产领域。[1] 房地产业过度融资,不仅挤占其他产业信贷资源,也容易助长房地产的投机行为,使其泡沫化问题更趋严重,要谨防新一轮以商品房过剩、不良贷款反弹为表现的周期怪圈再次发生。

四、政策建议

(一)保持政策定力,稳定市场预期

回顾我国房地产市场调控及发展历程,频繁变化的调控政策未能实现房地产市场平稳健康发展的预期,反而加剧了市场波动,调控政策的反复客观上强化了公众关于房价长期上涨的预期,进一步增加了调控难度。因此,当前务必要保持政策定力,逐步降低货币化安置比例,稳定市场预期,逐步引导公众转变"越调控越上涨"的扭曲认知,为构建长效机制赢取时间。

(二)把握信贷投放节奏,加强金融监管

一是对个人住房贷款应尽量满足首套刚需住房的信贷需求,降低房产投资属性带来的负面影响。二是加强借款人资质审查,整治个人综合消费贷款、经营性贷款、信用卡透支等资金挪用于购房。三是整治违规向房地产领域"输血"乱象,严查资金通过影子银行渠道违规流入房地产市场。

---

[1] 参见郭树清同志在第十一届陆家嘴论坛上的开幕致辞。

(三) 加快构建房地产市场长效调控机制

一是逐步调整地方政绩考核机制,切实改变把房地产发展作为调节经济增长、化解地方债务重要手段的思想和做法,鼓励地方政府制定地区房地产市场发展长期规划并严格执行,确保土地供应的合理、有序。二是完善税收体系设计,提高住房资源配置和利用效率。目前,我国尚未开征房产税,再加上近年来持续的低利率而房价却保持较高涨幅,使得人们在众多投资品中偏好住房投资,不利于住房居住属性的发挥。税收政策是调节住房资源配置的有效的市场手段,应作为房地产长效机制建设的重要考虑内容,通过完善税收体系设计,提高住房资源配置和利用效率。

供应管理、需求释放与三四线城市房地产去库存

——基于安庆市房地产去库存的实证分析

中国人民银行望江县支行 徐祝平 程亚菲

安庆市是国家统计局房价数据监测70个大中城市之一，是一个人均可支配收入仅9856元的典型三四线城市。近几年，随着周边合肥、南京和武汉等一线、二线城市房地产市场升温及其新政的发布，房地产投资逐渐升温，2016年商品房待售面积达到227.09万平方米，商品房待售面积与销售面积之比达到历史高位，房地产市场库存积压问题异常严峻。在供应管理和需求释放的共同作用下，安庆市迅速实现了去库存，呈现出"涨价去库存"的明显特点。

一、安庆市房地产市场基本情况

近几年，安庆市房地产得到了较快的发展，商品房待售面积与销售面积之比达到历史高位，库存积压问题异常严峻。

（一）安庆市房地产的总量状况

2009年以前，安庆市商品房待售面积在50万平方米以内波动，即使2010年出现大增，也未超过100万平方米，2011年又降到50万平方米以内。但是，2011年以后，安庆市商品房待售面积连年增加。具体来看，2011—2016年，安庆市商品房待售面积从41.28万平方米增加到

227.09万平方米,增幅高达450.12%。同时,商品房待售面积与销售面积之比也从2011年的13.26扩大到2016年的53.28。上述数据表明,安庆市房地产市场从2011年开始出现库存积压问题并伴有严峻化趋势。

(二) 安庆市房地产的结构状况

在库存总量急剧增加的情况下,房地产的结构呈现出明显特点。

首先,商品房中户型不同的住宅及用途不同的非住宅表现差异化。商品住宅中别墅及高档公寓的新开工面积远超销售面积,导致其待售面积急剧上升,说明高端住宅的有效需求不足,库存化解压力较大。144平方米以上的住宅新开工面积和销售面积都在逐年缩小,且前者缩小的幅度较后者大,说明该类户型住宅的供给随需求变化而调整得相对合理,有利于该类户型住宅待售面积增幅的控制。90~144平方米的户型销售占据商品住宅销售的80%以上,其2015年待售面积占75.68%,该户型是市场中主导的住宅需求。办公楼及商业营业用房的销售形势严峻。2013年、2014年办公楼的销售面积大于新开工面积,尚能化解部分存量库存,而2015年销售面积小于新开工面积,增大了库存压力。商业营业用房的销售面积远低于当年的新开工面积,在尚不足以抵消增量库存的情形下又会加大存量库存。2014年、2015年销售面积分别同比下降27.62%、28.49%,新开工面积分别同比下降26.88%、16.19%,可以看出新增供给减少的幅度小于需求下降的幅度。

其次,住宅与非住宅差异凸显。商品房中住宅销售面积占比超过90%,住宅开发投资及施工面积占比为70%左右。商品房中住宅、非住宅的销售比例差距明显大于开发投资、施工面积,反映了商品住宅的库存化解较快而非住宅较慢。受电商及其他经济方面因素的影响,办公楼及商业营业用房的销售情况较差,但其增量供给却未得到相应调整,去库存压力相对较大。长远来看,地方经济的繁华程度是决定对内、对外吸附能力的重要因素,也是房地产业发展的一个重要支撑力。因此,扩大非住宅类商品房的有效需求也是至关重要的。

二、安庆市房地产去库存成效

2015年下半年开始,在去库存政策的共同作用下,短期需求得到了极大的释放,房地产呈现出"涨价去库存"的明显特点。

(一) 安庆市房地产去库存成效

首先,库存消化明显加速。以商品住房累计可售面积为库存,按商品住房近1年的月均销售面积为消化速度计算狭义的商品住房去化周期,可得2016年末安庆市商品住房的狭义去化周期为10.8个月,其中市区为3.9个月。可以看出,就狭义去化周期而言,市区与县城分化明显,县城(13.32个月)是市区的3倍多,考虑了包含尚未批准预售及未动工的土地等在内的潜在库存的广义去化周期更长。2016年以来,安庆市区商品住宅去化周期下降尤为迅速,显示出中小城市去库存的强劲态势。

从新开工和库存方面来看,安庆市区2015年房屋新开工面积季度同比下降,商品住房累计可售面积季度同比增长,且季度降幅(或增幅)呈收窄态势,而2016年以后趋势相反,即市区房屋新开工面积季度同比增长,市区商品住房累计可售面积季度同比下降,且季度增幅(或降幅)呈扩大态势,其中市区商品住房累计可售面积降幅在2017年前两个季度尤为明显。

从销售成交方面来看,2016年市区新建商品住房累计成交21192套,同比上涨69.82%;年末库存5084套,同比减少63.21%;销售面积为247.57万平方米,比2015年的139.14万平方米增加了108.43万平方米,同比增长77.93%,增幅较2015年扩大54.7个百分点。第一季度、第二季度、第三季度、第四季度销售面积分别为69.32万平方米、43.05万平方米、73.19万平方米、62.01万平方米,第一季度、第三季度销售面积达到2015年同期的2倍。2017年上半年新建商品住房销售面积同比下降21.79%,但与2015年同期相比,仍然增长35.62%。

其次,商品住房交易由量价齐升转为量缩价升态势。2016年以来,安庆市区商品住宅交易呈现量价齐升，商品住宅销售面积、销售均价季度同比均为正数。其中，销售均价从2016年第三季度开始同比增速均超过10%，第四季度每平方米销售均价较第三季度增加485元。2017年上半年，安庆市市区的新建商品住宅销售面积为87.88万平方米，较2016年同期下降21.79%；销售均价为6277元/平方米，较2016年同期增长26.9%。2017年第一季度、第二季度销售均价分别增长346元/平方米、623元/平方米。商品住房累计可售面积达72.49万平方米，同比下降54.3%，说明随着市区商品住房需求的明显增加，库存压力下降的同时，市区房价大幅上涨。然而，房价的过快上涨，短期来看，可以刺激消费者的购买意愿，对去库存有一定的好处；但从长期来看，高房价会超过人们的消费能力，反而抑制购买需求，从而抑制去库存政策效果，不利于房地产市场长期健康发展。

(二) 三线和四线城市房地产市场的基本情况

安庆的情况在芜湖、六安、滁州、马鞍山等三线、四线城市普遍存在。从2016年第四季度开始，三线、四线城市的房价节节攀升，甚至出现部分三线城市房价力压省会，就连贫困县也加入了房价突然上涨的行列。很多三线、四线城市的去库存周期已经明显收窄，即存销比较小。从监测的80个城市新建商品住宅存销比的具体数值来看，2016年9月，滁州、茂名、柳州、清远、九江、常德、马鞍山、景德镇、宜昌、金华、温州、嘉兴、莆田、惠州14个三线、四线城市存销比明显偏低。

三、三四线城市房地产去库存的原因分析

一线、二线城市高房价的外溢以及短期供应管理、需求释放的叠加，使安庆等三线、四线城市房价出现上涨，并实现了快速去库存。

(一) 一二线城市高房价的外溢效应

在国家"三去一降一补"的大背景下，各地出台了降低首付比例、

限购放松、信贷打折等一系列的组合政策来应对高企的房地产库存,迅速制造了新一轮房地产牛市,2016年以合肥为主的二线城市的房价呈现猛涨趋势,一方面快速拉大了三四线城市与核心一二线城市之间的"房价差";另一方面,房价轮番上涨的趋势强化了三线、四线城市房价上涨的预期,改变了三线、四线城市的市场环境。

(二)新增供给进度得到适时调整

1. 政府适时调整供地规模及结构。土地供应规模及结构能从源头上影响房地产开发,土地价格是房地产价格的直接要素,因此土地供应一定程度上决定了对房地产业的供应。安庆市等城市充分利用土地供应解决供需的结构性矛盾。2015—2017年,安庆市土地供应呈现明显收缩状态,2016年的土地供应计划中减少了商品住宅用地供应,相应增加了公共管理和公共服务用地供应规模。2017年住宅用地供应较2015年下降19.75%,其中商品住宅用地下降12.54%。供地结构趋于优化,为配套设施功能的实现提供了必要的保障,间接提升了住宅的附属价值,又有利于存量库存的化解。

2. 房地产开发商主动放缓开发投资节奏。基于房地产行业库存高企导致的资金回笼不畅以及外源融资规模、渠道收紧等方面的制约,房地产开发商根据市场及自身情况适度放缓了开发投资的节奏。2016年,安庆市房地产开发投资总额为140.55亿元,同比下降4.16%。其中,商品住宅完成投资94.86亿元,同比下降9.90%,占房地产开发投资总额的比重为67.50%,较2015年低4.3个百分点。商品房屋施工面积为1533.97万平方米,同比下降2.52%;房屋竣工面积为194.92万平方米,同比下降36.02%。

(三)需求得到有效释放

一是棚户区改造的货币化安置产生的周边居民的进城效应。2015年9月,安庆市制定出台了《安庆市市区房屋征收"房票"安置办法(试行)》,启动了用"房票"去房地产库存的实践,不仅在短期内有效推动了安庆市房地产销售市场的回暖，促进了商品房成交面积、成交额的大幅提升，使商品房库存量显著下降，实现了去库存的主要目的，而且较好地打通了商品房和保障性住房之间的通道，实现了地方政府、居民和房企的多方共赢。伴随着《安庆市市区房屋征收"房票"安置办法（修订）》的出台，安庆市"房票"选购住房开始多样化，范围延伸至二手住宅的购买，既保障了"房票"安置所需房源的供给，又活跃了商品房市场的交易度，有利于平滑新建住房价格的急剧上升。2017年棚改项目总计27个，涉及11729户，总面积达250.8万平方米，投资约112.04亿元，囊括货币化安置和实物安置，其中"房票"安置约165万平方米，占2016年住宅销售面积的66.65%。这将继续对商品房的需求市场产生很大效应。

二是部分家庭改善性住房需求加大。在政府明确"支持改善性住房需求"的情况下，相关利好政策相继出台。一方面，二胎政策放开，部分家庭成员数量增加导致改善性住房刚需增加；另一方面，部分家庭对更高生活质量的追求导致改善性住房需求增加。这两部分需求在利好政策的刺激下得到了部分释放。随着家庭收入、储蓄水平的提高以及家庭结构的变化，城市住房需求结构将会出现分化，改善性住房需求会逐渐增加，这将有利于中大房型的销售。

三是大城市的需求转移。在一线、二线城市严控购房和贷款需求后，一些房地产资金自然会转向市场宽松的三线、四线城市。一些目前仍坚守在北上广的"漂族"们面对巨大的房价鸿沟，眼看房价涨到了家门口，连夜飞回故乡抢购房产，成了三线、四线楼市火爆下的"常规动作"。来安庆工作的外地人、在北京等大城市打工的安庆籍居民等主流自住型购房客群迅速进入安庆市楼市，短时间出现较大的需求。部分炒房客也纷纷涌向三四线城市，短期内购房需求量会大大超过存量房，房价自然会疯涨。

四、完善三线、四线城市商品房去库存的政策建议

在坚决、有效实施国家政策的同时，制定符合本地房地产实际情况、

符合当地群众需求的政策，建立健全配套机制，在降低交易成本、扩大市场需求的同时深化供给侧结构性改革，使之不仅匹配市场需求的变化，更能引领、激活潜在市场需求，拓宽房地产市场健康发展的空间。具体而言，通过产业优化带动经济发展，辐射到房地产业的需求端，通过土地政策、公共投入等的优化调整引导供给端房价的合理化。

首先，优化产业结构，做强实体经济，提高人民收入。三四线城市房地产业发展的持久动力源自产业，政府应当通过各种政策措施的落实来优化地方产业结构。以"扶持新产业、改造传统产业"为抓手，以"鼓励资金、技术、人才的流入"为引擎，促进经济转型升级。具体来说，扶持新产业如高新科技制造业，通过技术提升产品品质，增强产品竞争力，拓宽创收空间。改造传统产业，在产业链条中融入创新因素，提高产业链的稳定性及产品的附加值。

其次，确保土地规模及结构的合理化供应。政府需厘清土地在供给侧结构性改革中所扮演的角色和所能发挥的作用，通过创新调控机制，探索新的土地交易方式，提升监管水平，充分发挥土地的宏观调控和基础保障作用，有效推进中央"去产能、去库存、降成本、补短板"目标的落实。在去库存问题上，既要在需求端发力，也要在供给端的源头通过控制土地资源的不合理供应，使房地产业发展的规模及结构逐步趋于优化。一方面，根据房地产市场的实际需求，控制好年度用地计划，把握供地数量和时间，将不同的地块和面积灵活搭配供应，保持土地及各类用地的合理化供应，提升城市土地开发利用效率；另一方面，对于房地产行业土地供应量过多或建设用地明显过多的地区，可以选择对建设用地的用途进行转换，使其向国家支持的养老产业、新兴产业等行业转变。

最后，推进形成租售并举住房体系。租售并举住房体系既可以满足多元化的住房需求，又可以缓解房价的上涨。由于处于生命周期不同阶段的个体，其财富及消费能力存在着差异，而住房的价值量相对于一般的耐用消费品来说较大，因此，中低收入群体可以采取先租后买的梯度消费模式。这在一定程度上既可以缓解供需矛盾、提高生活幸福度，又可以此为切入点化解部分存量库存,进而有利于房地产市场的持续健康发展。在这一过程中,关键要把握好租赁中介市场规范化发展、承租者权益保护、投资机构引入等问题的解决。政府需制定落实细化的法律规章,引导、激励并规范住房租赁市场的发展。

基于多方合作模式的宿松县金融风险处置分析

中国人民银行宿松县支行 黎晓阳 许 健 余柳凤

一些风险企业对社会资源、市场秩序、金融稳定等各方面产生较大威胁,严重者甚至引发社会矛盾、出现担保圈风险、引发银行经营风险、造成经营乱象等多重不利影响。政府、银行、企业等各方利益主体在自愿、平等、公正、互利和协作前提下,通过广泛的合作,分散、化解甚至消除风险企业,协助处置问题企业责任不清、数据不明、道德风险和资金匮乏等问题,借助多方合作增强金融风险处置的市场性、合作性和约束力,以更有效地调动各方面的力量,合力处置金融风险,从而为有效盘活金融资产、切实支持民营和小微企业发展作出贡献。

一、宿松县风险企业现状

近年来,受经济下行形势冲击和产业结构调整影响,宿松县相当一部分企业在市场竞争中陷入困境,经营难以为继,连年亏损,长期处于停产半停产状态,成为风险企业。

从对供地类项目的调查梳理来看,目前宿松县经济开发区运行困难企业(项目)共有54个,其中停产企业36家、半停产企业11家、运营艰难类项目7个,涉及工业用地面积约2693.76亩、仓库厂房近90万平方米。从产业类别来看,纺织服装类21家,电子信息类8家,食品加工类11家,其他类别14家;从企业规模来看,年主营业务收入超过2000万元的规模以上企业 25 家,规模以下企业 29 家;从入园时间来看,2004—2008 年入园的企业 37 家,2009—2013 年入园的企业 15 家,2014 年以后入园的企业 2 家。

从银行公司类不良贷款来看,截至 2019 年 8 月末,宿松县共有 50 余户企业银行贷款出现不良,金额逾 4.5 亿元。相关企业固定资产(土地及厂房)全部抵押给银行,部分已处于执行阶段,部分已作为抵债资产裁定给银行或已有银行转给资产管理公司,且社会债务超亿元,不少企业之间存在担保、互保、"三角债"等情况。

二、易产生的风险后果

1. 引发社会矛盾。大部分风险企业背负大量债务,不具备偿还能力,没有足够的资产偿还银行贷款,更没有资本偿还民间借贷,如不能及时处置,将会导致债务纠纷、信用恶化和社会稳控等问题,极易引发较大的社会恶性事件。

2. 出现担保圈风险。担保圈关联企业、上下游企业之间的互保极易造成风险集聚,一旦圈内某个企业出现风险,很可能波及整个担保圈,甚至整个行业。同时,担保圈贷款风险具有连锁性,增加了贷款的违约概率。由于担保圈内企业关系复杂,对个别企业的处置可能会影响到担保圈内其他企业。

3. 引发银行经营风险。企业负债主要表现为银行贷款,经营效益不佳、财务负担过重使企业违约风险攀升,导致银行不良贷款余额与不良贷款率"双升"。除了账面不良贷款,逾期、关注等隐性不良贷款增加,隐性不良贷款转为不良贷款的概率极高。在信贷资产质量下降的情况下,银行被迫提高风险拨备计提,进而摊薄经营利润。

4. 造成生产风险。目前,一批生产企业退出了实际经营,不再从事生产活动,不少风险企业将闲置厂房全部或部分外租,甚至擅自改变用地、用房性质对外租借。仅此类企业在上述困难企业中就超过 30 家,涉及各类租赁项目 120 余个,这些租赁项目质量参差不齐,大多不具备安全生产条件或者相应资质，给安全监管造成很大压力，而改变用地、用房性质造成的社会影响更加恶劣。

三、处置风险企业的现实困难

风险企业处置之所以难以推进，表面来看原因林林总总，归根结底还是利益攸关，风险企业处置工作涉及面广、政策性强，尤其面临着资产处置、债务存废、利益协调等一系列复杂、敏感问题，牵涉到多方面权益的平衡，以有限的处置成本平衡各方利益诉求难度极大，具体实践中主要体现在以下五个方面。

第一，难以尊重规律。县有关部门在企业破产倒闭上仍持陈旧观念，重面子轻效率，漠视经济发展有起有伏的客观规律，在清理低效用地、淘汰风险企业上举棋不定、瞻前顾后，甚至产生抵触情绪，使行动计划步履维艰。

第二，难以下定决心。处理风险企业，无疑会带来既有债务悬空等一系列问题，给经济增长带来一定的冲击，甚至导致短期难以处置应对的矛盾与结果，需要舍弃一些眼前利益，付出一定的改革成本。因此，能否下决心，下多大决心攻坚克难、动真碰硬，就成为风险企业成功处置的关键。

第三，难以因企施策。风险企业产生的原因复杂，不同原因形成的程度、方式也不尽相同，当前风险企业处置的主流思路是"分类处置，因企施策，优则保，废则弃"。在处置过程中，尽快结合实际制定科学标准，实现风险企业的合理甄别、准确分类，就显得相当迫切。

第四，难以破产退出。企业破产案件往往法律关系复杂，人和事、财与物、法和情交织在一起，审理难度较大，在操作过程中，还面临受理难、审理慢、执行难等现实问题，极大地弱化了银行债权人通过司法渠道申请风险企业债权保护的动机。

第五，难以接续规范。由于历史原因，部分风险企业规划建设等手续不全，接盘企业资产难以变现或挪作他用。由于缺乏协调机制，虽然相关单位与有关部门进行了沟通，但补办手续仍存在相当难度，一定程度上挫伤了兼并重组企业的积极性。

处置工作必然要涉及资产过户，过户过程中有两大难点。

一是税负高。卖方缴纳增值税（合同价款的5%）、增值税附加（增值税×10%）、印花税（合同价款的万分之五）、水利基金（合同价款的万分之六）、土地增值税（合同价款×3%）、企业所得税（合同价款×2.5%）；买方缴纳契税（合同价款的4%）、印花税（合同价款的万分之五）。大部分风险企业还存在欠缴土地使用税的情况。实际操作中，卖方根本交不起这些税。大部分情况是由买方先代交，而买方在盘活该资产时，承担了较高的成本。

二是不动产登记证过户难。前期不动产证齐全的企业可以直接按规定过户，但有很大一部分企业手续不齐全，建设手续、土地手续、消防验收资料等都不齐全。办理不动产登记时要么受理新项目，要么受理证件齐全的项目。对证件不齐全的项目补手续录入不了系统，想补都补不了。

四、宿松县处置风险企业的成功案例及初步成效

（一）企业自救

美代食品有限公司（占地37亩）与日本的关东食品、柏木株式会社合作初显成效，市场前景看好。美代食品有限公司前期经营困难，产品面向的都是低端市场，价格不高，利润微薄，新产品开发投入不足，缺乏市场竞争力，加之企业负责人在前几年也曾涉足小贷行业，遭遇亏损，无法保证支付银行利息，导致农业银行贷款出现逾期，成为不良资产。但是，企业负责人没有消沉，而是积极寻找出路，通过多年的努力，终于在2018年与日本著名的关东食品、柏木株式会社合作成立新的了松谷屋食品（安徽）有限公司。日方投入技术和部分资金，中方负责组织场地及市场营销。其产品刚好填补了国内进口食品量较小的空白。目前合作成效初显，通过上海进博会的产品发布和北京的相关产品发布，产品已经进入北京、上海等省市，定位比较高端，目前线上、线下市场局面得以打开，

三只松鼠、沃尔玛、苏锡常等地进口零食商等都纷纷与其合作。人民银行宿松县支行、担保公司等部门协调为其提供担保解决 500 万元资金问题，帮助其解决了农业银行贷款逾期问题。

（二）债务重组

安徽万里汽车零部件制造有限公司（占地 284 亩）因上游关联企业破产，无法按期归还宿松农商银行 4800 万元贷款。此笔不良资产处置过程中，在宿松县法院主持调解下，该行同意接收安徽万里汽车零部件制造有限公司名下工业用地、厂房以及对外债权作为抵债资产，用于抵偿其所欠贷款本息。后经县政府搭桥，该行与安徽华恒轻工有限公司、安徽华运箱包有限公司达成资产转让协议。同时，转让的过程中产生的税费由农商银行代缴，后由经开工管委会奖补给农商银行。这一做法大大提高了银行的积极性。

中安智创接盘鹏远机械（占地 117 亩，以下简称中安智创）也是一个比较成功的实例。目前中安智创已投产，其生产的环保设备在国内同行中排前十名。鹏远机械是来自浙江诸暨的一个汽车配件项目，占地 117 亩。当初 3 万平方米的厂房、办公楼、宿舍楼等均已建好，由于浙江诸暨的公司受联保责任影响被银行执行，整个公司资金链断裂，宿松项目投资难以为继，造成资产严重闲置，刚建成就造成"僵尸"。该项目在中国银行有项目贷款且存在欠息、拖欠工程款等不良行为，银行和工程承包方均将鹏远公司诉至法院并判决，但因无新项目接手，也曾闲置了一段时间。后通过政府招商推介，中安智创愿意接手该资产，政府组织银行、工程承包方多次商谈，各自都做些减让工作，最终依据法院判决依法对接资产。

（三）股权重组

基石伟业通过收购顺达新能源（占地 2 亩）的股权兼并重组，如今已投入生产并正在建设国家级石材检测中心。顺达新能源原来租赁经济技术开发区厂房生产，主要生产空气能、太阳能等热水器类产品。生产和经营形势较好,希望扩大规模,买地自建厂房。但新项目正在建设时,由于主要股东之一在一次车祸中丧妻丧子,自此放弃了宿松投资。另外的股东资金有限、技术及市场都有欠缺,厂房建成后就导致无钱投入、无流动资金、市场开拓跟不上,新厂房闲置。后来,通过招商,采取股权对接的方式,由福建客商收购顺达新能源的股权,实行兼并重组,充分利用了闲置资产。

(四)政府回购

宿松经济技术开发区龙兴建设投资公司对卡为公司(占地200亩)资产的回购,受让了9万平方米闲置厂房,在短时间内解决了电子信息类企业快速入驻的需求,增强了宿松经济技术开发区承接产业转移的能力。深圳卡为公司来宿松投资建设手机及智能终端产品项目,但因该项目自身实力、产品低端竞争力不强等,该项目建设停滞,导致8幢9万平方米厂房成了"半拉子工程",造成资产严重浪费。与此同时,在产业转移的大背景下,一大批电子信息类企业想入驻宿松经济技术开发区。县委、县政府研究决定,由宿松经济技术开发区龙兴建设投资公司全资回购其资产,完成未完成工程,再将厂房供给新落户的项目。截至2019年8月末,8幢厂房已全部租赁给新的电子信息类项目,4个项目正在进行厂房内部装修。

五、各方主体在风险企业处置中发挥的重要作用

1. 企业主动作为是处置风险企业的关键。企业主要负责人要主动招商,理性客观地面对现实,充分发挥好在风险企业处置中的主体作用。"解铃还需系铃人",要用"不念过去,不畏将来"的心态来解决好眼前的困难和问题,主动搜索利用好自己的客户资源,分析自身现有资源的优劣势,主动寻求合作或招商,以诚信的态度主动招商,主动维护好诚信的形象。

2. 政府积极协调在处置风险企业中必不可少。在风险企业救助和重

整工作中，在职工安置、与金融机构和债权人等沟通协调、提供周转资金、招商引资等关键环节，政府有着任何部门都无法替代的天然优势，能够调度多方资源和积极性参与企业的救助。宿松县风险企业处置过程中，政府就发挥了不可替代的作用。如在债务重组方式中，政府积极发挥沟通协调作用，提出合理化建议，和法院就经济技术开发区的产业政策在设计竞买条件时依法提出要求，引导相关企业参与竞买，让接盘企业较顺利地拍得资产。同时，政府出面协商，争取足额兑现企业拖欠职工的工资，对其他没有优先受偿权的债权按剩余资产按比例进行清偿。在政府回购方式中，政府依法对债权债务关系较为单一、明确的风险企业资产进行评估清算，双方协商让企业有偿转让处置给政府，由政府接盘。政府及时进行招商，引入新项目和新企业。

3. 银行积极协助是处置风险企业的动力来源。在实践工作中，大量风险企业的脱困，其实都是在银行的支持下完成的。大多数银行根据企业具体情况，自觉或是在政府的推动下，继续保持了对困难企业的信贷支持。美代食品有限公司等一时遇到困难但发展前景较好的风险企业更是离不开银行的支持。如果银行能够为短暂性陷入困境的企业继续提供生产周转资金，部分企业完全有可能通过自身努力实现脱困发展；相反，银行的抽贷压贷将直接恶化企业经营困境，加快企业死亡进程。对那些正在推进兼并重组或破产重整以寻求脱困发展的风险企业来说，来自银行的资金支持，对妥善安置员工与顺利推进重组重整都具有十分重要的作用。

六、处置风险企业的经验借鉴

处置风险企业应遵循企业主导、政府推动、银行协助、市场引导、依法处置的原则，更多地采取改革的办法和市场化、法治化的手段，积极稳妥地推进。

一是政府要充分发挥领导作用。政府可成立工业企业闲置资产暨危困企业处置工作领导小组，高位推进闲置资产和危困企业处置清理工作。出台指导意见,合理界定标准和统计办法,特别是在债务处置、土地利用、税费优惠、工商注销等方面作出更具可操作性的安排。有关部门按职责分工,研究制定配套政策,及时解决风险企业处置中的实际问题,如开通接盘企业资产过户办证绿色通道,对规划建设许可手续不全的能补则补、应补尽补等。要广泛宣传风险企业处置的典型案例和成功经验,破除观念障碍,增强改革信心,营造良好氛围。

二是相关部门要深入摸排具体情况。对未竣工投产、已关停破产、停产半停产和部分闲置企业进行全面排查,摸清生产经营、工程建设、资产使用、债权债务、法律诉讼、拖欠税费、产权争议等情况,做到底子清、现状明。建立危险企业数据库和危困企业"户口档案",详细标注项目特点、闲置原因、自身优势和招商意向信息。建立风险企业运行监测平台,及时研判企业风险动态,发布预警信号,推动防控前移。

三是各方主体要协作进行分类施策。各方主体要联合对风险企业进行综合评估和科学分类,对无法继续生存的企业,提出退出市场方案;对仍有发展潜力的企业,明确帮扶措施,做到对症下药、精准发力。立足产业基础和长远发展,准确把握工作节奏和力度,多兼并重组少破产清算,加强产业整合,实现风险企业盘活退出和要素配置市场价值最大化。坚持疏堵结合,综合运用兼并重组、技术改造、债务和解、破产重整和破产清算等方式,推动关停企业出清、特困企业脱困。

四是各方主体要建立多方联动机制。抢抓发达地区产业转移和主城企业"退二进三"战略机遇,结合首位产业招商开展重点宣传推介,为资产闲置企业牵线搭桥,推动优质项目落地和闲置资产盘活。鼓励企业精心包装闲置资产项目,从关联产业入手,主动"走出去"对接邀请"同链"企业实地考察,通过项目"嫁接""联姻"等方式,激活休眠土地和厂房,推进企业技改升级,实现自救脱困。

五是各方主体要构建长效机制。严格执行园区产业规划,把好准入关口,确保引进的企业有实力、有市场、有发展基础,避免出现二次闲置。设立一定规模的工业企业闲置资产暨危困企业处置专项资金,用于解决破产企业化解债务、支付拖欠职工工资、流转低效用地的奖补及财产变价不足等问题。全面深化以亩产效益为导向的资源要素市场化配置改革,加强执法监察,依法依规倒逼风险企业加快重组或退出。对成功处置、盘活风险企业的金融机构,给予一定的资产损失弥补,并在政府性资金存放业务上予以优先选择,提高银行参与的积极性。探索实施府院联动协调工作机制,开通破产清算审判绿色通道,提高审理效率,加大执行力度。

地方政府土地财政运行机制及向银行业风险传导流程分析

——以安庆市为例

中国人民银行安庆市中心支行　许正山

土地财政一般指地方政府利用土地所有权和管理权进行的财政收支活动，其中收入包括土地出让价款、相关税收收入和土地融资资金。近年来，我国土地财政运行中的相关问题不断显现，对地方政府财力运转机制和区域金融运行等方面产生了重要影响。为评估土地财政运行关联影响，本文以国家统计局房价数据监测 70 个大中城市之一的安徽省安庆市为样本，对当前商品住房加快去库存背景下的土地财政运行态势及向银行业风险传导现象进行了具体分析。结果显示，土地财政不仅强化了地方政府财力依赖，而且通过地价波动和土地作价融资等形式对区域金融运行产生了深入影响，对地方政府土地财政运行中的过度操作问题应采取针对性措施进行约束。

一、我国土地财政发展沿革及当前运行概况

（一）土地财政发展沿革

由于我国实行土地国有制度，土地使用权在计划经济时期以政府无偿划拨形式流转。改革开放以后，为了筹集城市发展资金，我国逐步建立起国有土地使用权有偿转让机制，土地财政在其中不断发展起来。根据各阶段运行的特点，我国土地财政沿革归纳为三个发展阶段，如表 1 所示。

表1　我国土地财政沿革情况

发展阶段	基本情况	标志性事件
萌芽阶段 (1980—1990年)	1. 深圳开始对中外合营企业收取场地使用费并在全国推广；2. 中央政府发文开征土地使用税；3. 全国实施深圳、珠海等土地探索的国有土地使用权协议或招标拍卖获取高额收益的出让制度	1. 1980年，国务院出台《关于中外合营企业建设用地的暂行规定》；2. 1988年，国务院发布《中华人民共和国城镇土地使用税暂行条例》；3. 1990年，国务院发布《中华人民共和国城镇国有土地使用权出让和转让暂行条例》
形成阶段 (1991—2001年)	1. 各地普遍通过土地出让弥补财力不足，土地出让收入大幅增长；2. 由于各地竞争性招商引资，出现了大量无偿无序划拨土地，造成土地出让收入流失的情况，国家开始加强土地出让管理，规定商业性用地、经营性用地必须通过招标、拍卖及挂牌形式出让	1. 2001年，国务院发布《关于加强国有土地资产管理的通知》；2. 2002年，国土资源部制定《招标拍卖挂牌出让国有土地使用权规定》
深入发展与调整阶段 (2002年至今)	1. 土地出让制度更加成熟，出让收入大幅增长，土地出让管理也更加严格；2. 地方政府实现了对土地出让征收、储备及出让等环节的垄断；3. 国有土地出让资金实行收支两条线管理；4. 土地使用权融资快速发展，各级地方政府将土地资产注入政府融资平台，平台公司通过土地抵押开展市场化融资	1. "8·31大限"，即2004年3月，国土资源部、监察部发布通知，规定各地2004年8月31日后不得以历史遗留问题为由协议出让经营性用地，全部实行公开招拍挂；2. 2006年，国务院办公厅发布《关于规范国有土地使用权出让收支管理的通知》；3. 2007年，国土资源部、财政部、中国人民银行印发《土地储备管理办法》；4. 2010年，银监会发布《关于加强融资平台贷款风险管理的指导意见》

(二) 当前土地财政运行机制概况

地方政府土地财政运作机制主要体现为两种关系：一是政府行为对土地财政规模及走势的影响，其主要通过土地出让和土地融资环节发挥作用；二是土地财政运行对政府行为决策的反作用，其主要通过强化地方财力依赖产生影响。当前，我国地方政府土地财政运行和银行业活动产生了深入关联（见图1）。据统计①，2015年末，全国84个重点城市土地抵押贷款余额为11.33万亿元，占同期全国人民币贷款余额的12.1%。

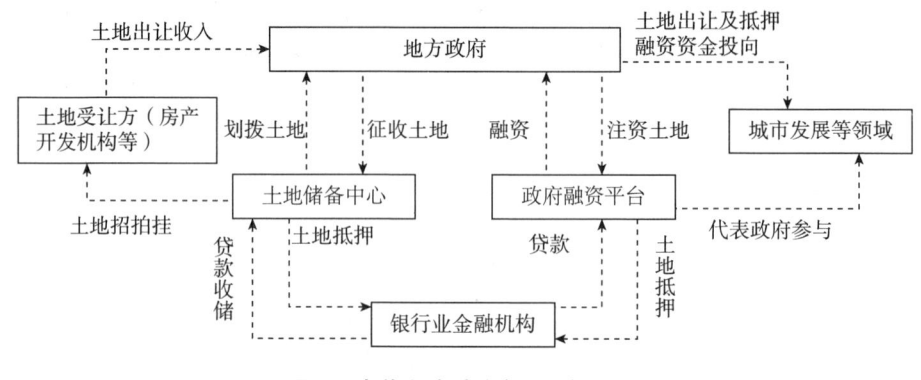

图1 当前土地财政主要运行机制

二、当前土地财政运行机制向银行业风险传导流程分析——以安庆市为例

（一）安庆市土地财政运行概况

早在1996年，安庆市即在全省乃至全国率先完成首宗国有用地的公开拍卖。近年来，全国商品房市场快速发展，安庆市土地财政运行规模也在其中发展扩大。2017年上半年，安庆市土地出让收入和相关税收收入②分别为29.13亿元、11.05亿元（见表2），二者合计40.18亿元，而同期地方公共预算收入在剔除土地相关的税收后也仅为48.7亿元；截至2017年6月末，全市纳入银监部门融资平台目录的地方政府融资平台土地抵押贷款余额为78.18亿元，在全市平台贷款总量中占70.5%。

---

① 本部分根据国土资源部发布的年度国土资源公报和人民银行发布的年度金融统计数据计算。

② 由于土地出让收入在划缴国库有一定时滞，本部分的土地出让收入为国土部门数据；税收收入指的是入库的城镇土地使用税、土地增值税、耕地占用税、契税和房产税五项税种收入合计。

表 2 安庆市土地出让收入

时间	土地出让面积（公顷）		土地出让收入（亿元）	地方公共预算收入（亿元）	其中：土地交易相关税收收入（亿元）
	合计	商服住宅			
2014 年	626.12	242.22	64.95	96.10	22.63
2015 年	526.11	171.04	42.12	98.89	21.12
2016 年	493.78	178.13	41.74	127.99	22.95
2017 年上半年	173.92	114.48	29.13	59.75	11.05

(二) 土地财政运行机制向银行业风险传导流程分析

1. 土地出让活动中的价格风险传导：高地价提高房产开发成本、推升房价，外溢形成银行信贷风险

房地产业经营所需的商服住宅用地一直是地方政府土地出让收益的重要保障。在现有的土地出让招拍挂机制下，商品房市场回暖刺激开发商拿地，导致地价抬升，符合地方政府补充财力的天然需求和操作预期。但高地价快速推升房价，加大和居民收入的背离度，大幅提高居民购房支出，同时推动部分房产开发企业放大融资需求，此时土地财政就极易外溢形成银行机构相关信贷风险（见图 2）。

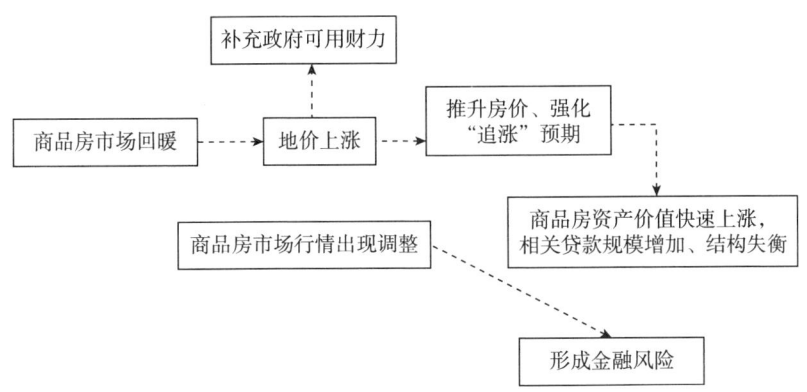

图 2 土地出让活动向银行业风险传导流程

2016 年以来，安庆市商品房市场明显回暖，截至 2017 年 6 月末，商品住房库存去化周期仅为 3.9 个月。在楼市行情带动下，2017 年上半年，市区两宗商住用地获高价成交，均价达 7029 万元/公顷，较 2016 年全年

成交均价上涨 46.6%。数据显示，地价、房价波动对当前安庆市信贷结构产生了显著影响。2017 年上半年，全市全部新增贷款中，居民中长期消费贷款占 37%，同比提高 16 个百分点。房价继续快速上涨将进一步加剧银行资产配置向房地产领域的集中度，而房价如果下滑，则会降低银行相关资产的质量和预期收益。据调查，2017 年 2 月，拍得安庆"地王"的某房产开发企业因资金紧张，就后续开发与本地某银行达成了 16 亿元的贷款意向，而上半年全市住房开发贷款（不含保障性住房开发）余额仅为 13.33 亿元。

2. 土地融资活动中的信用风险传导：土地融资信用被过度运用，增加金融违约概率

当前，地方政府普遍将土地资产注入融资平台，再由融资平台代表政府进行融资（见图 3）。但由于地方政府实际融资需求往往超出平台公司资产水平，土地融资信用在其中容易被过度放大，增加金融违约概率。通过对部分金融机构①及安庆市城市建设投资发展有限公司、安庆皖江高科技投资发展有限公司（分别为安庆市本级、经济技术开发区平台企业，以下分别简称安庆城投、皖江高科）的调查，土地融资活动向银行业风险传导现象显著。

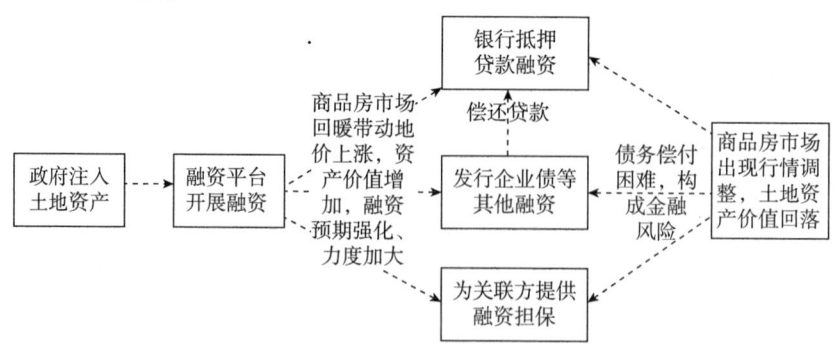

图 3　土地融资活动向银行业风险传导流程

---

① 包括农业发展银行安庆市分行、农业银行安庆分行、徽商银行安庆分行和招商银行安庆分行；2017 年 6 月末，4 家金融机构政府融资平台贷款余额为 81.16 亿元，在全市政府融资平台贷款余额中占 73.1%。

一是银行机构土地抵押贷款面临较高的政策调整风险。相关金融机构的政府融资平台土地抵押贷款占比过高,如2017年6月末,农业发展银行安庆市分行政府融资平台贷款中土地抵押贷款占比达97.3%。有银行机构反映,随着政府债务管理的进一步规范[①],土地抵押贷款的风险保障水平将体现在抵押物的市场价值上,但土地资产变现难度大、中长期价格波动大,难以开展资产保全。二是存在土地过度抵押、互保联保和多种金融工具交叉运用现象,透支政府融资平台信用。截至2016年末,安庆城投的土地资产中约90%进行了抵押,同时为其他3家平台公司进行了融资担保。2016年,安庆市经济技术开发区向皖江高科注入13宗用地合计3.32亿元,但2017年,该平台在发债融资时上述土地被估值约18亿元。三是平台公司资产收益状况不佳,金融违约概率较高。以皖江高科为例,2014—2016年,该平台毛利率分别仅为3.8%、3.5%和2.7%。为偿付银行贷款,其多次通过发债筹措资金。

3. 土地财政替代效应的风险传导:影响实体经济发展动能恢复,进而加剧银行业经营困境

土地财政收入和实体经济税收是政府财力的两个重要来源,土地财政规模提升,将减少政府对实体经济税收的依赖,产生替代效应;同时,土地财政的政策导向也会进一步激活房地产市场,吸引其他实体企业将资金等要素资源向房地产领域汇聚(见图4)。调查发现,安庆市本土某大型零售企业全资设立房地产开发公司并多次增资,2016年房地产开发产生的企业所得税收入超过500万元,原零售业务的企业所得税收入不断下降,至2016年变为零入库。

2017年上半年,安庆市规模以上工业企业利润总额为93亿元,同比下降3.2%,为近6年同期首次负增长。实体经济领域企业效益短期难以明显改善,相关风险进一步向银行业金融机构传导。截至2017年6月末,全市制造业贷款、工业贷款余额同比分别下降3.9%和2.4%;全市不良

---

① 2017年以来,财政部等部委先后发布了《关于进一步规范地方政府举债融资行为的通知》(财预〔2017〕50号)、《关于坚决制止地方以政府购买服务名义违法违规融资的通知》(财预〔2017〕87号)。

贷款余额达49.1亿元，较年初增加2.89亿元。在营业规模收缩、利差收窄等因素的共同影响下，2017年上半年全市银行业企业所得税收入同比下降3.3%。

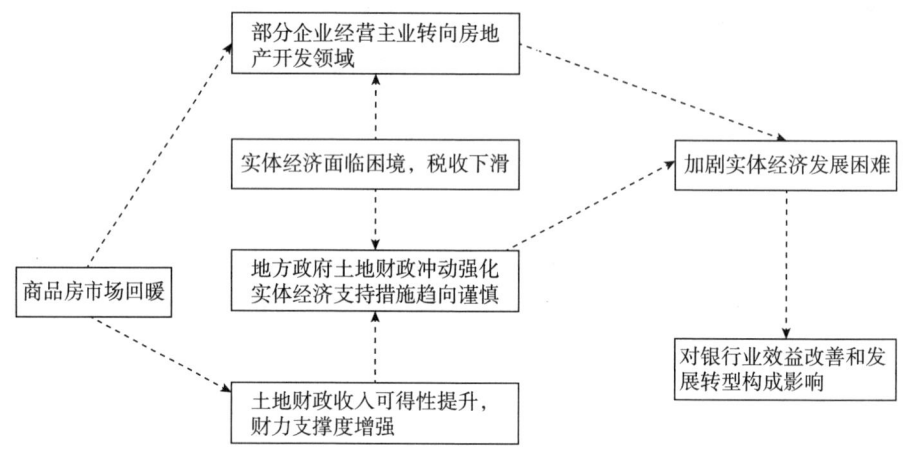

图4　土地财政运行中政府行为对实体经济及银行业风险传导流程

三、对当前地方政府土地财政运行机制的思考及建议

（一）当前土地财政运行机制缺乏有效约束的原因思考

一是地方政府土地财政政策存在抉择困境。首先是实施地价调节的决策两难。高地价的金融风险显而易见，但在现行土地招拍挂机制下，当市场需求提振、地价抬升时，加大供地力度或增加招拍挂附加条件是较为有效的价格抑制办法，却不符合土地资源稀缺属性及地方政府财力筹措的现实需要。其次是房价的市场调控不易操作。房价快速上涨，形成地方政府民生管理压力，造成信贷风险集聚。但房价出现调头，将加快金融风险暴露。最后是政府融资平台举债难以绕开土地信用。当前地方政府融资平台资产收益率低，但地方政府融资缺口大，最便捷有效的途径就是通过政府融资平台获取土地融资资金。

二是存在财权、事权不匹配的政府财税体制问题。一方面，分税制改革后，地方政府税收空间大幅压缩，"营改增"税制改革进一步削减地方税规模。土地出让的绝大部分收入留归地方政府支配，成为各地最重要也最稳定的收入来源。另一方面，各级政府事权责任划分并未同步完善，地方政府承担了较多的支出责任，导致财政收支缺口巨大，而且还面临存量债务偿付问题，形成了对土地的天然依赖。

三是现行政绩考核机制及部门职权设置助推了地方政府的不合理操作。现阶段的政绩考核体系中，地区生产总值和固定资产投资等指标占据重要位置，出于政绩冲动和财力实际，地方政府破题之道往往落在土地财政运行上。此外，地方政府相关部门职权设置不合理，导致对土地财政运行缺乏约束，甚至起到助推作用，如国土部门主要接受本级政府领导和管理，难以完全按照上级政策要求对土地财政运行中的不合理现象开展有效制约。

（二）加强土地财政运行风险管理的对策建议

一是加快推进各级政府职能职权改革。加快推动中央及地方政府事权、财权划分改革，通过上收部分支出责任和培植地方税源，逐步缓解地方财政收支压力；推进地方政府政绩考核机制及部门职权改革，强化风险预警与处置作用，建立起地方政府土地财政运行的权力平衡机制。

二是强化土地出让环节的财力扩张约束。从土地出让收益中计提还贷准备金及城市发展经费（跨政府任期），着眼于中长期收支平衡机制建设，制约当期土地财政扩张行为；探索建立房价收入比等民生考核指标，强化房价的民生约束，倒逼地方政府抑制地价炒作行为。

三是推动土地融资环节的金融风险化解。通过整合重组和产权交易，压缩地方政府融资平台种类，优化资产结构，并加快业务转型；加强地方政府融资平台与担保公司的合作，积极推动融资平台风险担保模式的市场化运作。

防风险攻坚战背景下地方融资平台转型浅析

中国人民银行安庆市中心支行 高 乐 黄 盼

打好防范化解重大风险攻坚战的重要任务之一是处理好地方政府隐性债务问题,而地方融资平台一直以来是地方政府隐性债务增长的主要方面。2017年以来,地方政府债务监管明显加强,严格禁止地方融资平台违法违规融资。在此背景下,融资平台转型再次成为焦点。本文从财政分权下地方政府举债的逻辑入手,分析融资平台风险和转型的必要性,并对现有转型模式进行案例分析,剖析阻碍融资平台转型的外部因素和内在困难,最后就推动融资平台转型提出相关政策建议。

一、财政分权背景下地方融资平台兴起

（一）财政分权与地方政府举债的内在激励

1994年分税制改革后,中国财政体制在财权和事权的分配上主要呈现出两个特点:一是财权方面,对中央与地方的收入划分做了较大调整,将税源普及全国且流动性大的税种以及调节功能大的税种划分为中央税或中央与地方共享税,将税源比较固定、税基比较狭窄的小税种划为地方税。二是事权方面,由于政府间支出责任划分没有实质性变化,基本维持原有的中央和地方的支出划分格局。分税制改革导致地方政府预算内收入减少,产生对预算外收入的依赖;预算内资金的制度性缺口,使地方政府预期上级直至中央政府会为其债务兜底,加上官员的任期制,造成

地方政府的预算软约束；财政分权与政治集权构成了地方官员特殊的激励机制——发展经济的生产性努力，并形成了依赖政府投资拉动的经济发展模式。财政分权引致的官员激励机制、经济发展模式、预算软约束、地方财政自主率低，使得地方政府有充分的激励和需求进行举债和融资（见图1）。

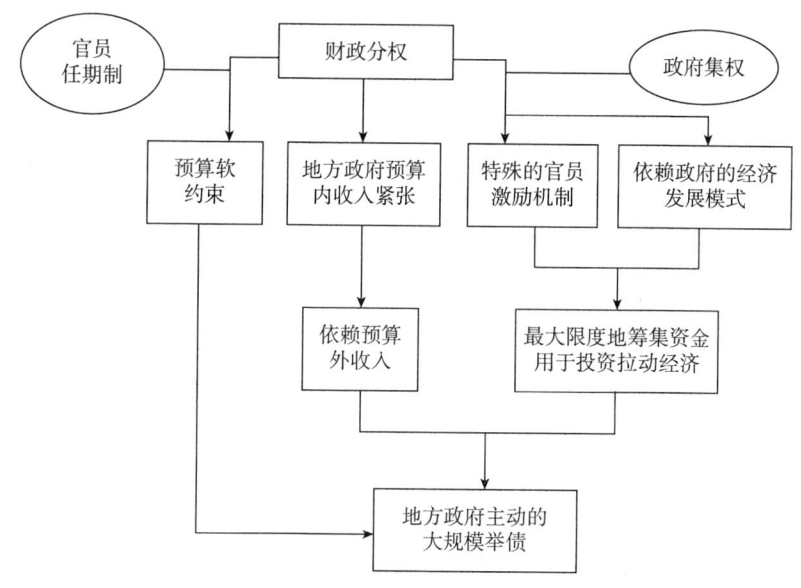

图1 财政分权与地方政府举债的逻辑

（二）地方政府融资平台兴起并快速发展

分税制改革以来，地方政府在推动城市化和工业化的进程中，对财政支出的需求远远超过了地方政府可支配的财力，比较普遍地形成了地方经济发展城市公共基础设施等地方性公共品需要大量资金与政府可投入资金短缺的突出矛盾（如图2所示）。在预算内地方财政入不敷出而又不能列赤字财政和举借债务的情况下，地方政府只能多争取中央转移支付和向预算外融资。目前中央政府对地方政府的转移支付多为专项转移支付，要求给出一定的配套资金，这对财力原本不够的地方政府来说是一个很大的挑战，因此地方政府会更加倾向于创建各种融资平台来实现财政增收和减支。

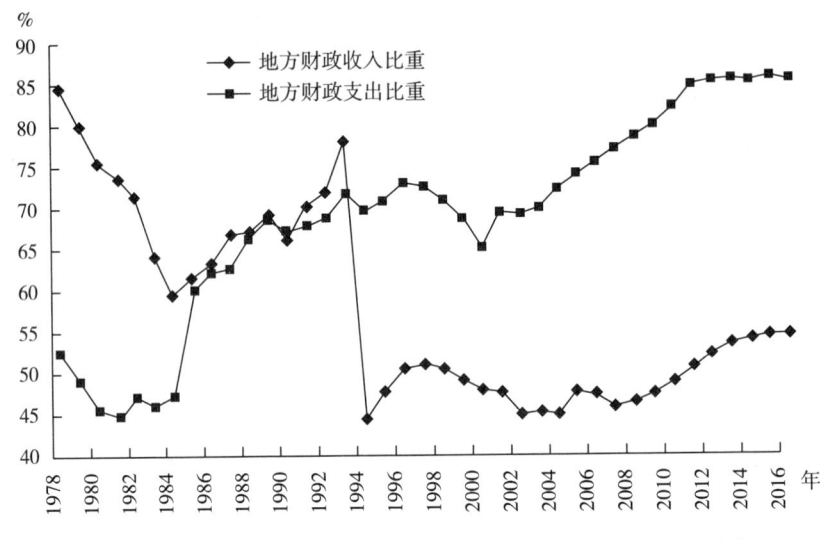

图2 1978—2016年地方预算内财政收支占全国财政收支比重变化

分税制改革以来,我国地方政府融资平台的发展大致经历了四个阶段。

1. 起步阶段(1994—1997年)。1994—1997年,各地政府从经营城市的角度出发,纷纷成立了专门机构,如建设开发领导小组办公室,对市政基础设施建设进行统一规划和领导,打破了过去各自为政、多家审批、多家建设的格局。在起步阶段,融资平台尚未发挥其招商引资、引入外部资金参与市政建设的功能,更多地起到了减少新增审批环节、明确项目建设领导核心的作用。

2. 稳步发展阶段(1998—2008年)。为应对东南亚金融危机对我国经济带来的不利影响,政府大力实施积极财政政策,基础设施建设是其中的主要内容。按照基建项目的融资体制,中央政府可以为审批通过的基建项目提供一定的中央财政支持,同时地方政府安排配套资金进行配合。在地方财政收支平衡约束和《预算法》限制地方政府发债的情形下,为缓解资金压力,地方政府开始成立大量的交通公司、城投公司、国资经营公司、开发投资公司,借助地方政府信用,间接向银行贷款,进行基础设施建设。

3. 快速扩张阶段(2009—2014年)。2008年末,为应对国际金融危机的冲击,我国开始实施积极的财政政策和适度宽松的货币政策刺激经济,地方政府全面展开融资平台的设立,继续强化国资公司、城投公司、开发投资公司等融资平台的功能,做大其资本金规模,将部分财政资金、划拨土地、国有股权乃至学校、公用地等都纳入融资平台的资本金。在此背景下,融资平台从2008年上半年的3000家、贷款余额1.70万亿元迅速扩张至2009年末的8221家、贷款余额7.38万亿元。其中,县级融资平台扩张明显,2009年末县级融资平台4907家,占全部平台数量的60%;贷款余额约1.85万亿元,占全部平台贷款余额的25%。

4. 转型和退出阶段(2014年至今)。2014年,新《预算法》和《国务院关于加强地方政府性债务管理的意见》的出台,吹响了融资平台转型的集结号。平台公司对其举借的债务遵循"谁借谁还、风险自担"的原则,政府不再承担偿还责任。之后,一系列规范性的政策文件相继出台,地方政府融资平台的转型势在必行。在此过程中,部分经营情况较好、条件允许的融资平台公司逐步实现了转型发展并退出融资平台名单。但是需要看到,由于缺乏明确的认定标准,融资平台通过宣称与地方政府脱钩可以轻易转变成经营性国有公司,从而避免监管机构对其举债的限制,但事实上仍属于地方政府融资平台。

二、地方政府融资平台风险传导与转型的必要性

(一)融资平台风险传导路径分析

1. 融资平台风险对金融系统产生威胁。

(1)路径一:融资平台→金融机构→金融系统。从资金来源来看,融资平台的资金主要来源于金融机构(见图3)。从债务偿还进展来看,相当一部分平台公司仍然以"借新还旧"的方式维系债务周转。一旦平台公司经营不善,债务风险由金融机构传导至金融系统,可能会引发区域性风险积聚效应,导致平台公司资金链断裂、银行不良贷款集中爆发等问题。这不仅增加了区域性金融风险,而且对本地区投融资平台的经营产生了不利影响。

(2)路径二:融资平台→地方政府→中央政府→金融系统。在我国

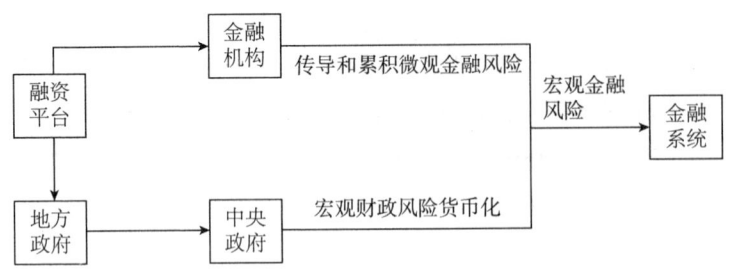

图 3　融资平台风险向金融系统传导的路径

当前的政治制度和财政体制下，中央政府不允许地方政府破产，一旦地方财政出现偿债风险，中央政府将成为最后的兜底人（见图4）。中央政府转移其面临的财政风险的通常做法是财政风险货币化。然而，财政风险货币化虽然缓和了中央财政面临的宏观财政风险，却不能减少全社会面临的风险总量，还可能引起经济运行中的流动性过剩，从而进一步引发通货膨胀风险，实体经济运行和金融体系稳定可能会受到冲击。

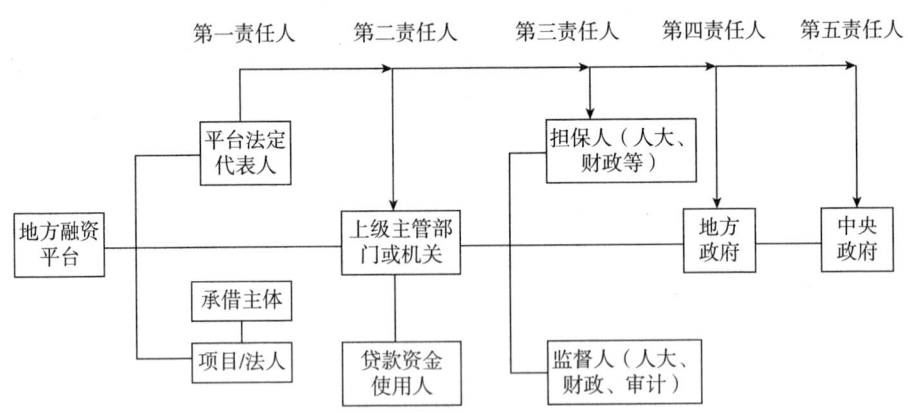

图 4　实质上融资平台债务的或有债务人

2. 实体经济发展的波动风险。融资平台公司的广泛设立强化了地方经济发展对投资的依赖，平台公司主导的基建投资成为稳增长的重要方面。但随着地方政府举债行为的规范与趋紧，平台公司融资所受冲击较大，一些工程项目可能出现烂尾，对地方经济产生不利影响。此外，融资平台发展与土地财政捆绑导致地方政府热衷于发展房地产市场，造成房地产发展过热、房价较快上涨，不利于整体经济健康、稳定增长（见图5）。

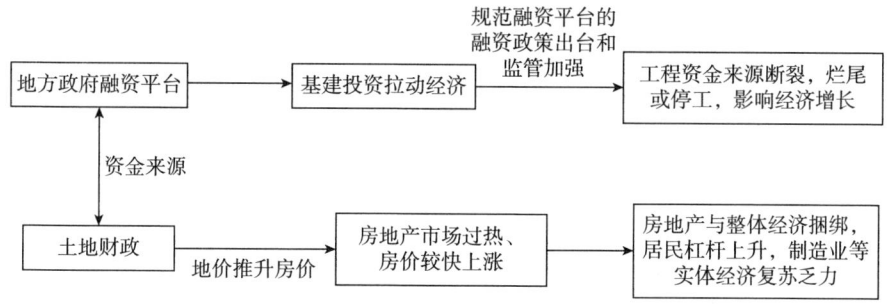

图5 融资平台对实体经济的影响路径

(二) 融资平台转型势在必行

《关于进一步规范地方政府举债融资行为的通知》《关于坚决制止地方以政府购买服务名义违法违规融资的通知》虽然针对的是地方违规违法举债，但实质上仍是《关于加强地方政府性债务管理的意见》精神的延续，在规范地方政府举债融资的基础上完成对地方政府融资模式的重构。在短期融资方面，由于《关于进一步规范地方政府举债融资行为的通知》针对地方政府对平台公司的违规担保行为进一步严加监管，《关于坚决制止地方以政府购买服务名义违法违规融资的通知》对地方政府购买服务行为进行规范，平台公司融资既难以获得地方政府的担保，也无法将与政府签署的违规购买服务合同进行抵押融资，严重影响到了平台公司融资来源，有些受影响较大的平台公司甚至直接面临资金链断裂风险。从长期发展来看，在地方投融资模式重构的大趋势下，地方政府将加快构建以地方政府债券和合规PPP模式为主的新投融资模式。短期约束和长期方向都表明，地方融资平台转型势在必行。2014年以来与地方融资平台相关的政策（负面清单）见表1。

表1 2014年以来与地方政府政策融资平台相关的政策（负面清单）

时间	政策文件	主要内容
2014年9月	《关于试行全面加强企业债券风险防范的若干意见的函》（国发〔2014〕19号）	申请发债城投企业，不得注入公立学校、公立医院、公园、事业单位资产等公益性资产

续表

时间	政策文件	主要内容
2014年10月	《关于加强地方政府性债务管理的意见》（国发〔2014〕43号）	剥离融资平台公司政府融资功能，融资平台公司不得新增政府债务
2015年11月	《关于简化企业债券审报程序加强风险防范和改革监管方式的意见》（发改办财金〔2015〕3127号）	1. 对不具备自我偿债能力的空壳型地方政府融资平台的发债申请不予受理；2. 发行人应对募集资金投资项目的偿债资金来源及其合规性、履约能力等进行充分披露，严禁政府担保或变相担保行为
2016年3月	《关于进一步做好棚户区改造相关工作的通知》（财综〔2016〕11号）	对于需要由政府主导运作的2016年新开工棚户区改造项目，要按照规定实施政府购买服务，一律不得通过融资平台公司等企业举借政府债务
2016年12月	《财政部驻各地财政监察专员办事处实施地方政府债务监督暂行办法》（财预〔2015〕175号）	1. 不得将公益性资产作为资本注入融资平台公司；2. 不得将储备土地作为资产注入融资平台公司；3. 不得承诺将储备土地预期出让收入作为融资平台公司偿债资金来源；4. 只承担公益性项目建设或运营任务、主要依靠财政性资金偿还债务的融资平台公司，不得以财政性资金、国有资产抵（质）押或作为偿债来源进行融资（包括银行贷款、企业债券、公司债券、信托产品、中期票据、短期融资券等各种形式）；5. 地方政府及其所属部门、公益目的事业单位和人民团体不得违反法律法规等规定，以出具担保函、承诺函、安慰函等任何形式为融资平台公司融资提供担保
2017年4月	《关于进一步规范地方政府举债融资行为的通知》（财预〔2017〕50号）	1. 地方政府及其所属部门不得干预融资平台公司日常运营和市场化融资；2. 地方政府不得将公益性资产、储备土地注入融资平台公司；3. 地方政府不得承诺将储备土地预期出让收入作为融资平台公司偿债资金来源
2017年5月	《关于坚决制止地方以政府购买服务名义违法违规融资的通知》（财预〔2017〕87号）	地方政府及其部门不得以任何方式虚构或超越权限签订应付账款合同，帮助融资平台公司等企业融资

续表

时间	政策文件	主要内容
2018年1月	《关于加强保险资金运用管理支持防范化解地方政府债务风险的指导意见》（保监发〔2018〕6号）	1.（保险机构向融资平台公司提供债权投资的）投资项目为公益性项目的，应当符合法律或国务院规定，且融资主体和担保主体不得同为融资平台公司；2. 规范融资平台公司融资信息披露，严禁与地方政府信用挂钩的误导性宣传；3.（保险机构）不得要求地方政府或融资平台公司通过支付固定投资回报或约定到期、强制赎回投资本金等方式承诺保障本金和投资收益
2018年2月	《关于进一步增强企业债券服务实体经济能力严格防范地方债务风险的通知》（发改办财金〔2018〕194号）	1. 严禁党政机关公务人员未经批准在企业兼职（任职）；2. 严禁将公立学校、公立医院、公共文化设施、公园、公共广场、机关事业单位办公楼、市政道路、非收费桥梁、非经营性水利设施、非收费管网设施等公益性资产及储备土地使用权计入申报企业资产；3. 严禁涉及与地方政府信用挂钩的虚假陈述、误导性宣传；4. 不得将申报企业信用与地方政府信用挂钩；5. 严禁申报企业以各种名义要求或接受地方政府及其所属部门为其市场化融资行为提供担保或承担偿债责任；6. 纯公益性项目不得作为募投项目申报企业债券
2018年3月	《关于规范金融企业对地方政府和国有企业投融资行为有关问题的通知》（财金〔2018〕23号）	1. 不得违规新增地方政府融资平台公司贷款；2. 国有金融企业向地方政府融资平台公司提供融资，若发现存在以"名股实债"、股东借款、借贷资金等债务性资金和以公益性资产、储备土地等方式违规出资或出资不实的问题，国有金融企业不得向其提供融资；3. 地方政府融资平台公司在债券募集说明书等文件中，不得披露所在地区财政收支、政府债务数据等明示或暗示存在政府信用支持的信息，严禁与政府信用挂钩的误导性宣传

三、地方政府融资平台转型实践：案例分析

从目前部分地方政府融资平台转型的情况来看，大体可分为以下几类。

（一）政府注入资产，推动国有资源整合

政府将部分优质资产注入地方投融资平台，这些资产既包括水务等能产生现金流的准公益性资产，也包括能产生经营收入的经营性资产。同时，在政府的支持下，加快以项目为导向的建设经营性平台向投资控股型的集团化企业转变，从而推动企业转型。

典型案例：

亳州建设投资集团有限公司成立于2002年9月，是亳州市政府直属的国有独资公司，也是当地最大的政府融资平台，其主要职能是负责城市建设资金的筹集和投入，同时承担土地开发、经营和国有资产经营、保值增值任务。经营产业涉及土地整理、保障房建设、房地产开发、公用事业经营和类金融业务。2014年6月末，在亳州市委、市政府的主导下，亳州建设投资集团有限公司通过对市国资委管理的文化旅游公司、地产公司、交投公司、公交公司、保安公司进行整合，组建了建安投资控股集团有限公司，该公司是亳州市最大的国有企业，成为亳州市除古井集团外整合所有亳州市属国有企业的平台，是拥有全资子公司11家、控股子公司12家、参股子公司9家、三级子公司36家的国有投资控股集团公司。

（二）发展经营性业务，推动业务多元化

地方政府融资平台转型在充分利用企业进行土地开发和基础设施建设过程中所累积的技术经验和对相关公用事业类资产进行授权的基础上，提供相关公用事业、旅游、会展、物流、广告等服务，获取较稳定的现金流。更进一步地，平台公司结合城市发展所需，积极拓展城市市政管理服务、城市配套管理服务等方面的业务，打造成为具有品牌的城市运营商。

典型案例：

上海张江（集团）有限公司（以下简称张江集团）是浦东区重点融资平台，代政府履行张江高科技园区的土地开发、基础设施建设等职责，并根据政府授权进行工业、办公和科研物业的房地产开发与后续综合经营活动。在发展过程中，张江集团按照市场规则运营开发区，没有像其他地方引进入园企业那样，给予土地、厂房等补贴优惠政策，而是对土地进行滚动开发，所获得的收益完全归公司，并努力开展多元化经营，依托园区运营，积极投资于物业管理、人力资源中介、广告传媒、酒店经营、金融服务（小额贷款、担保、外币兑换）等领域；按行业设立子公司，对部分公司进行混合所有制改造，逐渐变身为投资控股集团；还对园区高新技术企业进行股权投资，是十多家上市公司的重要股东，在支持园区企业发展的同时，在资本市场实现溢价收益，2014—2016 年张江集团对外投资收益分别为 8 亿元、17.5 亿元和 13 亿元。通过以上多种举措，张江集团实现了经营性收入规模的扩大和国有资产的保值增值，2016 年末公司资产规模达到 652.37 亿元，实现收入 65.94 亿元、营业利润 8.1 亿元、净利润 8.6 亿元。

（三）创新融资模式，吸引社会资本

地方政府融资平台大都从事基础设施建设，所需资金量大，同时，项目回报时间长，资金周转慢，对企业运营造成了较大的压力。平台公司可以创新融资模式，通过融资租赁、资产证券化、PPP 等方式拓宽融资来源，缓解资金压力。

典型案例：

萍乡市汇丰投资有限公司是该市经济技术开发区唯一的城投平台，由于被列入银监会监管名单，公司的银行贷款、公司债发行均受到限制。为了突破融资限制，一是启动金融参股布局。以 8 亿元参股江西银行，成为其第四大股东；与江西银行合作成立江西融资租赁股份有限公司，后者为公司带来了稳定的投资收益，是其保持充分流动性的重要补充；公司以 5000 万元参股中证机构间报价系统股份有限公司，获得 0.66% 的股份，为公司以及经济技术开发区企业对接资本市场搭建了更加顺畅的平台。二是获取专项资金。2013年，公司启动萍乡市海绵城市建设，萍实公园、市民广场等项目的成功建设助力萍乡市成为全国海绵城市示范城市，并获得海绵城市专项资金。2016—2017年，公司计划扩大海绵项目投资规模至40亿元，结合政策性专项资金并引入社会资本，以PPP模式发挥杠杆效应，成为萍乡市海绵城市主要项目投资主体。另外，公司与江西立晟达新能源有限责任公司共同出资成立江西汇达电业发展有限公司，从2014年开始布局萍乡市乃至江西省范围内的屋顶分布式光伏发电项目（屋顶分布式光伏发电项目是国家重点支持产业项目，项目投资得到国家开发银行专项贷款支持，能够享受优惠资金成本）。

（四）剥离政府投融资职能，成为产业经营主体

随着城市基础设施和城市功能的日益完善，地方政府融资平台发展的空间日益有限，对于具有专业资质、市场竞争力较强、规模较大、管理规范的平台公司，可剥离其政府投融资功能，在妥善处置存量债务的基础上，转型为一般国有企业，成为产业经营主体。

典型案例：

重庆市交通旅游投资集团有限公司的前身为重庆高等级公路建设投资有限公司，由于重庆7000多公里的二级公路不再收费，2006年9月该公司合并了长江三峡、乌江画廊、山水都市等重庆市国有旅游资源，转型为专注旅游产业投资开发的市属投融资集团。2006年，原重庆煤炭集团、重庆市建设投资公司和重庆燃气集团整合组建成重庆市能源投资集团，借电力市场化改革的机会，转型为经营性国有企业，专注燃气、煤电铝等领域的经营、投资。

四、地方政府融资平台转型仍面临的困难

尽管《关于加强地方政府性债务管理的意见》为地方融资平台转型提供了方向，新《预算法》的颁布也放开了省级政府举债权，在一定程

度上弥补了地方财政收支缺口,但由于地方政府的财权和事权不匹配以及地方政府融资平台在长期的发展过程中积累了较多问题,在财税体制改革以及相应配套措施未完全到位的情况下,地方政府融资平台转型过程仍面临着诸多困难。

(一)地方政府融资平台转型面临的外部障碍

1. 地方政府财权和事权不匹配的问题没有根本性解决,地方政府转型动力较弱。财税体制不完善、缺少公开融资途径是地方政府隐性债务以及地方政府融资平台产生的根本性原因。要推动地方政府融资平台转型,就需要从根本上深化财税体制改革,完善分税制,缓解地方政府财权和事权不匹配问题,构建健全的地方融资体系。尽管目前中央和省级政府的财权和事权在逐步规范,但省级以下政府尤其是市县政府事权和财权不匹配的问题仍然比较突出。

2. 宏观经济下行压力仍存,制约了融资平台转型。当前宏观经济下行压力仍存,新旧动能尚未实现有效转换,稳增长仍然很大程度上需要依靠地方基建投资,但在地方政府财力捉襟见肘、PPP 短期又难以承担起重任的情况下,基础设施建设仍需要地方政府融资平台来推进。

3. 守住不发生系统性风险也是制约融资平台转型的重要因素。当前守住不发生系统性风险是底线,地方政府融资平台作为政府债务的举债主体,债务负担较大,如果完全转型为市场化运作,就会失去之前的政府隐性支持,从而使部分融资平台信用风险暴露,很有可能导致系统性风险。如何既促使地方政府融资平台实现成功转型,又避免融资平台债务风险大面积爆发,成为政府需要不断摸索解决的难题。

4. 融资平台转型同样面临国有企业改革的诸多难题。作为重要的国有企业,地方政府融资平台转型也面临着当前国有企业改革中所遇到的一些难题,比如政府与企业关系界定、公司治理不完善、管控机制不健全等。在推动地方政府融资平台转型过程中,如果不解决国有企业改革中出现的这些问题,即便地方政府融资平台实现了暂时的转型,也难以摆脱融资平台地位。

(二) 地方政府融资平台转型过程中自身存在的困难

1. 融资平台数量较多，牵涉的利益较广。融资平台数量多、种类繁杂，难以完全界定，无法制定统一的转型路径。截至2017年9月末，银监会名单内平台有11734家，其中2498家已退出平台，9236家仍按平台管理，并且即便是退出名单的融资平台，部分也只是名义上的退出，仍在承担融资平台功能。此外，近年来，部分地区又新设立了数量众多且难以统计的名单外平台公司。地方政府融资平台涉及的利益群体较广，从股东方看，有地方政府的政绩需要；从债权人看，有银行、信托、债券投资者等的债务偿还；从营运方看，有建筑工程公司的项目施工；从内部看，有大量职工的就业。如果在融资平台转型过程中没有处理好这些利益群体，不仅会影响融资平台的顺利转型，甚至还会影响到地方的稳定及金融安全。

2. 融资平台本身内部转型动力不足。地方政府融资平台对自身运作、资产保值和利润考核的要求不大，只需要按照地方政府要求开展运作即可。然而，融资平台转型后需要成为市场化运作主体，就要考虑日常运作，国有资产保值、利润考核等压力较大，这也导致地方政府融资平台自身转型意愿不足，如果转型失败，还可能面临"国有资产流失"的罪名。在经营和政治风险双重压力之下，地方政府融资平台内部转型动力不足。

3. 融资平台资产高估、盈利较弱，增加了转型的难度。地方政府融资平台的资产主要由地方政府注入，其中一部分为用于公共基础设施建设的资产。有些公益性或准公益性项目，现金流产生能力较差。同时，融资平台还存在资产高估问题。以注入的土地资产为例，出于融资便利的考虑，评估机构高估土地使用权的价值，导致平台公司账面资产价值准确性严重失实。在这种情况下，无论进行转型还是退出，都会涉及这些资产的处置和重新评定。从转型来看，由于资产质量欠佳，盈利能力较弱，流动性较差，融资平台面临转型是否顺利的问题。从退出来看，资产价值虚高无疑会影响到融资平台的清算价值，甚至会出现资不抵债的现象。

五、推动地方政府融资平台转型的政策建议

（一）制定专门法规统筹规范融资平台转型

由于地方政府融资平台多头监管，各部委对融资平台的管理还未能形成统一的意见，已出台的文件也相对分散，难以对融资平台进行全面、统一的规范，甚至连最基础的对融资平台的认定，各部委都没有形成一致的意见。建议有关部门出台专门法规对地方政府融资平台转型发展作出统一部署、规范，明确融资平台公司范畴、设置转型过渡期限、建立融资平台转型与否的认定标准。

（二）大幅缩减融资平台公司数量

当前，数量众多的融资平台和快速增长的融资规模给地方政府和银行系统带来了债务隐患，同时增加了转型的难度和复杂性。由于大部分融资平台公司仅承担政府融资职能，没有实际经营范围，因此地方政府融资平台的转型发展过程应该是融资平台清理、整合、减少的过程，也是做大做强的过程。未来应对融资平台的数量和融资规模进行一定的控制，严禁新设地方政府融资平台，同时加大对现有融资平台的整合力度，大幅缩减融资平台数量。根据政府级别以及地区经济实力的不同，确定其下属融资平台数量上限。

（三）按照业务类型进行分类管理并制定转型方案

对融资平台的业务和经营进行界定和分类是推动融资平台转型的关键。界定清楚之后，对于同一政府所属融资平台，应将所有经营性质的融资平台进行整合重组，与政府进行剥离，按照市场化要求开展业务。对于完全公益性质的融资平台，在初期允许其保留，但是需要制定专门的法规，并明确其债务就是地方政府的债务，将其债务纳入地方财政预算。待时机成熟后，逐步与地方政府剥离并退出。对于具有准公益性质且具有一定收益的融资平台，可以引进社会资本，进行混合所有制改革，推动融资

平台逐步转型。

(四) 遵循循序渐进、区别对待原则

地方政府对融资平台转型应当分清重点和难点、近期目标和远期目标，进行系统性规划，在转型中要采用循序渐进的方式，先易后难。在一些经济发达地区，有的融资平台已由单纯的融资平台转变为城市服务运营商，有的转变为市场化投资公司，并具有了一定的市场竞争力。中西部地区的很多融资平台仍只是政府的纯融资性平台，经营性业务和经营性收入较少，参与市场竞争的能力薄弱。因此，在推动地方政府融资平台转型过程中，要区别对待、因地制宜，防止"一刀切"。对于东部地区一些发展较好的融资平台加快转型，应给予支持，让其充分发挥自身优势推动积极转型。对于中西部地区，应当根据地方政府融资平台的实际情况实施差别化政策，对于发展较好的融资平台可以推动转型，对于发展较差的融资平台通过循序渐进的方式推进转型。

省联社改革模式调查与思考

中国人民银行安庆市中心支行　操基平　高　乐

2003年农村信用社改革所确定的行政管理、行业管理和行业服务三位一体的省联社管理模式，在帮助信用社清收不良资产、化解历史包袱、增资扩股、搭建各类服务平台、协调政策、整顿队伍、防控案件以及电子化建设、内部制度建设等方面发挥了积极、独特的作用，有力地促进了农村信用社改革发展。但是，这种高度集权的模式也衍生出了股权关系错位、法律定位模糊及对基层法人单位不当干预等问题，已经不符合时代发展的需要，无助于"三农"金融服务，在某种程度上成为深化农村金融体制改革的阻碍，要求对其进行改革的呼声一直不断。《中共中央、国务院关于深入推进农业供给侧结构性改革　加快培育农业农村发展新动能的若干意见》（中发〔2017〕1号）提出抓紧研究制定农村信用社省联社改革方案，明确了深化省联社改革的任务。为此，我们就省联社改革的目标模式进行了调查分析。调查分析认为，在目前的约束条件下，最为现实、制度变迁成本最小的模式是在对现行省联社进行渐进式的改良，通过省联社改革的机构转型，理顺管理体制，提高县域金融的效率。

一、省联社治下的农商银行支农状况

经过多年的改革实践，省联社体制取得了巨大成效，我国农村信用社改革取得重要进展和阶段性成果，大部分农村信用社资本实力大幅增强，经营状况明显改善，治理结构初步建立，"花钱买机制"的政策效应初步显现。截至2016年末，安庆市六县一市农村信用社全部改制成农商银行，8家农商银行总资产为613.74亿元，总负债为561.76亿元，实现利息收入29.04亿元。人民币各项贷款余额为362.64亿元，占安庆市金融机构贷款余额的24.43%；人民币各项存款余额合计585.72亿元，占安庆市金融机构存款余额的22.1%；实现利润5.1亿元。其中，桐城农商银行2016年总资产达到167.1亿元，贷款余额为67.1亿元，存款余额为140.6亿元，全年实现净利润2.05亿元，分支机构分布在安庆市、桐城、枞阳、舒城等地。

（一）省联社治下的农商银行支农绩效

随着农村金融改革深化，安庆市的农村信用社全部改制成农商银行，经营管理日趋商业银行化，经营实力和市场信誉日趋增强，存款因而持续稳步增长，可贷资金较多，涉农贷款持续增加。如表1所示，安庆市8家农村商业银行2017年5月涉农贷款合计325.89亿元，是2008年的3.76倍。各家农商银行都实现了大幅增加，有力地支持了当地"三农"的发展。

表1 安庆辖区农商银行涉农贷款余额

单位：亿元

时间与增速	安庆	怀宁	潜山	太湖	桐城	望江	宿松	岳西	合计
2008年	9.49	15.82	9.69	7.84	17.93	8.35	10.33	7.31	86.76
2009年	9.06	18.36	11.46	9.70	22.20	9.55	12.73	8.62	101.68
2010年	12.34	22.05	14.72	10.95	27.93	11.52	15.33	10.54	125.38
2011年	14.45	28.23	17.95	13.98	37.29	13.64	20.13	12.57	158.24
2012年	19.70	33.21	22.37	18.16	47.50	17.98	24.17	17.54	200.63
2013年	25.11	40.52	26.97	22.36	57.71	22.31	29.10	23.27	247.35
2014年	30.70	48.86	31.68	28.07	67.96	27.77	37.69	28.38	301.11
2015年	35.88	49.60	32.35	29.30	71.85	26.91	42.70	28.74	317.33
2016年	39.79	52.33	32.56	29.64	63.94	28.23	44.79	30.32	321.6
2017年5月	38.88	52.53	32.91	28.58	66.60	29.80	44.86	31.73	325.89
增速（%）	410	332	340	365	371	357	434	434	376

(二) 省联社治下的农商银行支农弱化趋势

随着农商银行经营管理日趋商业银行化，经营实力和市场信誉增强，存款持续稳步增长。以安庆市六县一市为例，2016年县域法人存款市场份额为35.5%，比2010年的份额扩大了近10个百分点。在可贷资金增加的同时，贷款增速和贷款占比出现了下降趋势。如表2所示，2017年5月，安庆市8家农商银行涉农贷款增速是有统计以来的最低水平，其中怀宁、潜山和宿松基本是零增长，安庆和太湖农商银行涉农贷款是负增长。

表2 安庆辖区农商银行涉农贷款增速

单位：%

时间	安庆	怀宁	潜山	太湖	桐城	望江	宿松	岳西
2008年	56.84	23.61	7.14	22	—	22.32	19.69	21.11
2009年	-4.48	16.07	18.27	45	23.82	14.28	23.25	15.2
2010年	36.22	20.12	28.44	13	25.81	20.64	20.41	18.25
2011年	17.07	28.01	21.96	28	33.49	18.47	31.27	16.17
2012年	36.32	17.63	24.6	30	27.39	31.77	20.09	28.31
2013年	27.47	22.02	20.56	23	21.50	24.08	20.4	24.63
2014年	22.25	20.58	17.48	26	17.75	24.48	29.54	18.01
2015年	16.89	1.52	2.1	5	5.73	-3.09	13.31	1.25
2016年	10.88	5.5	0.63	1	-11.01	4.90	4.89	5.2
2017年5月	-2.53	0.37	1.1	-3.57	4.15	5.56	0.16	4.46

与此相对应，涉农贷款占总贷款的比例也呈现下降趋势。如表3所示，安庆市8家农商银行中，2008年涉农贷款占比最低的是安庆农商银行，为64.72%，最高的达100%；而到了2017年5月，最低的是安庆农商银行，只有50.06%，最高的岳西农商银行也仅90.16%；从趋势上看，各家农商银行都呈下降趋势。

表 3 安庆辖区农商银行涉农贷款占比

单位：%

时间	安庆	怀宁	潜山	太湖	桐城	望江	宿松	岳西
2008 年	64.72	93.17	86.61	90	93.74	96.59	100	100
2009 年	45.92	89.15	86.73	90	87.71	91.50	100	100
2010 年	42.65	91.79	95.25	91	89	92.36	100	100
2011 年	49.93	92.03	94.67	85	89.35	94.40	100	97.19
2012 年	50.11	92.24	93.53	90	89.45	96.31	100	98.21
2013 年	50.12	92.49	91.16	91	89.59	97.37	100	99.27
2014 年	50.61	92.55	91.35	91	91.22	97.48	100	99.59
2015 年	50.69	92.74	91.38	91	90.94	92.35	100	88.38
2016 年	50.71	92.78	83.89	78	69.23	87.80	89.89	89.83
2017 年 5 月	50.06	90.29	82.19	71	66.1	89.05	85.01	90.16

总体上看，在近年来不断加强的金融支持县域经济发展的大背景下，安庆市农商银行支持县域"三农"经济呈下降趋势。根据《关于鼓励县域法人金融机构将新增存款一定比例用于当地贷款的考核办法（试行）》，2016 年安庆市六县一市 7 家农商银行只有太湖农商银行考核达标，达标率从 2015 年的 35.7% 大幅降低到 2016 年的 7.7%（见表 4）。

表 4 2010—2016 年县域法人考核连续达标率

单位：%

年份	安庆市	安徽省
2010	100	90.3
2011	88.89	93
2012	100	89
2013	100	89.2
2014	84.6	76.5
2015	35.7	69.5
2016	7.7	55.9

事实上，安庆辖区农商银行支持县域"三农"经济呈下降趋势并非

个案。如表 4 所示，安徽全省新增存款一定比例用于当地贷款的达标率也是一路下降，2016 年为 55.9%，创 2010 年此项考核以来的最低值。

二、农商银行、省联社及地方政府之间的关系分析

《关于明确对农村信用社监督管理职责分工的指导意见》和《农村信用社省（自治区、直辖市）联合社管理暂行规定》两个文件明确了省联社既是一个市场主体性质的金融机构，又是一个行政机关性质的管理机构。但是，省联社并不直接办理存贷款业务，其主要的收入来源是向辖内合作金融机构征收的管理费、科技投入基金等。因此，省联社并不是一个完整意义上的金融机构，而且也不在政府序列，不是国家行政事业单位，也不是法律法规授权的组织，这就极大地造成了省联社法律地位的模糊和法律角色的混同。吴盛光认为，省联社同时集"行业管理、行政管理、金融企业"于一体，具有明显的制度缺陷。[①] 在面对不同的对象时，它自然会不自觉地根据自身利益要求而选择不同的身份和面孔，难以处理好与基层农商银行及地方政府间的关系。

（一）省联社模式错乱股权关系，破坏农村信用社产权制度

理论上，不同法人之间的利益制衡机制是通过产权制度、法人治理结构或行业自律等一系列制度安排来实现的。根据《农村信用社省（自治区、直辖市）联合社管理暂行规定》，省联社由县联社自愿入股组成，实行民主管理。农村信用社之间的股权关系是自下而上金字塔形的持股，省联社没有持有信用社的股份，但有权控制联社高层人选从而决定其实际运作，县联社作为省联社股东却没有依法取得对省联社的股份控制权，自下而上的股权性控制异化成上对下的行政性控制。县联社与省联社之间的股权与管理权设置反向运作，这种"儿子管老子"的制度安排在理论上有

---

① 吴盛光."省联社"模式制度重构：农村信用社管理体制改革探析 [J]. 南方金融，2011 (5).

违产权规则,破坏了市场经济的产权制度,破坏了农商银行的公司治理。

省联社模式使县农商银行与省联社形成了一种自主发展与强化控制的博弈关系,在行政集权基础上建立起来的总分格局体制强化行政治理而淡化法人治理。省联社履职手段带有明显的行政化倾向,实践中直接决定县农商银行的业绩评定和高管任命,省联社对县农商银行的强化控制成为必然的结果。县农商银行虽然形式上建立了"三会"组织结构和监督制衡机制,但实质上只能对省联社全面负责,成为省联社的"分支机构",社员代表大会、理事会"有形而无神",难以充分行使职能,法人治理被边缘化。可以说,省联社既是一个督促农村信用社完善法人治理结构的监督者,又是一个阻碍农村信用社控制权向股东回归的合法外部人[1],一定程度上压抑了法人治理机制的自然成长。行政控制而非法人治理模式的长期运行将削弱农村信用社通过明晰产权所建立起来的治理机制作用,破坏了县域法人地位和产权制度。

现代公司治理架构的基本建立以及股东意识的初步觉醒,必然导致股东的意见在不同程度上与省联社的指导和管理产生碰撞和分歧。现实情况是,83家农商银行公司治理机制已初具雏形,部分运行较为良好的农商银行的股东,产权意识日益增强,脱离省联社系统管理的倾向和冲动也越发明显。对于此类机构,省联社由于缺少实质性的股权控制,难以对其行使强制性管理,否则容易被定位为越位干预法人机构经营自主权。但如果其发生案件或是法人机构管理混乱时,省联社又要承担管理不到位的责任,责任上追两级,致使省联社在实际履职中进退维谷,影响对辖内机构的正常管理。

(二) 省联社高度集中的行政式管理干扰了农商银行的支农

调查发现,省联社主要通过以下方式管理县域法人:一是通过任命信用社高管层间接参与信用社的管理;二是通过制定行业规章的方式对信用

---

[1] 周素彦,周文平. 论农村信用社"省联社"模式——理论依据、缺陷及实施建议 [J]. 金融教学与研究,2007 (5):10-14.

社进行行业管理;三是通过直接向信用社分配考核任务的方式,加强对信用社的控制;四是通过对违规联社及员工进行经济和行政处罚,树立管理权威。同时,省联社一般还在每个地级市设立督导组、区域稽核审计中心,负责相关政策的推广落实,履行对辖内农商银行的管理和稽核功能。

除以上指导、管理功能外,省联社还作为各基层行社间在农合系统内资金清算、信息交流和员工培训的平台。在实际运行中,省联社偏离了原有定位,将对基层社的管理、指导、协调和服务变成对人、财、物的管理和审批。原本的基层信用社自愿入股变成指令入股,入股后非但得不到分红,每年还要按照营业总收入的2.5%向省联社缴纳管理费,不仅得不到有效的指导与服务,反而日常的经营与管理都要受到省联社的种种行政干预。谌争勇认为,在省联社模式下,农村信用社呈现出管理"行政化"、运营"集中化"、指导"格式化"、服务"脱农化"和乡镇农信社改革后管理责任"弱化"等现象,同时存在所有者缺位和法人治理"有形无神"等特征,导致农村信用社面临"外部人干预"和"内部人控制"等风险。①

省联社管理偏向行政化,普遍重管理轻服务,业务指导与行政指令的边界模糊,对下级联社的干预远超出国家赋予的职责范围,越位、缺位现象时有发生。省联社直接或间接审批大额贷款和财务开支,干预高级管理人员的任免,侵犯了独立法人农村信用社的经营自主权,导致信用社行业结构泛行政化,淡化了信用社的独立企业特征。特别是在农村欠发达地区,县联社的经营自主权受到干扰和影响,其灵活调节资金供给和需求的能力受到削弱,抑制效应比较明显。由于利益驱动,部分省联社通过行政手段强制超比例集中基层机构的资金,违规开展自营业务,超范围经营(如购买投资理财和信托产品或办理票据转贴现业务等),独占经营收益,侵占基层社的合法权益,道德风险凸显。

不断提高农村信用社法人层级和膨胀做大的冲动趋势明显,有违改革初衷。省联社催生了一个新的既得利益集团,并最终成为一个自利化的组

---

① 谌争勇. 农村信用社管理体制、产权制度和治理结构的现实审视———以湖南省联社模式为例[J]. 海南金融,2009(8).

织，存在自我强化、权力扩张的内在动力。省联社尽管名义上代表省政府管理农村信用社，但省联社有自身利益，并不一定总代表省政府的利益。① 省联社在实际运作中趋向于按一级法人模式对人财物、贷款审批和自营性业务实行集中化管理，有违省联社"建章立制、业务指导、人员培训、信息咨询"的设立初衷。省联社在行政扩权、揽责的履职惯性下，试图取消县级农村信用社的法人地位，倾向于组建更大的统一法人。这种产权形式的变化，可能导致农村信用社原来的网点、服务收缩，进而出现类似国有银行改革过程中的收缩现象②，偏移农村信用社的市场定位和服务方向，不利于"三农"金融服务的健全，与深化农村信用社改革、建立现代金融企业制度、实现农村金融可持续发展的初衷背道而驰。蓝虹和穆争社认为，省联社干预农村信用社正常经营，是对农村信用社进行隐性金融监管和行业管理，有强烈提高农村信用社法人层级的动机。③

三、省联社管理模式的约束条件与现实选择

（一）省联社目标模式研究述评

关于省联社改革的目标模式问题，不同学者认可的选择模式具有差异性。蒋定之曾提出联合银行、金融服务公司、金融持股公司、统一法人和完善省联社等五种改革模式④。徐新提出省政府以战略投资者的身份参股省联社实行股份制改造。⑤ 周鸿卫、彭建刚认为应选择兼具行业服务和行

---

① 金鹏辉. 中国农村金融三十年改革发展的内在逻辑———以农村信用社改革为例 [J]. 金融研究，2008（10）.
② 吴竞择. 农村信用社改革中的产权、经营和利益冲突问题 [J]. 海南金融，2009（9）：76 - 77.
③ 蓝虹，穆争社. 中国农村信用社改革的全景式回顾、评价与思考 [J]. 上海金融，2012（11）.
④ 蒋定之. 有效解决农村信用社体制机制和效率问题 [J]. 中国金融，2007（23）：177 - 188.
⑤ 徐新. 省联社的股份制改造及路径选择 [J]. 哈尔滨金融高等专科学校学报，2008（1）：17 - 18.

业管理职能的区域性农村合作银行机构发展模式。① 谌争勇探讨了省联社改革为金融控股公司与金融服务公司的优劣。② 赵杰、金晓春对发达地区省联社改组为农村金融控股集团进行了研究等。③ 肖四如（2008）指出在省联社的基础上组建联合银行是最为可行的模式。④ 黎贤强认为，将省联社组建为金融控股公司是最优改革模式。⑤ 刘社建认为，应该推动将省联社改制为全省统一法人模式的农村商业银行。⑥ 晏国祥通过分析省联社改革面临的现实问题，指出金融控股公司或联合银行是省联社未来改革的理想选择模式。⑦ 王文莉和罗新刚在对农村信用社推行股份制改革进行深入讨论的基础上，指出我国不同地区的省联社应采用不同的改革模式，东部地区应在省联社基础上组建联合银行，而中西部地区则应按照统一法人或金融控股公司模式改革省联社。⑧ 龚灵枝在比较省联社多种改革模式的基础之上，提出将股份制的农村商业银行作为深化省联社改革的方向。⑨ 付兆法和周立认为，应在经济发达省份组建全省性农商银行。⑩

从理论界的各种研究和实践界的改革设计来看，各种模式各有利弊，存在明显的缺陷。但是，金融控股公司、金融监管模式、行业协会模式和金融服务公司四种模式都既没有考虑到现实的约束条件，也没有考虑改革的成本，以及农商银行的可持续发展。如金融控股公司模式难以筹集庞大的资本金，难以对股份制的农商银行控股，改革成本较大，而且可能将农

---

① 周鸿卫，彭建刚. 我国农村信用社省联社发展模式的终极选择 [J]. 上海金融，2008（2）：22-58.

② 谌争勇. 对农村信用社管理体制和产权改革的现实审视与政策建议 [J]. 金融发展研究，2009（8）：69-72.

③ 赵杰，金晓春. 发达地区省联社改组为农村金融控股集团研究 [J]. 金融纵横，2009（3）：56-58.

④ 肖四如. 农村信用社管理体制改革及省联社走向问题 [J]. 经济研究参考，2008（58）.

⑤ 黎贤强. 省级信用联社：现实矛盾及改革 [J]. 浙江金融，2010（8）.

⑥ 刘社建. 农村信用社改革进程与前景探讨 [J]. 东南大学学报（哲学社会科学版），2012（11）.

⑦ 晏国祥. 探寻农村信用社省联社改革之路 [J]. 南方金融，2012（6）.

⑧ 王文莉，罗新刚. 农村信用社支农服务问题及其改革路径研究 [J]. 宏观经济研究，2013（11）.

⑨ 龚灵枝. 省联社改革的模式选择分析 [D]. 昆明：云南财经大学，2014.

⑩ 付兆法，周立. 农信社改制后的老问题和新矛盾 [J]. 银行家，2015（11）.

村资金转移到非农产业或城市投资,从根本上背离"三农"方向。地方农村金融监管机构模式无法可依,不能达到中央政府整合我国长期分散的农村合作金融系统战略改革的目标。行业协会模式使省政府在承担了全省农村信用社风险处置责任的同时,失去了对农村信用社的控制权,呈现权责不对等的状态。金融服务公司模式有必要的行业管理权威,但难以形成和执行统一的服务规则。

(二) 省联社管理模式的现实选择

在农村金融制度演进过程中,国家的作用始终无法替代,农村金融改革受到经济和社会的双重约束。农商银行系统已经是农村金融的主渠道,实际上承担着保证国家支农、惠农一系列政策和社会目标实现的责任,是让农民享受基本金融服务的主要力量。同时,农商银行是金融企业,其存亡兴衰不同于一般企业,与公众利益和社会稳定息息相关。因此,单纯追求利润最大化、自主经营的目标难以实现。此外,现实基础或路径依赖也决定了行业管理的必要性。科学的制度变迁路径必须有利于提高实现制度变迁方向的效率,以最适当的成本实现最佳目标。因此,本文认为,在目前的约束条件下,改良已有省联社最为现实,制度变迁成本最小,通过省联社改革的机构转型,理顺管理体制,提高县域金融效率。

一是重新明确省联社职能边界。农村信用社省联社管理体制是农村信用社所有者缺位、产权模糊情况下的特殊安排,是为约束内部人控制而从外部安排的一种行政性控制制度,在农村信用社完成产权制度改革之前,应该也只能是一种过渡性安排。从农村信用社改革进程来看,省联社在宏观上的服务职能是不可或缺的,而管理职能则是基于现实需要的暂时安排。随着市场化进程和改革的深入,从长远来看,这两种职能应该逐步分离并且强化服务、弱化管理。省联社应逐步强化法制原则的制度化管理,积极探索符合实际的管理模式,管理服务到位而不越位,寓管理于服务之中,为农商银行健康发展提供支持。

二是进一步规范和划清省联社与农商银行的关系。逐渐弱化行政式管理,避免信用社行业结构的泛行政化问题。随着农村信用社自主管理机制和能力的加强，应转变行政管理思维，主要通过制度规范、行为标准、指导意见、过程监督、结果评价、职务激励等形式实施管理。应明确规定省联社不再对基层联社高级管理人员有提名任免的权力，基层联社高级管理人员由基层社社员大会选举产生；不得干预基层信用社的经营管理活动。应牢牢把握农村信用社为县域、"三农"、社区服务的市场定位，确保基层信用社有相当程度的信贷权限，保持信用社的独立企业特征。

三是强化省联社的服务职能。省联社作为基层社的利益代言人，应发挥好服务、协调功能，重点做好单一法人信用社"想干干不了、干不好、干了不划算"的事情，最终向行业自律机构转变。一方面，积极协调信用社与政府及社会各方面的关系，维护基层社的合法权益；积极搭建各类服务平台，在业务系统建设、支付结算、资金清算调剂、产品研发创新、员工培训、信息交流咨询等方面高效服务，节约交易成本，从整体上提升农村信用社的市场竞争能力。另一方面，充分发挥省联社稽核检查功能，实施全流程、全方位的风险管理，抓住重点岗位、人员和业务的监管，强化系统内行业自律约束职能，促进规范经营，有效防范经营风险。

金融科技发展及其风险和监管研究

招商银行安庆分行　李思贤

所谓金融科技，是互联网公司或高科技公司利用云计算、大数据、移动互联等新兴技术，大幅提升传统人工服务的操作效率与客户体验，由此践行普惠金融精神。近年来，商业银行依托金融科技进行变革转型的浪潮不断兴起，同时随着金融科技在美国的不断发展，中国等国家也在积极引入并结合本国国情进行本土化改造。

一、金融科技在美国的发展

1998 年 12 月，以美国 PayPal 为代表的第三方互联网支付平台的兴起为标志，美国金融科技的发展开始进入快车道。2008 年国际金融危机期间，是美国金融科技产业的黄金时期。原因在于，一方面，次贷危机爆发令大型金融机构纷纷收缩业务战线，给新兴的金融科技机构留出了大量市场空间；另一方面，互联网社交与支付技术的日益完善，在给 P2P 等新兴金融业务快速发展奠定技术基础的同时，也在加速金融脱媒的趋势。美国金融科技市场最具代表性的是两家网络个人借贷机构，分别是 Lending Club 和 Prosper，这两家机构曾一度占据美国 P2P 借贷市场 80% 的份额。此后，随着 Lending Club 的成功上市，资本意识到金融科技的巨大投资潜力，此后便不断进入美国各类金融科技企业，金融科技在美国得以兴起。

近年来，美国的金融科技发展逐步集中于智能投资顾问领域，这是一种在线投资顾问服务模式，通过现代资产组合理论等相关算法搭建一个数据模型,根据投资者的风险偏好、财务状况及理财目标,提供智能化和自动化的资产配置建议。该模式的优势一方面在于通过"互联网客户服务体验＋人工智能加大数据分析",解决了投资者缺少专业投资建议的不足;另一方面,通过互联网技术,在降低投资理财的服务成本、提高投资顾问服务效率的同时,也有助于投资规避情绪化的不利影响,从而更好地保障投资者。

二、金融科技的发展助推美国传统金融机构变革

一方面,P2P、智能投资顾问等金融科技产业的高效周到服务体验,恰恰解决了银行个人消费贷款、小微企业贷款、投资顾问等传统业务操作流程缓慢、客户体验不佳等痛点,对传统银行的这些业务构成了较大的冲击;另一方面,金融科技对金融服务操作效率的大幅提升,也值得传统银行借鉴完善自身业务流程与用户服务体验,助推了美国传统金融机构的自我变革。变革主要体现在:(1)银行内部尝试开展"互联网＋金融"的技术创新,以提高传统金融业务服务效率并有效降低运营成本。例如,一些银行通过对用户信用卡消费记录进行大数据分析,从中挖掘客户的生命周期,并主动推动消费分期的消费金融服务。(2)更为普遍的是美国大量的银行纷纷与金融科技机构开展合作,例如与一些支付公司合作,为银行自身零售客户提供全新的支付体验,提升客户黏性。(3)一些大型银行例如花旗银行、富国银行正在利用设立风险投资基金,对有技术优势和协同效应的金融科技公司开展股权投资。

总体而言,目前美国的银行业已经清楚地意识到,随着金融科技的崛起,去人工化的金融服务已经是大势所趋,如果银行业不自主变革,将有可能被金融科技革命。

三、金融科技在中国正不断兴起

美国的金融科技迅猛发展,正不断引领国际金融科技的发展。我国众

多新兴金融科技公司通过借鉴美国的发展模式，掀起了中国 P2P 创业大潮，也催生了国内智能投资顾问机构，一些金融科技的应用不断赶超美国，例如国内不少金融科技机构已经采用刷脸支付、指纹支付等美国还未大规模普及的技术。近几年国内金融科技快速发展的重要原因在于，中国是一个庞大的金融市场，金融服务需求旺盛，然而国内目前普惠金融的供给仍不足。

但是，在我国金融科技不断发展的同时，国内不少互联网公司在包容性监管环境下，进行了大规模的政策套利，这对国内金融科技的发展带来了诸多不稳定因素。随着国内互联网监管日益趋严，以 P2P 为代表的金融科技企业正在进行市场洗牌，行业发展逐步进入不稳定期。

四、国内商业银行正依托金融科技再次革新

银行等金融机构拥有丰富、成熟的风控模型与数据积累，在技术创新与风险管理之间能够取得较好的平衡，确保金融科技产业不会出现重大的风险事件，同时银行等金融机构拥有足够的资金实力，能以更长远的眼光看待金融科技产业发展的趋势，不会拘泥于短期利益，从而更有助于金融科技产业的健康发展。

此外，银行等金融机构依托金融科技营造具有科技感的温馨社交氛围，让用户在愉悦、高效、便捷的操作环境里利用网银、手机银行以及平板等满足个性化的金融需求，使银行的客户体验及业务拓展能力不断提升。

五、招商银行依托金融科技再次转型（以信用卡和摩羯智投为例）

（一）招商银行信用卡依托金融科技提升风险控制能力

随着金融科技的发展，信用行业面临的客群属性、风险形态、竞争环境也发生着巨大的变化。近年来，招商银行信用卡中心通过引入大数据风

控手段和人工智能技术，升级智能化风控体系，支持快速分析、快速测算、快速识别、快速决策，在不断强化互联网风控能力的同时，使客户在信贷准入环节便可以体验快捷、便利、安全的服务。

首先，构建全景客户画像，助力智能决策引擎。多年来，招商银行信用卡中心积累了广泛、丰富的金融数据，使传统信用卡在互联网金融竞争中具备得天独厚的优势。信用卡中心借助大数据技术及云计算处理，同时致力于从风险识别和衡量角度构建全方位的标签体系，对客户进行360度全景画像，包括基本信息维度、教育信息维度、职业信息维度、信贷信息维度、地址验证维度、互联网行为信息维度、社交属性维度等。招商银行正是基于这种底层数据的推动力，结合信用模型、欺诈模型和策略规则，才得以针对不同客户属性和业务场景建立智能化的决策引擎，支持风险审批快速精准。

其次，推进智能核身技术，强化风险防御能力。一般来说，风控的加强会给客户添加诸多限制，随着业务流程更加烦琐，客户体验也会降低，此时巧妙地在远程核身环节利用生物识别技术，可以在加强风险控制的同时，提升客户的体验。例如，自2016年6月起，招商银行在准信用卡转卡项目上，首次将活体监测自助核身模式应用于申请场景，有效防堵了转卡环节的冒名风险，发挥了重要的线上风险防控功能。

最后，打造实时审核系统，提升精细化审核服务能力。传统银行信用卡申请处理模式都是基于单纯的线下模式，而随着移动互联网的快速发展，客户对于信用卡的实时审核赋予了更高的期待，而智能化的决策引擎和成熟的风控机制是实现实时审核的重要基石。招商银行信用卡中心着力打造实时审核系统，具备承接实时核身、实时授信的系统能力，在越来越广泛的申请场景下，突破传统信贷审核模式，实现信用卡申请的快进、快审、快出。伴随着生物识别技术、人工智能技术的引用，实时审核系统的风险识别能力得到极大提升。

（二）摩羯智投为客户提供专业的智能投资顾问服务

招商银行的摩羯智投正是依托金融科技推出的一项智能投资顾问服务

产品，运用机器学习算法的智能理财服务，同时融合了十余年财富管理实践及基金研究经验，为客户提供一整套的服务体系。摩羯智投提供智能的公募基金投资服务，目标是帮助个人客户更好地投资公募基金，并具有智能量化、甄选产品、风险监控、专属定制、售后检视及一键优化的特点。招商银行的大类资产配置服务能力和围绕基金的金融大数据能力形成了业内独有的"双智能引擎"。

六、金融科技的发展普及对金融监管的思考

一是加强科技监管能力。随着金融科技的不断发展，监管机构的相关监管方式也应当与时俱进，运用监管科技提升金融监管能力。因此，监管部门要对过去的监管方式、技术和流程进行革新，以适应新形势下的监管要求，具体表现为监管机构通过运用大数据、云计算以及人工智能等技术，提升对金融风险的识别能力。

二是加强对金融科技市场的准入和退出机制的管理。随着金融科技的不断兴起，一些公司进行政策套利及恶性竞争的现象时有发生。监管机构应结合行业特点，制定和完善金融科技行业的监管规则、行业技术准则，不断规范市场的准入和退出。

潜山农商银行支农金融服务的探索与实践

潜山农商银行　唐国珍　吴　敏　程　凯

潜山县地处安徽省西南部、大别山东南麓，辖1个国家级风景名胜区、1个省级经济开发区、1个省级旅游度假区和16个乡、85个村居，总人口达58.3万人，总面积为1686平方公里，呈"七山一水二分田"的地貌特征，素有"皖国古都、二乔故里、安徽之源、京剧之祖、禅宗之地、黄梅之乡"的美誉。潜山农商银行现设营业网点40个，在岗人员达392人，2018年2月底各项存款为90.81亿元，贷款余额为43.53亿元，是潜山县域网点最多、规模最大、队伍最强的银行；多次被县委、县政府授予"支持地方经济发展一等奖""银企对接工作一等奖"等荣誉称号；挂牌六年来，共上缴各项税费20619万元，其中2017年上缴3887万元，连续多年成为县十大纳税户，被安徽省国税局评为"A级纳税人"。在省联社党委的正确领导下，潜山农商银行主动适应经济新常态，在支持"三农"、支持小微、支持普惠三个方面发力，在农村金融支持"三农"和地方经济社会发展方面进行了一系列有益的探索与实践。

一、坚持回归本源，加大涉农贷款有效投放

一是围绕特色产业，把准信贷投向。潜山农商银行围绕县政府确定的茶叶、瓜蒌、油茶、食用菌、畜禽、蚕桑等农业六大特色产业，坚持信贷投向"五优先"，优先支持农业规模经营、科技兴农项目和农业产业化龙头企业，优先支持现代产业园区、农业示范区、农产品加工集中区和农产

品市场体系，优先支持化肥、农药、种子、农机具等生产投入以及新型农业生产技术的推广和应用，优先支持地方特色农业发展、农村农业生产基础设施建设、农民生活改善投入和创业致富项目。截至2018年2月末，全行涉农贷款余额达33.13亿元。

二是围绕新型农业经营主体，优化客户结构。该行把培育新型农业经营主体作为业务拓展的重中之重。比如，在支持新型农业经营主体方面，该行先是摸底排查，要求分户建立档案，再结合"金融服务家家到活动"上门营销贷款。由于家庭农场、专业大户、农民专业合作社、公司类企业大多"一套人马，多块牌子"，该行以企业（主）或合作社授信方式为主，全行实际发放新型经营主体贷款达百余户，金额逾1.5亿元。

三是围绕传统农户，做实小额信贷。将传统小额信贷上门服务、易贷卡线上办理等方式有机结合，对农户贷款做到"申请一户，评级一户，授信一户，发放一户，建档一户"。结合实际调整单户限额，从事小规模生产及家庭生活、消费的，综合授信5万元；个体工商户等有一定规模经营的，授信20万元，并根据客户守信情况、经营情况适时调整，平均每3户农户就有1户获得授信支持。同时，启动"村民组授信全覆盖"活动，重夺农村阵地。在每个村民组选择1~2户农户居民作为覆盖对象，将易贷卡、农户小额信贷等业务融入其中，已有3797个村民组授信，覆盖率达70%，授信额约2亿元，并有意识地将授信对象培养成农商银行的宣传员、信息员、联络员，进一步融洽银农关系。此外，抓住春节务工人员返乡机遇，班子带队开展大走访，上下联动，深入客户和基层一线，搜集各方需求，整合各方信息，以走访促营销，以营销验服务。

四是围绕目标客户，强化交叉营销。潜山农商银行既发挥走村串户的优良传统，又充分依托现代科技，不断优化信贷流程，推动线上、线下交叉营销。大力推进易贷卡业务，发卡数量、授信用信规模不断扩大，助力贷款投向"小、散、广"。目前，全行易贷卡共1.7万张，授信8000余户9.2亿元，贷款余额达5.8亿元，易贷卡渠道的贷款余额占全部个人贷款的比重超过30%，提升了工作效率，仅2017年就利用手机银行完成易贷卡借还款6.7万笔22亿元，科技信贷的张力越发显现，也为当前形势下全行盘活不良贷款释放了一定的人手和精力。同时,扩大细分领域,锁定目标客户。比如,"银校通"业务的拓展取得较好的成效,除了向野寨中学提供融资,还向其教职工发放公务卡58张,授信额达116万元;发放易贷卡40张,授信额达411万元;派员参与省联社代收学费系统建设,与野寨中学签订合作协议,通过手机银行为1466人自助缴纳学费340万元,收费期间受理近1000位学生家长开通手机银行业务,开立银行卡700多张。代收学费系统运行良好,受到了学校及家长的一致好评。目前,已签约代收学费的学校共3个。

五是围绕农村改革,推动业务创新。根据省联社"两权"贷款试点办法,与县农委沟通,选择盘古农业科技公司作为试点,办理农村承包土地的经营权抵押贷款,已累放50万元;试办宅基地抵押贷款,累放100万元。尽管有些创新尚处于雏形,投放面较小,额度不大,但无疑为支持乡村振兴战略、农业产业化发展提供了有益的金融探索。

二、坚持因地制宜,持续提升小微企业金融服务质效

一是明确信贷政策,瞄准支柱产业。潜山农商银行在信贷风险可控的前提条件下,努力开展业务创新拓展。凡是有利于服务实体经济、有利于普惠金融发展、有利于绿色金融发展的,都鼓励尝试,勇于创新,不断纠偏,不断丰富金融产品。围绕县政府确定的机械机电轴承制造、医药化工、纺织服装、轻工制刷、农产品及旅游工艺品加工五大支柱产业,截至2018年2月末,全行小微企业贷款达28.31亿元,仅刷业板块的信贷余额就达2.5亿元。

二是扩大担保方式,丰富信贷产品。首先,推出仓储监管质押贷款业务。通过第三方监管方式把企业收购的粮食、库存的家具等存货由"死钱"变为"活钱",累计投放1亿余元,有效缓解了粮食加工等企业的资金压力。下一步,将价值稳定、易于保管和变现、销路通畅的其他存货也纳入可抵押的资产目录。其次,按照风险共担的原则,与县政府助保金办公室共同推出"助保金"专项贷款业务,由办公室负责"重点中小企业

池"进出的审核,对入池企业给予 300 万~1000 万元的授信;自提出授信申请及相关材料后,该行在 10 个工作日内审批完毕,目前余额为 0.6 亿元,有效满足了县内重点中小企业的资金需求。再次,扩大贷款担保方式,针对潜山县林木资源丰富等优势,开展"绿之源"林权抵押贷款,对从事相关经营的客户,该行接受借款人以自有或第三人所有的森林、林木和林地使用权作为抵押物,发放贷款,解决其资金缺口问题。目前,贷款余额为 660 万元。该行推出"税融通"业务,依据企业近两年平均纳税总额发放短期流动资金贷款,可以是信用方式,也可以是"4321"银政担方式,目前已累放信用方式贷款近 300 万元。该行还首开潜山县商标专用权质押贷款先河,填补专利权质押贷款的空白,主要针对县域知名的规模以上企业,以其合法拥有的注册商标专用权为质押,解决其流动资金需求,目前贷款余额为 300 万元。此外,实行名单制管理,开展银担合作。通过加强与担保公司的合作,改善小微企业抵押物不足或有瑕疵的现象。目前合作担保公司有 4 家,在保余额达 3.37 亿元。最后,发放收费权质押贷款。客户以其拥有的某项或多项收费权作为债务履行的担保,向该行申请贷款,目前余额达 6800 万元。

  三是丰富管理手段,提升服务效率。推进微型企业联保贷款业务。实行综合授信、分别用信、余额控制、周转使用、相互监督、责任连带的管理方式,自愿结合的联保成员在不需要提供资产抵质押的情况下,单户最高可获得 50 万元的信贷支持,小组最高可获得 200 万元的信贷支持。共 100 余个联保小组 300 余个联保成员受益,当前结欠联保贷款 0.8 亿元,特别是位于源潭、塔畈、水吼等具有一定产业特色的客户,深受当地小微经营者的喜爱。同时,继续推行独立审批人制度,提高审批效率,并适时调整审批权限。2017 年共独立审批 612 笔 3.16 亿元贷款。实行"先上会,后还款",间接地向客户作出"按期归还贷款后可持续获得贷款支持"的承诺,增加客户保持良好信用记录的信心,并鼓励执行逐笔定价,根据方式、期限、对象等维度合理确定贷款利率;鼓励分期还款和按生产周期还款,缓解客户还款压力。提高总行贷审会的召开频率,坚持"每周双例会",推行"召集人 AB 角"制度,遇特殊情形随时召开。2017 年共召开贷审会 76 次，审议贷款 1813 笔 39.37 亿元。

四是坚持雪中送炭，降低融资成本。通过流程优化促成"三驾马车"，切实降低客户融资成本。首先，对生产经营正常、财务状况良好、无诉讼或欠贷欠息行为但资金周转困难的客户，推行续贷模式。其次，为了打破部分客户抵押资产释放前不能办理"借新还旧"的瓶颈，推出"续贷通"业务，在抵押方式的流动资金贷款到期前，发放信用方式的临时性周转资金用于归还存量贷款，进而释放抵押物以重新办理抵押贷款。同时，与潜源担保公司商议，为确需通过委托贷款"搭桥"的客户降低收费标准，减少起点天数限制，仅 2017 年就发放委托贷款 6.83 亿元。此外，建立虚拟保证金制，科学考评客户经理。对外体现决策链短的优势，对内加速巩固正向激励机制。分人设户管理，当贷款追责需要赔偿时，按照"账户余额越大，自付比例越低"的方式合理分担，以提高客户经理的营销积极性和主动性。2013—2016 年，已对全辖客户经理计提虚拟保证金 5567 万元。

五是立足县域经济，扩大服务外延。及时调整住房信贷政策，加大住房贷款营销力度。为充分满足青年人新婚用房、农民进城购房与居民改善性购房需求，该行积极研究政策措施，对住房类消费贷款实行优惠政策，合理设置首套住房首付比例，紧盯楼盘施工进度，主动提前介入，商谈合作意向，条件成熟时立即签约。目前，个人购房贷款余额达 2.3 亿元，受益家庭达 868 户。此外，主动对接政府项目，确保民生项目的资金支持。竭力帮助潜山县投资有限公司发行"18 潜山债"，成功募集资金 10 亿元，其中 6.3 亿元资金用于保障性安居工程建设项目。

三、坚持多管齐下，着力增加普惠金融服务供给

践行普惠金融，是服务"三农"的重要途径。潜山农商银行采取"渠道同步、人员同步、产品同步"的策略，稳步推进，充分利用电子银行的渠道优势，与传统的人力渠道形成互补；配备全、调剂好各条线工作人员，并将主打产品全覆盖、多交叉营销。

一是瞄准建档立卡贫困户，扎实开展金融扶贫工作。该行于2015年开办"金农·扶贫贷"，当年在五庙、黄柏两个乡镇试点，次年在全县铺开，已积极探索出小额直贷扶贫、合作发展扶贫、入股分红扶贫、"1+1+N"扶贫等多种扶贫模式，目前扶贫贷余额达3.1亿元，累计受益贫困户达7000余户。同时，结合金融扶贫工作的新需求，创新推出"1+1+N"扶贫新模式，即"农商银行+经营主体+N个建档立卡贫困户"。经营主体可以是专业大户、家庭农场、农民专业合作社，也可是农业产业化龙头企业、工业企业、旅游企业、商贸企业等。贫困户、经营主体、银行、政府签订四方协议，银行向经营主体发放贷款，经营主体通过就业劳务、效益分红、反租倒包等方式带动贫困户增收。2017年末该模式贷款352户，余额为19934万元，带动贫困户4419户，经营主体已全部兑现首年现金红利，贫困户共享受现金分红1196万元，平均每户增收2725元。

二是瞄准弱势群体和长尾客户，积极发放各类民生贷款。实施创业扶持工程，促进大众创业、万众创新，以创业带动就业。如该行发放的下岗失业再就业贷款，已帮助314名下岗失业人员解决创业融资需求。实施民生保障扶贫，结合城镇化、美丽乡村建设等工程的实施，为符合条件的搬迁户提供建房、生产、创业、灾后重建等贷款支持。对不符合信贷条件的特困户给予经济帮助。同时，实施助学圆梦工程，推出"金农·助学贷"，累计受益学生达2000余人，仅2017年就新签合同942户2680万元。此外，弘扬正能量，开展道德模范专项信贷营销。该行推出道德信贷，对被评选的各级好人和道德模范采取30万元以内的信用方式授信，使"有德者有所得"，仅2017年3月就发放920万元。若计入借款人的关联企业等经营主体，余额共约5000万元。

三是瞄准边远山区和田间地头，加快普惠金融服务下沉。普设物理网点，把银行办在农民的家门口，平均每个乡镇2.5个、每4个行政村居设有1家农商银行网点；布放自助设备74台，机具网点覆盖率达185%；布放有效POS终端235台，商户动户率达80%以上，2017年交易3.41万笔2.49亿元；积极代发涉农资金，仅2017年就代发31批次3.4亿元；推广拎包银行服务，新建"金农信e家"金融服务室3家，电子政务、电子商务、社会服务、金融服务四位一体，全辖惠农金融服务室累计达 28 家，为城乡居民提供便捷的金融服务；电子银行受理渠道逐渐丰富，开通"银铁通"、智能 POS 业务；累计发行社保卡 20.19 万张；签约手机银行 6.8 万户、社区 e 银行 0.8 万户，移动金融发展态势良好。

打赢安庆金融风险防控攻坚战的对策思考

中国人民银行安庆市中心支行　管玉贵

在党的十九届四中全会上，党中央作出了推进国家治理体系和治理能力现代化等若干重大决定，针对金融领域，提出要建设现代中央银行制度，完善基础货币投放机制，健全基准利率和市场化利率体系，健全具有高度适应性、竞争力、普惠性的现代金融体系，有效防范化解金融风险等。为深入贯彻落实党的十九届四中全会精神，结合安庆市的金融实际，必须以习近平新时代中国特色社会主义思想为指导，自觉地将总书记关于金融工作的新思想运用到具体的实际工作中，切实提高金融工作治理能力和治理水平，坚决打赢安庆市金融风险防控攻坚战。

一、习近平总书记关于金融服务实体经济、防控金融风险的重要论述

习近平总书记历来高度重视经济金融工作，党的十八大以来，习近平总书记在多个重要场合谈及金融工作，对金融工作作出了一系列重要论述，这些新思想是做好新时代金融工作的根本遵循和重要依据。

（一）习近平总书记关于金融工作重要性的论述

2017年4月25日，习近平总书记在中共中央政治局第十四次专题学习中指出，金融作为现代国民经济的核心，推动金融稳定发展对于促进国

民经济稳定与健康发展具有至关重要的作用。现代金融是经济持续健康发展的血液系统，金融发展极大地影响甚至决定国民经济的健康发展。金融"活"与"稳"直接影响到社会经济的"活"与"稳"。金融安全在国家安全治理中占有重要的地位，直接关系到经济社会发展战略全局。

在2017年7月的全国金融工作会议上，习近平总书记从重要核心竞争力、国家安全的重要部分和重要的基础性制度三个方面来分别说明金融、金融安全和金融制度的重要地位。习近平总书记指出，金融制度是整个金融体系的重要组成部分，是涵盖货币制度、信用制度、金融机构制度等的复杂融合系统，是整个经济社会发展的基础性制度中十分重要的组成部分，面对目前我国金融制度建设相对滞后的情况，必须遵循金融发展规律，推进和深化金融制度改革，创新金融市场机制，健全现代金融制度。

(二) 习近平总书记关于金融安全与风险的论述

习近平总书记在抓住金融本质和金融安全存在的问题的基础上，深入剖析了我国金融风险的特征、根源及防范与化解举措。习近平总书记在多种场合强调，在金融改革和发展中必须牢固树立底线思维，将守住不发生系统性金融风险作为金融工作的根本任务，这也是衡量金融工作质量的最重要的标准。

在2012年的中央经济工作会议上，习近平总书记提出要坚决守住不发生区域性和系统性金融风险的底线。在2013年的中央经济工作会议上，习近平总书记再次指出，要严防局部性金融问题转化成全局性金融风险。在2014年的中央经济工作会议上，习近平总书记再次提出，要注重标本兼治，辩证施策，健全化解风险的各种机制。在2016年的中央财经领导小组第十三次会议上，习近平总书记提出，通过"三去一降一补"，从宏观上最大限度地防范金融风险的发生。在2016年的中央经济工作会议上，习近平总书记提出重点处置一批风险点，确保不发生系统性金融风险。

2017年以来，习近平总书记至少4次针对金融风险及其防范进行了论述。2017年4月，习近平总书记在中央政治局第四十次集体学习中提出，保障金融安全的前提是准确研判风险隐患，要坚持底线思维。针对如何维护我国金融安全，习近平总书记提出了深化金融改革、加强金融监管、处置风险点、服务实体经济发展、加强党的领导和提升领导干部金融工作能力六项任务。在2017年7月的全国金融工作会议上，习近平总书记从八个方面全面概括了我国面临的金融风险，提出必须更加注重系统性金融风险的化解，金融工作必须将防止发生系统性金融风险作为根本任务和永恒主题，将增强金融服务实体经济发展的能力、推动实体经济发展作为防范金融风险最根本性的举措。在2017年12月20日的中央经济工作会议上，习近平总书记提出了"三大攻坚战"，并明确将防控金融风险作为首要攻坚战。

在党的十九大报告中，习近平总书记再次重申和强调，要守住不发生系统性金融风险的底线。

2019年2月，习近平总书记强调，要妥善平衡和处理好稳定增长与防范风险的关系，通过完善金融服务、精准有效防范和处置金融风险来推动金融行业高质量发展。

二、近年来安庆市稳妥推进金融风险防范化解实践

近年来，安庆市前期积聚的信用风险集中暴露，整体风险水平抬升。为维护地区金融稳定运行，人民银行、监管部门及相关金融机构采取了一系列举措，稳妥推进金融风险防范化解，取得了良好的成效，并积累了丰富的经验，为做好下一步工作增添了信心。

（一）营造不良贷款化解的良好环境

一是推动地方政府重视风险防控工作。安庆市政府于2018年10月出台《安庆市金融环境整治专项行动方案》，集中打击恶意逃废债行为，加快审理金融类案件，加速处置和化解不良资产，探索不良资产盘活路径，有效防范化解金融风险，切实改善金融生态环境。2018年11月，安庆市

金融环境整治专项行动领导小组主动联系安庆农商银行，就民营担保不良贷款风险处置和公职人员不良贷款处置进行对接处置。

二是推动市、县两级政府开展抵债资产缴纳税收财政奖励。向市人大提案"降低农商银行处置抵债资产成本的建议"，安庆市政府于2018年9月印发了《安庆市人民政府关于印发银行取得抵债资产缴纳税收财政奖励暂行规定的通知》，2018年9~10月、2019年1月分别在全市组织银行业金融机构申报抵债资产缴纳税收财政奖励，各银行已取得抵债资产财税奖励上千万元。

（二）综合运用人民银行职能，推动不良贷款处置

一是积极运用货币政策工具向法人银行提供流动性支持。截至2019年9月底，全年累计投放各类再贷款10亿元，余额近16亿元，再贷款使用率达82%，为法人机构提供了有力的资金支持。

二是加强监管协作。与银保监局、地方金融监管局签订了金融监管合作备忘录，将三方金融监管信息、金融风险分析共享制度化，初步形成信息共享、监管合作、风险处置三个方面的协作关系。推动地方金融监管局加强担保公司管理，积极向市政府反映三类亟待处理的担保公司问题。在大家的积极推动下，安庆市在2018年下半年注销了11家融资担保公司的经营许可证。

三是建立和实施监测与督办机制。对所辖县（市）支行和15家法人银行提出防范化解金融风险的具体工作要求。人民银行各县（市）支行建立法人银行不良贷款清收的督查工作专班，负责对法人银行不良贷款化解工作进行核查和督办。督促法人银行研究制定不良贷款化解计划和具体举措，逐笔逐户落实到岗、落实到人，按月报告不良贷款清收处置措施、进展、成效等。

（三）金融机构多措并举，切实担起化解不良贷款的主体责任

一是降低成本，办理续贷。对经营较为正常，只是暂时流动性不足的信贷客户，在履约意愿较强且结清利息的前提下予以办理续贷，并视情况

对续贷贷款利率进行优惠。约定优惠利息部分待经营好转后补缴，做到既帮助客户减轻经营压力，缓释风险，又防止对其他正常客户产生负面效仿作用。

二是加强沟通，协同清收。针对辖内农商银行参与的银团贷款较多的情况，加大银团贷款处置盘活力度。多次加强与各银团贷款参与行的沟通，商定银团贷款处置措施，争取地方政府及相关部门的支持，并组织召开银团贷款处置会议。

三是司法联动，依法清收。对有偿债能力但拒不还款的"钉子户"、赖债户，加强与市、县人民法院的沟通配合，取得最大限度的支持，及时启动诉讼程序，实行依法清收。

四是强化责任，依法代偿。对于担保公司担保形成的不良贷款，要求担保公司加大对担保的不良贷款的处置盘活力度，对于不能盘活的，要求担保公司按合作协议进行代偿，如安庆农商银行通过信贷支持补充民营担保公司保证金的创新方式获得债权。

五是创新方式，委外合作。相关金融机构通过与第三方公司合作，将部分表外不良贷款及违约信用卡委托第三方公司合法、合规清收。

六是提足拨备，加大核销。相关金融机构用足用好不良贷款核销政策，依靠自身财务能力消化不良。

三、安庆市金融风险防控存在的问题

对标对表党中央和上级要求，当前安庆市金融风险防控还存在一些差距，不良贷款"边处边冒"，一些地方法人银行面临较为艰巨的化解形势，全市防范化解风险压力大、任务重。

（一）风险类型多

一是地方法人金融机构风险居高不下，存在不良贷款率高、资本充足率低、流动性风险隐现、负面舆情风险上升等风险。

二是重大风险事件频发。2014年以来的桐城刘克胜事件，以及望江舒美特、太湖文博园、桐城盛运集团等重大风险事件，对地方金融稳定和金融生态环境产生了较大冲击。

三是非金融机构风险。近年来，全市小贷公司停业的较多，小贷公司不良风险高企（22家停业，不良率高达40%）；担保公司中，保证金不足的情况较多，应代偿未代偿额度较高，这既影响了担保机构的持续经营，也影响了银担合作，制约了中小企业融资。

四是非法集资等非法金融活动频繁。2019年，安庆市中级人民法院宣判了三个"套路贷"案件，其他非法集资等非法金融活动仍不时冒头，扰乱了金融秩序，损害了群众利益，影响了社会稳定。

五是扶贫领域金融风险。扶贫小额信贷风险逐渐进入暴露期。在地方政府任务层层加码的背景下，顶格发放扶贫小额信贷的现象较为突出，影响了信贷资金使用效率，加剧了信贷资金风险。

（二）风险处置难度大

一是风险处置任务重，涉及机构多，有些地方法人银行自身实力有限，处置难度大。二是地方政府财力有限，对金融机构的支持力度较小。三是经济下行期抵押物价值下降，流拍现象增多，增加了处置难度。四是中美贸易战背景下，企业经营困难增加，一些中小企业因经营不善退出市场，部分企业无法满足生态环境保护要求而关停并转，风险暴露加剧，不利于风险处置与化解。五是风险情况复杂，金融借贷担保和民间借贷交织，经营不善与经济犯罪交织。

客观地说，这一轮地区金融风险高企既反映了部分金融机构经营方式粗放、内部风险管控"宽、松、软"的问题，也与宏观经济下行、行业管理缺位、监管目标冲突及市场主体缺乏风险意识有关，尤其是与特殊的产业结构有关，化工、纺织等落后低端产业在安庆市占主导地位，这些行业的科技含量不高、产业层次较低，本身发展空间有限，风险更容易积聚。此外，商业银行不良率较高也与融资结构有关，以间接融资为主导的金融体系使风险高度集中于商业银行。

四、坚决打赢安庆市防范化解金融风险攻坚战

面对当前金融风险处置难度大、任务重的局面，我们要坚持以习近平总书记关于金融工作的重要思想为指引，切实增强金融工作的责任感和使命感，突出服务实体经济这个根本，不断提升金融服务效率和水平，守住不发生区域性风险这条底线，统筹兼顾防风险和促发展，努力在发展中化解各类金融风险，通过防范化解风险促进各项业务更好地发展。总的来说，做好下一步的金融工作应坚持以下几个方面。

(一) 进一步加强党对金融工作的领导

一是要进一步增强"四个意识"，坚定"四个自信"，践行"两个维护"，切实强化党对金融工作的领导，为打好防范化解金融风险攻坚战提供坚强的组织保障。要坚持底线思维，立足标本兼职，完善金融管理制度，加强监管协调，补齐监管短板，既要防止"黑天鹅"，又要防止"灰犀牛"，全力以赴地打赢防范化解金融风险攻坚战。

二是坚定攻坚克难的勇气、信心和决心。坚持用习近平新时代中国特色社会主义思想武装头脑、指导实践、推动工作，从领袖思想中汲取智慧、鼓舞斗志、增添力量。要加强人民银行基层行队伍建设，培养锻炼一支金融风险监测、分析、处置的生力军。

(二) 进一步担起人民银行牵头抓总责任

一是担起金融稳定协调的牵头抓总责任。要增强主动作为意识，加强与地方政府、监管部门的沟通和协调，加强金融风险处置信息共享和工作联动，推动形成防范化解金融风险的强大合力。

二是用好用活各类政策工具。积极向上级行争取货币政策工具限额和政策，最大限度地支持地方法人银行补充放贷能力。积极向上级行争取各项宽限、容忍、过渡等政策，帮助地方法人银行渡过难关。

三是支持地方法人改进财务质量。支持地方法人银行稳步扩充资本

金,提高资本充足率。鼓励其减少或暂缓分红、积累利润用于改善财务指标,提升自身抗风险能力。

四是做好调研监测和督促指导工作。加强对金融机构各项经营指标的深入监测分析,实施跟踪式监测和穿透式监管,及时进行风险提示。督促并指导金融机构调整优化信贷结构,支持乡村振兴、脱贫攻坚以及民营、小微企业的发展,进一步做实普惠金融,引导和推动金融资源服务实体经济,通过发展逐步化解不良,形成良性循环。

(三) 进一步回归本源,改进金融服务水平

一是金融机构要树立与产业发展俱荣俱损的理念,坚持回归本源、坚持主业,把握好发展方向、战略定位和经营重点,在服务产业项目、支持实体经济发展中提升自身竞争力。

二是金融机构要主动加快调整优化信贷结构,加大对先进制造业、高新技术制造业、新兴产业的信贷支持力度,增加制造业中长期贷款,提高服务科创企业、高技术制造业的能力。以拓展首贷户为方向,改进民营和小微企业融资服务。继续做好服务乡村振兴、精准扶贫等工作,强化对现代服务业的金融支持。

三是金融机构加强对金融科技的运用。金融科技在普惠领域应用空间较大,要加强对大数据技术、人工智能、区块链等前沿技术的学习、研究和运用,更好地服务于金融工作。

(四) 进一步压实金融机构风险化解主体责任

一是压实金融机构防范化解金融风险的主体责任,摸清底数、找清原因、精准施策,积极借助地方党委政府及相关部门的合力,采取强有力的措施推进各项措施的落实。

二是督促部分地方法人银行加大不良贷款清收化解工作力度,积极推动贷款重组,支持地方法人银行用好核销政策,推动其轻装上阵,加快发展。

三是督促地方法人银行进一步完善公司治理机制,稳步推进资本金补

充,强化内部风险防控机制,避免"贷大贷集中""垒大户"等倾向,把好新发放贷款的风险关,避免产生新的不良贷款。

(五)进一步加强各方协调,营造良好的生态环境

一是进一步推动各方协调联动,做好金融服务对接,加强项目对接。主动加强与银保监局、地方金融监管局等有关部门的沟通协商,在信息共享、日常监测、风险处置等方面加强合作,推动建立区域经济金融风险会商研判制度。

二是加大对存量不良贷款化解的攻坚力度,推动地方政府开展对不良资产特别是抵债房地产的收购、收储,在有效压降存量不良贷款上再发力。加强与省联社的沟通和协作,针对农商银行银团贷款中不良较多并且难以单独化解的问题,加强与省联社的协商,确定银团贷款不良化解举措。

三是进一步推动优化金融生态环境。推动地方政府继续开展好"江淮风暴"、金融风险专项整治等专项行动,大力推行失信黑名单制度,持续保持打击恶意逃废银行债务行为的高压态势。